U1001634

献给中国铀都721矿成千上万的建设者

主编 熊继祖

副主编 艾俊民 杨新英

铀都記憶

广州新华出版发行集团
广州出版社

图书在版编目（CIP）数据

铀都记忆 / 熊继祖主编．一广州：广州出版社，2020.6
ISBN 978-7-5462-3064-1

Ⅰ．①铀… Ⅱ．①熊… Ⅲ．①铀矿一工业史一乐安县
Ⅳ．①F426.21

中国版本图书馆 CIP 数据核字（2020）第 026815 号

铀都记忆
Youdu Jiyi

主　　编　熊继祖
副 主 编　艾俊民　杨新英
出版发行　广州出版社
（地址：广州市天河区天润路 87 号广建大厦 9 楼、10 楼
邮政编码：510635）
策 划 人　刘宗贵
责任编辑　杨朋云　赵晓彤　罗嘉婧
责任校对　李少芳
责任技编　刘雁明
封面题字　陈肇博
装帧设计　广州南牧文化传播有限公司
印　　刷　广东信源彩色印务有限公司
（地址：广州市番禺区南村镇南村村东兴工业园
邮政编码：511442）
规　　格　787 毫米 ×1092 毫米　1/16
印　　张　19.25
字　　数　322 千
版　　次　2020 年 6 月第 1 版
印　　次　2020 年 6 月第 1 次
印　　数　1—3000 册
书　　号　ISBN 978-7-5462-3064-1
定　　价　66.00 元

如发现印装质量问题，请与印厂联系调换。

向鈾都千萬位
無名英雄們致敬

周秉德敬书
二〇一九年夏

周秉德，周恩来总理长侄女，沈钧儒长孙媳，北京大鸾翔宇慈善基金会创始人。曾任中新社副社长、全国政协委员。

向為祖國國防事業做出重大貢獻的七二一礦全体建設者致敬！

陳肇博

二〇一九夏

陈肇博，曾任核工业部常务副部长、党组副书记，第六、七、八、九届全国政协委员。

序

甲子风云写沧桑

——写在原721矿建矿60周年之际

1958年12月始建的原721矿地处江西省乐安县和崇仁县交界处，面积约400平方公里，矿区南北相距约20公里，东西相距约18公里，是我国第一批开发建设的铀矿山之一。20世纪70年代，相山是集科研开发、生产经营于一体，并具有采、选、冶综合生产能力的大型铀矿采、选、冶联合企业，也是我国重要的核工业原料基地，被誉为中国的“铀都”。

赣东的西南角，山势连绵，层峦叠嶂。相山雄峰，拔地而起，摩天遏云，横亘南天。

一架左右重翼载着伽马辐射仪的老式飞机，穿越历史，以无比优美的姿态、交响乐般的轰鸣，飞回了1957年的7月21日。

七月流火，机翼下，是阳光如瀑，是绿意盎然，是山峦起伏，是公陂乡（今

公溪镇）横洞村的一方热土。10 时 47 分，“903 坐标航测异常！”航测员赵树新惊喜的大叫声盖过了飞机的轰鸣，让飞行员也笑逐颜开。飞行员立即空投下作为地面醒目标志的石灰包和纸屑。这个历史性的时刻，载入了核工业厚重的史册。

从这一天起，人民领袖毛泽东深邃的目光，就不时地遥望南天，心潮起伏。

60 多年前的石马山下、公溪河畔，人烟稀少、野兽出没、荆棘丛生、古木参天，一派蛮荒景象。1958 年的冬天，为响应毛泽东主席“我们也要搞原子弹”的伟大号召，721 矿的先驱者披荆斩棘，闯进了这一片蕴藏着宝藏的神奇土地，吹响了创业的号角！

1959 年，近千名军官、干部、大中专毕业生、技术工人满怀一腔报国豪情，从祖国的天南地北汇集到 421 矿（721 矿原名）。421 矿早期的创业者以复转军人为主。1959 年，已有中国人民志愿军 54 军的 300 余人在这里安营扎寨。此后，每年都有大量的复转军人来到这里。到 1964 年，这里已经聚集了 4000 余名复转军人，他们都是组织上综合家庭出身、政治面貌等各方面因素严格挑选出来的: 100% 是贫农出身, 90% 是党、团员, 80% 是班长、副班长。

南腔北调的普通话, 在这里交汇; 来自天南地北的中国人, 在这里相聚。为了早日建成铀矿山，先驱者们不叫一声苦，不喊一声累。艰难困苦没有动摇先驱者们创业的钢铁意志。以矿长刘兴涛为首的矿领导更是身先士卒，吃苦在前。他们风餐露宿，遇山开路，逢水架桥，沐雨栉风。他们垦荒地、挖鱼塘、养鸡鸭，为建设最初的家园奋斗着。

1958 年，全矿只盖了屈指可数的几栋房子，仅够专家们住。一般的职工只能自寻住处，幸运的住进了当地农民的厅堂，其他人则住进了当地农民的牛棚、猪圈。刚分来的近百名复转军人则住进了一间间用毛竹搭建的屋子，雨天漏雨、四面透风。床铺也是用毛竹搭建的，一字排开几十米。

由于蔬菜供应不上，他们只能用食盐、酱油拌饭；由于日用品奇缺，他们只能用毛竹筒盛饭；由于饮水困难，他们只能喝山泉水或农田里的水。三年困难时期，他们每个月只有31元的工资和30斤大米，这些大米远远不够一家人吃，他们只好靠挖野菜来补充粮食的不足。

1964年，国家要求尽快兴建云际、沙洲、湖港3个矿点。那么，莲塘矿部通往3个矿点的公路也必须尽快修通。于是，刚进矿的1200多名退转军人和从矿属各单位抽调出的25名干部，组建了“721矿筑路指挥部”，承担起达30多万立方米土石方的艰巨任务。筑路人员编成9个连队。1965年5月，连接莲塘矿部与湖港和云际的罗湖、新云两线公路开通，形成了721矿公路网。

721矿的发展，离不开时任总理周恩来的关怀。周恩来曾专门批示，建一条从南昌向塘到乐安江边村的铁路专用线（以下简称“向乐铁轨专线”），以利于运输721矿急需的装备、物资，以及军工产品，这条向乐铁轨专线至今还在为当地的经济发展服务。

在党中央、国务院的关怀下，721矿迎来了大发展时期。20世纪70年代初，一批批知识青年相继加入矿山工人的队伍，到20世纪70年代中期，721矿职工总数已近万人。

20年的光阴，弹指一挥间。四通八达的公路网形成了；向乐铁轨专线铺进来了；工人新村、中小学校、职工医院、水冶厂房，如雨后春笋般在矿区建起来了；一座生机勃勃的、为共和国锻冶“倚天神剑”的万人大矿，在赣东的莽莽山区横空出世。

涛走云飞，花开花落，岁月流转。60年里，铀都经历了大起大落。但无论世事如何变迁，我们都深爱着这座矿山，因为这座矿山是在毛泽东、周恩来等老一辈无产阶级革命家亲切关怀和悉心关注下，矿山人凭借着自身的智慧和辛勤的双手建设起来的。

我们深爱着这座矿山，是因为老一辈矿山人为这座矿山付出了青春、汗水、理想乃至生命。

我们深爱着这座矿山，是因为这里有着矿山人太多可歌可泣的故事，这些故事在历史的丰碑上铭刻！革命的英雄主义与浪漫主义曾在这里上演！

我们深爱着这座矿山，是因为矿山人曾经在这里不屈不挠地进行过保军转民，第二次创业。在事业的低谷期，矿山人不畏艰苦从头再来，踏平坎坷成大道，坚信着风雨过后见彩虹！

我们深爱着这座矿山，是因为第二代、第三代矿山人，在这里成家立业，在这里重铸辉煌，延续先辈的梦想。

为了建设中国的铀都，江西、安徽、江苏、山东、湖南、河南、河北、贵州、福建、广东、四川、湖北、黑龙江等天南地北的中国人或转业、或调动、或大学毕业来到这里扎根，生息繁衍，共建家园。普通话成了这里的通用语言，721 矿成了他们的第二故乡！

在 60 年的时间里，许多人陆陆续续由于各种原因离开了矿山。但是，一旦有机会，他们依旧会不远千里回到矿山，去走一走、看一看、拍拍照、叙叙旧。不为别的，只是因为这里是他们的第二故乡。

甲子风云入苍茫，壮怀激烈写华章。余晖落日铀都远，关山万里情相牵。在原 721 矿建矿 60 周年之际，这部《铀都记忆》就是 721 人的宣情抒怀之作。

目录

第一篇
概　述
铀都浮沉 60 年

第二篇
记　事
回忆矿山二三事

第四篇
聚　会
重回故里情谊浓

第五篇
乡　愁
抹不去的铀都记忆

1721—15矿井

第一篇

概述

铀都浮沉60年

国营721矿发展史话

矿史办

国营721矿（简称721矿）原名421矿、江西一矿，是我国核工业原料重要基地之一，是在我国第二个五年计划期间兴建起来的。它于1958年开始筹建，1959年破土动工，1966年第一批矿点投产，1976年水冶厂正式投产，形成了我国最大的铀矿采、选、冶联合企业。

721矿，位于江西省中部。整个矿区跨乐安、崇仁两县，东西相距约18公里，南北跨度约20公里。矿区内山峦起伏，地势南高北低。公溪河流经矿区，注入抚河。

矿区属温带气候，四季分明，冬季时有冻雨、瑞雪，春季二、三月份有较长的梅雨天气，盛夏常遭台风暴雨袭击。年平均降水量为1800毫米，年平均降雨日数为153天，年平均气温为17摄氏度。每年五、六月份虽有洪水暴发，但对生产影响不大。

矿区地下蕴藏着丰富的宝藏，除储量较大的铀矿外，还有银、钍、钼、瓷土等矿产资源。生活区公路纵横交错连成一片，主要公路有：莲云线（莲塘至云际）、莲湖线（莲塘至湖港）、古莲线（古城至莲塘）、古新线（古城至新居）、古王线（古城至王陂）、古江线（古城至江边村）。矿区内公路北与向乐铁轨专线相会，东与崇仁公路相连，西与乐安公路相接，南与凤岗至赣州公路相通，为矿区内生产、生活资料输送和产品外运提供了便利条件。

矿区所在地乐安县是老区，第二次国内革命战争时期，毛泽东、朱德、周恩来、彭德怀、邓小平等老一辈无产阶级革命家，都曾经在这一带从事过革命活动。红军第四次反围剿的“登仙桥大捷”的战场，距矿区仅数十公里。矿区邻县临川，是北宋政治家王安石和被誉为东方莎士比亚的明代戏曲家汤显祖的故里。

矿区在20世纪50年代还是荒芜的山区，这里古树参天，人烟稀少，地下的矿藏丰富。1957年“903航测异常”后，地质工作者通过实地勘探，终于揭开了这块土地的秘密。相山铀矿是火山岩型铀矿，它处于我国新华夏构造体系第二隆起带内，是一个以酸性岩浆岩为主体构成的复杂地质体。矿床可分为主脉型矿床和群脉型矿床两类。

截至1988年4月，721矿先后建成和投入生产的有10个矿床，12个矿井，其中石马山东部（721-1）、横涧露天（721-2K）、白云（721-19）、巴泉（721-18）4个矿点已经开采完毕。云际（721-7）、沙洲（721-5、721-6）、湖港（721-8）、河元背（721-13）、横涧井下（721-2N）、邹家山露天及井下（721-14）8个矿床正在开采。山南岗上鹦上部（721-3）正在建设中。这些矿床分属7个矿点和山南、邹家山、云际、沙洲、湖港5个分矿。1985年以来，根据矿山的发展情况，3号井的基建工程加快，邹家山4号带、居隆奄、石洞矿点被列入发展规划。红卫、源头、沙洲西南、何家、横排山5个矿点作为后备矿点。相山铀矿经过20多年的开采，仍具有很大的潜力，显示出旺盛的生命力。721矿的发展对于振兴我国的原子能事业有着重大的意义。

721矿创建于20世纪50年代末60年代初。那时候拥有核武器的帝国主义国家严重威胁着世界的和平。为了粉碎帝国主义的核讹诈，中共中央做出了发展核工业的战略决策，同时争取到苏联政府的援助。1955年1月，毛泽东同志在听

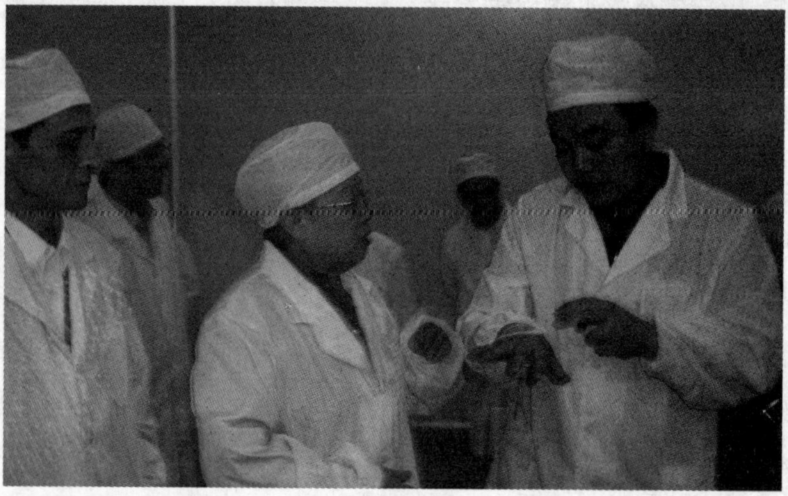

2001年5月，时任中央政治局候补委员，国务委员、国务院党组成员的吴仪（左二）在江西省省长黄智权（左一）陪同下视察721矿

取了原子能科学研究院基本情况汇报后指示：“我们的国家有铀矿，现在应该开始抓紧这项工作。”同年4月，国务院总理周恩来根据毛泽东的指示，在国务院第四次全体会议上就发展核工业问题做了报告。这次会议通过了发展核工业的决议。历经两年，《关于第二个五年计划期间我国原子能建设的方案》提出。1957年，在全国铀矿地质普查中，309地质航测队在抚州相山地区发现异常，随后经华东608地质勘探队勘查，确认该矿床有工业开采价值。1958年9月，江西省委成立中共江西省原子能委员会，加强对相山铀矿开发工作的领导。为了加强对相山铀矿的开发和加快对原子能的研究工作，同年10月，江西省成立原子能研究所（对外名称：中国科学院江西省物理研究所）。自1958年以来，许多有志于发展原子能事业的干部、工程技术人员、工人和青年学生，满怀热情奔赴荒芜的石马山地区。1958年，第二机械工业部（简称“二机部”）正式批准华东608地质勘探队提交的乐安横涧（石马山地区的一个矿点）铀矿床的地质储量报告书。1959年1月，421矿第一任矿长刘兴涛进矿。同年3月29日，中南矿冶公司批复了421矿基本建设计划。4月，421矿地面建设正式开工。从此，421矿以它顽强的生命

根在赣东的这块土地上。一批又一批的创业者、建设者，用勤劳的双手描绘出一幅绚丽的蓝图。421矿的诞生，为我国的原子能事业发展提供了一个新的原料基地，为打破帝国主义对我国的核垄断，以及提供核燃料，发展核工业，做出了应有的贡献。

石马山矿区（后称相山矿区），1958年前称903工区，1959年1月改名421矿，属二机部中南矿业公司，1959年10月改由二机部江西矿冶局领导。党组织关系受江西省委、抚州地委，以及二机部党组的领导。建矿初期，成立了生产技术科，下设采矿、建井、地质、测量及机电5个专业小组。1960年2月，石马山东部矿点开始施工，成立了一工区。横涧井下矿点、岗上鹦上部矿点相继施工，成立了二工区、三工区。1960年，企业名称由421矿改为江西一矿，机关撤销科改处（室），生产单位仍为工区。当时曾以“政企合一”的形式成立了公溪镇，镇长由矿长刘兴涛兼任。

但时隔不久，这一形式又被取消。随后，江西一矿的领导机关计划将江西一矿改为江西省第一矿业公司。1960年10月15日，江西省委下文成立江西省第一矿业公司筹建委员会，但终未改成。1962年，江西一矿进行机构调整，撤销处，成立16个科及行政办公室、党委办公室，生产单位由原来的3个工区增至9个工区。1963年又将一、二、三工区合并为新的一工区。矿机关机构再次变动，16个科、2个办公室改为18个科、1个办公室，保卫科升格为处，同时根据基本建设和地质勘探任务的需要，成立建筑安装工程处和地质勘探队（简称“地勘队”）。1964年，江西一矿更名为国营721矿。1965年，将新的一、三工区和建井队合并组建为一分矿。1968年3月，成立721矿革命委员会，同年12月，基层工区、队实行军事编制。机关改为4部1室，即政治部、武装部、生产指挥部、后勤部和办公室。1972年，矿革命委员会取消，基层单位名称由军事编制改为生产编制（营、连改为工区、队）。机关部门名称恢复为科（室）。

1973年4月，山南工区部分人员（主要是1960年一工区的人员）与八工区人员合并成立邹家山工区。1975年8月，山南工区、邹家山工区、五工区、六工区、七工区升格为分矿（县、团级），同时，总矿机关设18个科（室）。1978年，科室升格为处（室）。总矿为地（师）级单位。1983年10月，企业进行全面整顿，

撤销了政治部。党委系统总矿设组织部、宣传部、党委办公室。基层单位千人以上的设组织科，千人以下的只设党委办公室。撤销矿区管理委员会，恢复行政处。对矿区其他机构也作了适当调整。1984年底企业整顿验收后，721矿共设处（室）24个，基层单位16个。这24个处（室）分别是：纪律检查委员会、工会委员会、组织部、宣传部、党委办公室、共青团721矿委员会、武装部、矿办公室、计划处、生产调度处、财务处、供销处、行政处、干部处、劳动工资处、科技处、安防机械动力处、地质处、质量管理处、基建处、教育处、保卫处、卫生科、老干办。16个基层单位是：山南分矿、邹家山分矿、云际分矿、沙洲分矿、湖港分矿、水冶厂（一厂）、机械厂（二厂）、运输大队、地勘队、供电通讯队（简称“供电队”）、劳动服务公司、职工教育学校、古城中学、莲塘学校、职工医院、家属委员会。16个单位中5个分矿、2个厂属正县（团）级单位，劳动服务公司、运输大队、职工医院属副县（副团）级单位，家属委员会、地勘队、供电队、职工教育学校、古城学校、莲塘学校属科级单位。1984年底，721矿职工总数为8014名。

721矿的发展基本可分为四个阶段。

第一阶段：从 1957 年“903 航测异常”到 1965 年第一批矿点建成，是艰苦创业时期。

这一时期，来自全国各地的创业者汇集到石马山下，风餐露宿，披荆斩棘，揭开了矿山建设的序幕。他们自力更生，艰苦奋斗，在省、地、县三级政府和当地人民的大力支持下，按照“先生产，后生活”的原则，边勘探、边设计、边施工。在生活条件十分艰苦的情况下，修起了矿区第一条公路，竖起了矿区第一根电线杆，建起了矿区第一个电厂，盖起了矿区第一栋住房，办起了第一个简易食堂，开辟了山南、莲塘两个简易生活区，建筑面积 101028 平方米。同时以手工作业、人力推车、手工打眼、辘轳提升等方法，建成了石马山东部、岗上鹦上部、横涧露天等 4 个矿点，总投资 6628 万元。尽管当时条件十分艰苦，但干部、工人凭着对发展我国原子能事业的坚定信念和对铀矿事业的热爱，在荒山野岭上安营扎寨，以苦为荣，以苦为乐，艰苦卓绝地大打矿山之仗，出色地完成了上级交办的任务，使年产 12.2 万吨的铀矿初具规模。为 721 矿建成采、选、冶联合企业打下了坚实的基础。

第二阶段是从 1966 年第一批矿点投产到 1976 年水冶厂正式投入生产，为矿山生产发展和联合企业建成阶段。这个阶段正处于“文化大革命”（简称“文革”）时期，广大干部、工人力排干扰，坚持生产，721 矿在曲折中前进，建设和生产的总趋势是发展的。在较短的时间内形成了以莲塘、山南、水冶厂三大片为中心的生活区。同时，随着邹家山山上、红卫、云际、沙洲、湖港等矿点的建成，生活设施比较齐全的工人村也逐渐形成。各个生活区先后建起了图书馆、礼堂、露天电影院、篮球场等，艰苦的生活条件逐步得到改善。在矿山建设和生产方面，先后建成和投产的矿点有：石马山东部、横涧露天、横涧井下上部、岗上鹦上部、湖港（包括河元背）、云际上部平硐、沙洲平硐和竖井（包括甘泉）、巴泉平硐、横涧 2 号竖井、邹家山小露天等。这批矿点的建成和投产使 721 矿的产矿量有了较大幅度的增长，及时地保证了核工业事业发展的需要。同时放射性预选厂（简称“预选厂”）投入生产，“101”（“101”为出于国家保密需要而设置的铀产品代号）开始外运。邹家山大露天、河元背斜井、邹家山竖井、红卫竖井、云际斜井、巴泉竖井、白云斜井、水冶厂相继投产。整个矿山的建设、生产处于全面发展之中。

总的来说，第二阶段矿山发展是很快的，变化是较大的。生产形成较大规模，预选厂使用效果良好，水冶厂的建成结束了721矿矿石外运的历史。1970年，721矿曾被核工业部誉为“掌上明珠”。如果不是受“文革”的干扰和破坏，矿山建设的效果将会更好。由于第二阶段处于“文革”之中，在“左”的思想指导下，矿山建设不可避免地出现了某些失误，造成了一定的经济损失。例如水冶厂的碱法流程（二期工程）在矿量资源不足的情况下仍进行设计、施工，投资1000多万元，建成后却不能投入生产。红卫竖井在地质储量未能落实的情况下开始兴建，花了8年时间，投资500多万元，建成300多米深的竖井，但尚未全面建成就淹井、闭井。以上种种，只能客观地总结历史经验教训，并引以为戒。

第三阶段是从1976年10月粉碎“四人帮”到1983年企业整顿工作开始，为整顿、提高、生产、科学技术大发展的全盛时期，也是721矿进行改革振兴的时期。这一时期，721矿纠正错划“右派”，落实知识分子政策，建立和健全各

2009年12月1日，中核集团公司总经理孙勤（前排左二）在井下与井工交谈

种规章制度。在全国整顿的基础上，调整和充实各级领导班子，并按照“调整、改革、整顿、提高”的八字方针，把工作重点转移到生产建设上来，使全矿各项工作出现了崭新的局面，发生了深刻的变化。1977 年 9 月，矿部由莲塘迁到古城。古城、水冶厂、山南、莲塘、沙洲、湖港、云际等生活区的面貌焕然一新。一批批生活住宅建筑群拔地而起，平整的水泥公路建成通车，形成了交通网络，改变了“油毛毡”“干打垒”“竹编墙”小平房的落后面貌。职工的精神、物质、文化生活有了较大的提高。在矿山生产建设中建成了山南文明生产矿井、巴泉标准化矿井，编制了《矿山“六·五”技术改造规划》，开始了对矿山的充填、浇灌、通风、运输等生产系统的配套、改造工作，以及大力推广手选废石，提高供矿品位，改善企业综合经济效益。同时科研工作得到迅速发展，在短短的几年中，有 410 项科研成果获奖，其中有 3 项全国科技大会奖和几十项由国防科委、二机部、省国防工办，以及部、省矿冶局颁发的科技成果奖。科学技术的发展有力地推动了生产的发展。在企业管理方面推广全面质量管理。实行以“101”金属计价和“利润包干，超额分成”为主要内容的经济责任制。此时，721 矿开始由单一军品生产的封闭型企业向多种经营的开放型企业转变。同时，曾多次派工作人员到国外考察，并接待了法国、日本、瑞典等国的科技人员，开始了与国外的技术交流活动。生产、科研获得“双丰收”，企业管理不断完善，各项经济指标逐年创新。7 年内，实现利润 6916.31 万元，为建矿 29 年总利润的 78.45%，“掌上明珠”大放光芒。

矿山发展的第四阶段是从 1984 年企业全面整顿开始到 1987 年，是建设军民结合型企业的转折时期，也叫“第二次创业”时期。这一时期，721 矿根据核工业部提出的“以核为主，多种经营”的方针，采取了一系列“保军转民”的措施，以适应核工业战略转移的需要。相应地提出了“以铀为主，多种经营，军品必保，民品快上，发挥优势，搞活企业”的方针，在军品生产上，迅速地调整了生产部署，制订了“择优生产”方案，并对产量低、成本高、消耗大的矿点实行限产、缓建、停产，促其迅速转民。对于富矿，则加快建设和采掘步伐，做到“肥水快流”。形成“以军促民，以民养军”的多种经营的新型企业和“收缩云际、湖港两翼，以山南、邹家山、沙洲为主的三足鼎立”新格局。在民品生产上，充分发挥现有的设备、技术优势，因地制宜，就地取材，广开门路，多种经营。同时不断开拓新的领域，开发新产品，建立新项目，组织劳务输出等。在这种新的形势和要求下，721矿干部、工人发扬第一次创业的精神，克服了限产、限电、原材料涨价、设备老化、企业留利水平低、缺乏自我发展能力，以及待业青年、退休职工增多等种种因素，在进一步深化企业改革的基础上，梳理经营观念，增强竞争和应变能力，以提高经济效益为中心，开展“一优、二降、三提高”（优质采场，降低贫化率、损失率，提高爆破效率、尾矿出率、回收率）和“增产节约、增收节支”活动。同时，紧紧抓住仲钨酸铵、釉面砖等支柱民品，发挥其他民品生产项目的优势，遍地开花，使721矿在新的挑战面前朝军民结合型的企业发展。

721矿经过29年的艰苦努力，走出了一条自力更生、艰苦奋斗，建设和发展核燃料生产基地的成功之路，将荒凉落后的百里相山建设成一座现代化的新型矿城。既能勘探、采矿，又能预选、水冶；既有露天、井下开采，又有平硐、斜井、竖井开拓方式；既有齐全的辅助设备，又有完整的生活基地；既有先进的技术、设备，又有成熟的生产经验；既有丰富的矿产资源，又有强大的科技力量；既有较好的企业管理水平，又有较好的职工队伍。截至1987年底，共建成竖井8个，斜井5个，露天矿2个，水冶厂、机修厂、预选厂各1个，组建了运输队、地勘队、供电队，并设立了医院和学校，形成五矿两厂的四级管理体制。完成井巷总进尺198000米，剥离矿岩量509万立方米，总投资20186万元，为我国核工业的发展源源不断地提供原料，做出了应有的贡献。

■《国营721矿发展史》由原721矿党委组织人员写于1988年4月。本节节选自概论部分，原文刊载于《721矿游子》第225期。

铀都探秘

缪凤翔

一、惊动李四光部长的“敌特嫌疑分子案”

1957年秋，在江西省乐安县的相山山区，有一支小分队“神出鬼没”地穿行于崇山峻岭中，他们胸前挂着类似电台的半导体收音机，手中拿着探管，收音机发出“嘎嘎”的响声，被当地民兵抓到，送到了乡政府。由于案情重大，公安部门迅速介入，按“敌特嫌疑分子”调查审理。在审理过程中，由于他们始终不肯吐露自己是干什么的，只得层层上报，最后惊动了国家地质部部长李四光。李四光告诉公安部门，这些人是地质勘查队员，并要求立即放人。为了防止今后再发生类似事件，李四光将联络密码告诉江西省委书记，并要求其保密，不能让除他以外的任何人知晓。公安部门以后如再遇到类似案件，上报给江西省委书记，“嫌疑人”对上密码即可。

原来，朝鲜战争胜利后，为了打破以美国为首的西方大国对新中国的全面封锁和核讹诈，党中央作出自力更生发展我国核武器的决策，并为此成立“中央专委会”。要自行研制原子弹，我们不但缺人才、技术，而且缺原料。我国当时掌握的铀矿资源铀含量均低，无法满足制造原子弹所需的高浓缩铀的要求。因此，当时首要的工作是在全国开展大规模地质勘探、普查，以找到铀含量高的矿。由此，拉开了全国找矿的大序幕。

1957年7月21日上午10时47分，国家二机部中南309地质大队第四航空普查队的飞机飞抵乐安县公陂乡横涧村（航测标号为903号坐标）上空时，航测员赵树新发现飞机上的伽马辐射仪显示该坐标点放射性剂量高于其他坐标点的异常现象（后来称之为“903航测异常”），于是飞行员驾驶飞机低空盘旋，从空中投下石灰包等物品，作为再次寻找的标志。这一发现，引起了中央专委会的高度重视。二机部决定迅速派出地质队赶赴现场开展工作。1958年2月17日，二机部第三局中南309大队第17分队在江西省乐安县公陂乡横涧村正式成立。由此拉开了“石马山特大型铀矿床”普查勘探工作的序幕。

二、78号、201号信箱的秘密

中央决定尽快对石马山铀矿进行开发，加速发展中国的原子能事业，打破帝国主义的核讹诈，迅速从全国各地调集精兵强将进行筹建工作。于是，各路人马陆续来到地图上都找不到的“903工区”。

由于项目高度保密，所有来到这里工作的人员，都不知道单位地点在哪里，也打听不到，报到地址根本不存在，是被人带着辗转来到相山山区的。与家人、朋友、外界联系的渠道，只有两个信箱：“78号信箱”和“201号信箱”。前者是地勘队的信箱，后者是矿山的信箱。

地勘队的名称沿革：第二机械工业部华东608大队第1队、第二机械工业部江西261大队、第二机械工业部华东地勘局261大队、核工业部华东地勘局261

大队、江西省核工业地质局261大队。大队部驻地：1962年由公溪镇横涧村迁至公溪镇游家村，1970年再迁至公溪镇新居（刘家排），1997年10月迁入江西省鹰潭市月湖区梅枫路，彻底搬出了铀都。

几十年来，地勘队员立足深山，无私奉献，用他们的智慧和坚强意志，战胜了各种艰难险阻，为国家探明了该地区的大、中、小型铀矿床共29个。矿区面积达400平方公里，地跨乐安、崇仁两县，是储量为亚洲第一、世界第二的超大型铀矿床。矿区地质勘查队伍规模最大时有3000多人。

1958年12月，二机部任命刘兴涛为421矿矿长，负责矿的筹建工作。1959年2月421矿正式宣布成立，由二机部设立在湖南衡阳的中南矿冶公司管理，拉开了建设工作的序幕。1960年8月，421矿更名为江西一矿，1964年江西一矿更名为721矿，此名一直沿用40多年。进入21世纪后，721矿停产，企业破产改制，重组为抚州金安铀业公司。

1960年421矿开始建矿。勘探、设计、施工和矿点储量测定，以及基础工程建设等工作，同步组织实施。1965年建成石马山东部、岗上鹨上部、横涧露天3个矿点，并进行试采；同时，建成山南、莲塘两个简易生活区，累计完成投资6628万元。1966年，在第一批矿点开采投产基础上，云际、沙洲、白云、河元背、巴泉上部、邹家山等8个矿点开始建设；1973年，全部建成投产。1967年、1972年，相继建成预选厂和水冶厂。同期，建成了以莲塘、山南、水冶厂、古城为中心的生活区，形成一个矿冶、生产配套，管理科学，生活设施初具规模的大型铀矿企业。矿区坐落于乐安与崇仁两县交界处，东西相距18千米，南北相距约20千米，占地面积450平方千米，建筑面积51.6万平方米。1977年至1983年，721矿处于鼎盛时期，年平均利润在1000万元以上，最高年份利润达1400万元。

从1984年起，国家对721矿实施“保军转民”战略调整，铀矿生产实行限产。到2000年，共有竖井8个、斜井4个、露天矿2个，以及预选厂、水冶厂、机修厂等，累计完成投资2.58亿元，拥有固定资产2.06亿元。40多年来，向国家提供初级原料：“101金属”和“131产品”。先后有30项科技成果获省部级以上奖励。1978年，油隔离泥浆泵改进应用、淋萃流程的研究，酸法流程，碱性矿石的研究，均获全国科学大会奖。

刻有原国家核工业部部长刘杰题词的261地质大队老基地纪念碑

三、探寻铀都精神

我国的原子能事业，是在中华人民共和国成立初期一穷二白的基础上，是在西方大国对我国实行全面封锁、美国核讹诈的严峻外部环境下起步的。铀矿的勘探和建设，是在交通极为不便，毫无工业基础的崇山峻岭中开始的。要建设大型铀矿基地，必须克服难以想象的困难。铀都建设的开拓者们就是在这样的环境中，谱写出一曲无私奉献、艰苦创业的凯歌。如果说“两弹一艇”（原子弹、氢弹、核潜艇）是挺起新中国脊梁的国之重器，那么铀都建设就是默默支撑这一脊梁的根基。

如今，60多年过去了，铀都变“废都”，逐渐淡出人们的视线。因此，我们探寻当年建设铀都的精神内涵，总结其辉煌与衰落、得与失的经验教训，就显得弥足珍贵。

(一) 国家利益高于一切

勘探和建设铀矿基地，对用人的要求是非常严格的："政治上可靠，家庭及社会关系清白，年轻、身体素质好。"进入矿山的人，都必须经过严格的政治审查和挑选，他们从全国四面八方汇聚到相山山区。

第一批地质勘探队员来了。后来 261 大队发展到有 3000 多人的"地质勘查功勋队"。

一批干部来了。建矿之初，陆续由国务院办公厅从工业部、水利部、煤炭部、冶金部等国家机关，以及解放军总参谋部、成都军区、武汉军区调入一批干部；1962 年后，又陆续调入了不少矿领导和中层干部，加强领导力量。

一批技术骨干来了。1960—1961 年，100 余名从苏联留学回来的毕业生来到矿区（号称"108 将"），国内一些院校毕业生也来到了矿区，这些人后来成为 721 矿的中坚力量和技术骨干。

一批技术工人来了。矿山打井离不开建井队伍，成建制的建井队伍从河南平顶山煤矿调来，组建成 721 矿建井队，他们建成了一个又一个井筒。

一大批转业官兵来了。1963—1964 年，南京军区、福州军区的 2000 多名转业官兵来到矿山，承担修路架桥的任务，成为矿山职工队伍的主体。

在铀矿基地的建设者中，有国家干部、部队转业官兵、地质队员、技术工人、科技专家、医生、教师、大中专院校毕业生，党团员占 70% 以上。他们视国家利益高于一切，"党叫干啥就干啥""到祖国最需要的地方去"是那一代人的坚定信念和共同选择。

当 1964 年 10 月，我国第一颗原子弹在大西北罗布泊爆炸成功升起蘑菇云时，赣东山区铀都的建设者们都冲到山顶欢呼。他们为自己仅用 4 年多时间，就提炼出第一颗原子弹的铀原料而自豪，而骄傲！工人们说"我们这么努力，就是要让毛主席睡好觉"。

随着 20 世纪 80 年代铀都逐渐解密，外国专家陆续来访，苏联、巴基斯坦、日本……连美国能源部铀矿地质代表团也来了，他们惊讶地说"真没想到中国有这么大的铀矿田"。铀都人为此感到无比自豪。

尤其难能可贵的是，20 世纪 60 年代初，面对苏联撕毁合同、撤走专家的"三年困难时期”，铀都人没有退缩，而是自力更生，白手起家，勒紧裤带，共度时艰。在“文化大革命”期间，尽管有少数人参与了地方的一些械斗，但铀都总体上是领导有力，队伍不散，矿区不乱的。而且这一时期是铀都大生产、大发展的鼎盛时期。

（二）艰苦创业团结协作

建矿之初，这里古树参天，人烟稀少，路不通，水电无，常有虎狼出没，站岗值勤的解放军战士就在当年的矿办公楼（位于莲塘村）看见过一只老虎。村民的生猪时常被虎狼咬死，还有工人目睹过虎狼追逐小野牛的场景。江边火车站一带，原来也是狼群出没的荒野山丘。

交通闭塞，整个公陂乡仅有一条简易公路连接罗家圩和乡政府。从莲塘到山南只有一条小道——当年第一批进矿的人员，就是从罗家圩步行到山南的。

经济落后，物资匮乏，完全是自给自足的农耕经济，只有公溪桥头老街有几间小铺子，可买到碗筷等简单用品。更严重的是没有通电，只能用原始的松脂、油灯照明。

铀都的建设者们，就是在这样的条件下艰苦创业的。

在公溪河上架起了木桥，打通了通往莲塘、山南的道路。自建柴油机房临时供电，但还会时不时地停电，直至20世纪60年代王陂电厂建成，抚州电网接通了由南昌直达矿里的110伏高压输电线路，才解决了建矿所需的电力问题。

靠打水井、引山水解决饮水问题，生产用水是从河沟里抽的；没澡堂，不分男女只能在小河沟里分区洗澡。到20世纪80年代初，721矿修建了供水工程——白云水库，才从根本上解决了矿区的供水问题。

没有床就打地铺。多数职工只能栖身于油毛毡棚。由于建油毛毡棚，需要大量毛竹，地方上一时供应不上，矿里就组织新进矿的干部、大中专院校毕业生及机关工作人员上山砍毛竹，用肩扛三四公里运回来。

地勘队的钻机、设备器材重达三四百吨，都是由队员人抬肩扛从几十里（1里 =500 米）外运进深山的。

由转业官兵组成的筑路大军，逢山开路，遇水架桥，建成了从莲塘通往沙洲、云际、邹家山、湖港、白云的公路，保证了各矿点的顺利建成投产。

从平顶山煤矿成建制调来的建井队，相继在各个工区开掘剥离，巷道掘进，建立竖井。1964 年 721 矿 1、2、3 号地区，部分矿点就开始了试生产，为我国研制第一颗原子弹提供了铀原料。

上下齐心，多方支援，团结协作是铀都建设中的又一笔宝贵财富。

我们有集中力量办大事的制度优势。在中央专委会的精心组织和协调下，坚持全国一盘棋，要人给人，要物给物，八方支援，通力合作。各路精英迅速从全国各地汇集于此；地方政府和当地老百姓像当年苏区人民支援红军一样，不讲条件，全力支持，良田、山地、木竹……矿山建设需要什么，就奉献什么。

721 矿建矿初期，物资都要通过东乡火车站转运到矿区，人员进出都用货车拉，一路风尘。1963 年，由周恩来特批、中央专委会决定，为 721 矿修建由向塘至矿区江边村的铁路专线——向乐线。该线全长 123 公里，经铁道兵紧张施工，于 1965 年 3 月建成通车，大大加快了矿山建设的速度。

为了解决铀矿勘探与开采的人才短缺问题，1959 年 1 月，山西太原地质专科学校迁至江西抚州市，改名为抚州地质专科学校。1960 年 9 月，工人专修班开办，培训野外地质队选送的工人。1978 年 5 月，抚州地质专科学校升格为本科学院——抚州地质学院，后多次更名，2007 年 4 月更名为东华理工大学。该校的“铀矿地质和同位素水文学”和国家级“分析测试研究中心”，被国际原子能机构分别指定为“高级培训中心”“参与实验室”。为铀都建设提供了人才和智力支撑。

为支援矿山建设，南京部队驻金华某团在建矿初期到 721 矿支援山南露天剥离、基础设施建设的土石方工程等工作，历经数月，到任务完成后才返回营地。

铀矿基地的建设，牵动着中央领导和有关部委领导的心。1960 年 9 月，时任二机部部长的宋任穷前来抚州地质专科学校和 721 矿视察、指导工作；1966 年 4 月，中国人民解放军总参谋长罗瑞卿抵达 721 矿视察工作。

随着矿山建设的全面展开，矿区人员骤增，为保障商品和物资供应，成立了公溪矿区食品公司，为 721 矿和 261 大队提供猪、牛、羊、禽、蛋等商品；成立公溪矿区贸易公司，设立了莲塘蔬菜门市部、莲塘小吃部、食品加工厂、豆腐坊、王陂饭店等 6 个服务网点，并新建了古城商店，鼎盛时期年营业收入近千万元。

同时，创办了721矿医院、261大队医院、721矿古城中学、261大队新居中学等；建立了矿区公安分局；县法院设立了公溪法庭，建设银行设立了第七办事处……，形成了一套完整的产业体系和社会组织结构。

矿山的发展壮大，向乐铁路的通车，给公溪镇带来大发展、大繁荣的机遇。镇治所在地——古城，集镇建设提速，旧貌换新颜。仅江边搬运站从事搬运工作的工人就有近200人；县内国有工业骨干企业、公溪镇的10多家重点乡镇企业均云集于此，成为全县货物贸易的集散地、人员流动的中转站，商贾云集、车水马龙、商贸繁荣、灯红酒绿，曾被称为“乐安的小香港”。公溪镇的大棚蔬菜，除满足矿区七八万人口的需要外，还有大批外运至抚州、南昌等地，辛家村成为蔬菜示范村，公溪镇成为远近闻名的大棚蔬菜基地。公溪镇先后荣获江西省百强镇、抚州市小城镇建设示范镇等称号。

1986年，时任中国核工业部部长蒋心雄（前排左二）到721矿视察

（三）无私奉献、无怨无悔

同时代建设的大庆油田，涌现了以铁人王进喜为代表的中国石油工人英雄群体。他以“宁肯少活二十年，拼命也要拿下大油田”的豪言壮语闻名于世。而铀都的建设者们，虽用血肉之躯，不顾矿石粉尘、被污染辐射的危险，以无私奉献的精神，在极其困难的条件下建起了我国超大型铀矿基地，却因保密需要而默默无闻。

60 年前，福建金门前线，2000 多名解放军战士在“炮轰金门”战役结束后，从部队退伍，懵懵懂懂地坐上绿皮火车，来到赣东相山山区，脱下军装，换上工作服，这身工作服一穿就是几十年。尘满面，发如霜，铀都建设者将一生献给了矿山，换来的是将铀矿石加工提炼成制作原子弹的初级原料“131 产品”。

721 矿建矿初期，兴建山南露天矿，爆破时发生过一次重大伤亡事故。据说此事惊动了中央，周恩来指示华东局迅速组织专家赶赴矿区抢救伤员。为了争取时间，从上海用专机将专家和药品送达南昌，再用吉普车送到矿里。技术员张国庆就是在专家的紧急救治下，保住了生命。很多工人身患多种疾病，却仍坚守在工作岗位上。他们无怨无悔，他们因此生能为国家找铀而自豪。

地质勘探队的钻机搬迁时，要将 10 吨重的钻机设备运上几百米的高山，这个工作又脏又累，但无论刮风下雨、酷暑寒冬，一听到广播通知，职工、家属立刻参与进来，甚至小孩也自愿参与其中。

建矿初期，勘探和开采矿山时，防护条件差，炸药炸开后，洞中全是粉尘，为了争抢劳动进度，不误工期，工人们往往捂一块毛巾、甚至有时连毛巾都不用就进去了。

为了支持丈夫的事业，很多家属自发来到矿山。在计划经济年代，她们无住房、无户口、无供应口粮，其艰难可想而知，但她们毫无怨言，自己动手盖草房，开荒种地，甘愿和丈夫一起吃苦受累、节衣缩食、互帮互助、共克时艰。她们积极投身到养路、挖土方、筛河沙、装卸车、烧砖制瓦，建食堂、托儿所、学校等事业中去。

三年困难时期，职工的粮食定量一减再减，不少人因营养不良得了浮肿病。大家就上山挖野菜，开荒种地瓜，下河抓鱼虾，自己动手，守望相助，乐观面对。

矿山的建设，始终得到当地民众的大力支持。无论地质勘探，还是矿山开采，难免会影响或伤害到村民们的利益，但只要是矿山建设需要的，村民都毫不犹豫地全力支持，无怨无悔。矿山勘探和开采新的矿点，队员都是借住在村民家里的，而村民却不收分文。当年矿企与当地村民的关系就是这么融洽。各矿点放映电影，无论露天还是礼堂，十里八村的群众都可来免费观看；接送职工上下班的班车，村民随时免费乘坐。矿点建到哪里，就会为哪里无偿提供照明用电。因此，矿区的公溪镇、湖溪公社的村庄成为当时乐安县最早使用电力照明的村庄。1970 年初，721 矿湖港分矿河元背村，因铀矿就在村民居住的房子底下，为了确保村民安全，需要整村搬迁，拆迁房屋矿里只按每平方米 12 元补偿。全村 10 多户村民，无须干部上门做工作，没有一户一人阻挠，全部按时搬迁完毕。至今你去询问村民，他们仍会骄傲地告诉你：第一颗原子弹的铀矿石就是从我们村挖出去的！

■ 原文刊载于《721 矿游子》第 204 期。

刘福康

我所知道的721矿领导班子

近日有矿友问我721矿领导班子成员构成的变化情况，我仔细回顾了一下，从1958年建矿开始，到2004年721矿关闭破产为止，在721矿担任领导职务的同志有数十位。

一、421矿成立至第一批矿点建成阶段

1958年11月，二机部任命刘兴涛为421矿矿长，后又调黄清池、张亭子任

721矿第一次党代会服务组合影（李华建供图）

副矿长。1959 年 10 月，抚州地委同意成立 421 矿党委会，刘兴涛、黄清池、张亭子、顾信炎（劳资科长）、陈宝盛（财务科长）、景作霖（行政科长）、周汝礽（采矿工程师）为党委委员。1960 年 3 月，江西省委、抚州地委决定由抚州地委书记王敬民兼 421 矿党委书记、地区专员张全智任 421 矿专职党委书记。

二、721 矿建矿初期至“文革”开始阶段

1961 年上半年，胡传孝调到 721 矿任党委书记，陈茂林任党委副书记。大概自 1963 年 3 月起，721 矿党委书记是韩礼和，副书记是郭道远。此阶段先后任矿长的是李伟民、赵栓英。副矿长是于克、李功、吴振纲、姚洪太、魏乐斌、谢益之。总工程师是沈炳炎，总会计师是单诚。

三、1966 年“文革”开始，造反派夺权，踢开党委闹革命，杜长田任 721 矿革委会主任（军代表进矿后，杜长田调甘肃 796 矿）

1969 年，军宣队进矿。1971 年，由南京军事学院的尚守和、李书文、赵明臣等军代表和姚洪太、沈兴观等原矿领导及从省里调派来的孙永久、王玉林、穆先、杨喜荣等人组成新的领导集体，之后又从二机部系统内调来顾鹤云。

四、1973 年，军代表撤离 721 矿，开始企业整顿，之后“文革”结束

20 世纪 70 年代末，班子成员情况大致是这样的：任书记职务的，先后有顾鹤云、孙永久，副书记是李政权。矿长先后是穆先、杨喜荣，副矿长先后是王玉林、金显扬、姚洪太、李思德、卢乐州，总工程师是李远洲，总会计师是邬庭芳。

五、20 世纪 80 年代末，721 矿开始步入保军转民和企业改制阶段

书记先后为熊履端（曾任矿长）、张其傥（曾任副矿长）、李华建（曾任副书记）、王光熙。副书记为赵粱（曾任纪委书记）、何勇（兼任纪委书记）。

纪委书记为叶开发。矿长先后为刘清林、洪淳康、徐世年、吴三毛（曾任副矿长），副矿长先后为李四海、秦峰、王辰武（曾任副书记）、邓家福、于少毅（曾任总工程师）、朱国根、华唯杰。总工程师先后为胡祎棠、袁荣生、叶庆庚、朱厚基、李志国，总会计师先后为王芳兰、刘福康，总经济师是赵凤阳。

1991年7月13日，721矿第四次党代会全体代表合影（李华建供图）

■ 原文刊载于《721矿游子》第210期。

721 社区 20 年

张建国

至2020年，中央企业职工家属区“三供一业”分离移交工作基本结束。算起来721社区（全名为江西抚州721社区管理委员会）从成立至消亡，仅仅度过了20个春秋。

一、形势催生

20世纪90年代末，721矿经历了改革转制、产能压缩、减员增效的困境，遭遇建矿以来最艰难的寒冬。很多二级单位停产，人员分流安置。如云际、湖港、沙洲、白云等矿点生活区陆续撤点，职工生活区就近搬迁安置。进入21世纪，721矿企业办社会职能逐步剥离，军品、民品、社区三大块基本形成，分别独立运行。

721社区成立于2001年6月，隶属于原721矿，由古城管委会、莲塘管委会、水冶厂管委会、老干办、职工医院、古城学校等单位组成，后来消防队和矿劳保部的部分职能划归社区。

721社区成立之初，正面临721矿关闭破产、异地安置、竞聘上岗等关系到企业和职工切身利益的深刻变革。根据中共中央办公厅〔2000〕11号文件《关于进一步做好资源枯竭矿山关闭破产工作的通知》，明确核工业矿山由于矿产资源逐渐萎缩和枯竭，企业生产大幅下降、长期停产、亏损严重、矿区职工生活困难，决定对一批资源枯竭矿山实施关闭破产。

竞聘上岗是721矿关闭破产必须解决的一大难题，通过双向选择、择优录取等方式，大多数职工得到了很好的安置，少数职工自愿辞职，自谋职业，离开了721矿。

金安小区住宅一角

721矿建矿以来，一直贯彻先生产后生活的建设原则，致使职工住房简陋，年久失修。针对这一问题，核工业系统三线企业实行住房异地安置政策。2004年，721矿出台了“三个方案，一个规定”，采取“上级拨付、企业自筹、个人集资”的方式，先后在南昌昌北经济开发区、鹰潭月湖区、新建县720厂、抚州市高新区等地进行集资建房，共建6000套住房（其中昌北区236套，鹰潭市268套，新建区940套，抚州市4556套），个人出资部分在500元/平方米～900元/平方米（区域略有差异）。后来在各方协调支持下，房屋性质转变为房改房、商品房（可自由买卖），房产证自2019年起陆续发放完毕，解决了职工群众住房问题，异地安置政策基本落实。

2003年9月3日，抚州市政府批准成立721社区管委会。2004年2月2日，抚州市委批准成立721社区党委，主要职责是宣传贯彻党的方针政策和国家法律、法规，负责原721矿离退休人员、职工遗属、工伤残人员管理，单位的维持维护、生活区维护维修等后勤保障工作，解决原721矿关闭破产遗留问题，协助地方政府部门做好社会管理、维护稳定等工作，开展精神文明建设等。而工作安排、人员配备、经费来源等方面，隶属于核工业江西矿冶局管理。即721社区表面上是抚州市下属单位，是依法成立的单位，实际实行双重管理模式。

二、硕果累累

根据国企改革政策，社区实行属地化管理。2005年12月，721矿关闭破产终结，医院、学校分别移交乐安县属地化管理。中国核工业集团公司与江西省政府签订了属地移交协议，713、719、720、721、724、771等社区由核工业江西矿冶局代管。2006年1月1日，721社区独立运行，维持维护经费由上级转移支付。

721社区下属单位有古城、抚州、鹰潭、新建、昌北五个基层管理站小区，跨三市两县，社区办公机关设在抚州市玉茗大道华福公寓。

管理服务人员由成立之初的5726人（其中离退休人员4622人、遗属941人、在职人员163人），代管低保户944户、1533人，至2019年年初，管理服务对象有3839人（其中离退休人员3467人、工病亡遗孀318人、社区员工54人），代管低保户673户、1068人。经过近20年的自然减员（死亡），人数已减少了1887人。基层党支部由最初的33个，减少至14个。

2007年，集资建房交付使用以后，随着职工搬迁进城，矿区的山南、水冶厂生活区撤点，公共设施委托给公溪镇管理，矿区保留古城、莲塘两个生活区，满足少部分职工家属居住需要。至2019年，721矿离退休人员医保已经全部纳入省级统筹，保障了医药费的报销；620名老工伤人员、工伤遗属和工伤抚恤人员整体移交到抚州市医保局管理。2011年至2019年，过去在721矿大集体或家委会从事辅助工作的职工家属或遗孀约2700人参加当地社保，享受了国家优惠政策，到达退休年龄的已经领到了退休金，晚年生活有了保障。

金安小区幼儿园

721 社区围绕每一年的中心工作，坚持开展主题系列活动。2006 年社区独立运行第一年，创新开展了“完善管理服务共创美好家园”主题系列活动，明确管理服务工作的职责，树立离退休人员对社区工作的信心和对美好生活的憧憬。2007 年进一步规范管理，落实异地安置政策，第一次提出了创和谐的理念，开展了“规范管理促效能，齐心协力创和谐”的主题系列活动。2008 年矿区居民逐步向城区迁移，有针对性地对管理、服务和稳定提出了具体要求，开展了 “抓管理，创特色；抓服务，创优质；抓稳定，创和谐”的主题系列活动。2009 年结合科学发展观学习，提出了 “科学发展转变观念，管理服务融入社会”的主题系列活动，明确提出社会化的发展方向。2010 年结合进城小区文明创建的现实需要，开展了“强化管理提素质，优化环境创文明”的主题系列活动。2011 年结合形势任务需要开展了在职员工岗位创佳绩，小区党员群众创文明争先进的“团结敬业创佳绩，文明和谐争先进” 的主题系列活动。2012 年结合文明创建和改善民生工作，开展了“文化发展提升文明，民生建设服务群众”主题系列活动。每个主题活动都设计了若干个子项目，任务明确、活动具体、形式活泼、凝聚力强，有力地推动了各项工作的开展，促进了管理服务的提升。2013 年以来，721 社区贯彻转作风、改变文风会风的有关要求，在主题系列活动中明确了党委工作要点。

国家经济社会发展日新月异，721 社区各基层小区推进民生工程建设，环境更优美、生活更便捷，各项入学、医保、低保、经济适用房或廉租房等政策惠及千家万户，人们的生活幸福感获得感更加高，物质生活和精神生活更加丰富。生活小区都配备了健身广场、门球场、停车位等，种植绿化树木、铺草坪、安装休闲凳，小区公共区域竖立公告栏、文明宣传牌等。居民自愿参加早晚的健身活动和节假日的文化体育活动，小区定期开展环卫评比和文明楼院、文明家庭评比活动，人们的精神面貌发生了巨大变化。

2011年，721社区以创建市级文明单位为目标，开展了轰轰烈烈的文明创建工作，经过员工和居民的共同努力，从2012年起社区连续被评为抚州市文明单位。社区2016年获得江西省第十四届文明单位荣誉称号，2019年获得江西省第十五届文明单位荣誉称号。721社区自2011年成立至今，已经连续9年获得抚州市“社会管理综合治理目标管理先进单位”称号。

三、完成使命

单位的兴衰，像自然界的动植物一样，随势而盛，随其使命完成而亡。这是自然规律，也是经济发展规律。

为进一步深化国有企业改革，加快剥离国有企业办社会职能和解决历史遗留问题，促进国有企业轻装上阵、公平参与竞争、集中资源做强主业，国务院《关于印发加快剥离国有企业办社会职能和解决历史遗留问题工作方案的通知》（国

七二一社区（抚州站）管委会

发〔2016〕19号）（以下简称《通知》）中明确规定：国有企业职工家属区“三供一业”分离移交。对企业职工家属区供水、供电、供热（供气）和物业管理（统称“三供一业”）的设备设施进行必要的维修改造，达到城市基础设施的平均水平，分户设表、按户收费，由专业化企业或机构实行社会化管理。《通知》有利于深化国有企业改革，加快剥离国有企业办社会职能和解决历史遗留问题，整合资源改造提升基础设施，进一步改善职工居住环境。

金安农贸市场

721社区“三供一业”社会职能分离移交改造资金共计8432.41万元，均由上级拨付。按照“三供一业”分离移交时间进度：2017年完成改造框架协议签订，2018年完成改造实施协议签订，2019年完成维修改造工程，2020年完成管理服务对象移交。目前，有的生活小区已经进场施工，有的已经完成单项改造升级。

除了 “三供一业”社会职能分离移交改造，各基层生活小区按要求成立了业主委员会，对小区公共事务进行管理。引进物业管理公司，做好小区的绿化环卫、物业养护、安全保卫、车辆交通管理、生活服务、违章建筑的管理和共用设施设备的维修改造，使得生活小区符合现代城市发展的优美、安全、文明、宜居等标准。

721社区之前承担了过多的社会职能，2019年起不再负担物业管理的职能，不干预业主委员会履行职能，而居民则要参与业主委员会的筹备、运营、管理等工作，业主委员会（群众组织）、居委会（履行政府相关职能的群众组织）将为小区居民提供管理和服务。721社区预计于2020年完成“三供一业”分离移交，完成历史赋予的使命，走完它的一生。

■ 原文刊载于《721矿游子》第240期。

第二篇 记事

回忆矿山二三事

回忆建矿初期二三事

唐显章

作者唐显章近照

一、我找到了“903矿”

1958年8月，我从重工业部（后改为冶金工业部）长沙有色金属工业学校毕业，时年20岁。毕业分配时，每个同学可以填报三个志愿，我填报的都是教育机关，因为我想当老师，但最后，我却与44名同学一起被分配到二机部衡阳三司。

衡阳三司在湖南衡阳苗莆，我们是在1958年8月底报到的。经过严格的保密教育，又参加了一些社会活动，1958年9月29日我被分配到江西903矿，介绍信中写明唐显章为903矿筹建人员，但因那时还没有成立903矿的筹建机构，故把我介绍到在903矿点搞地质勘探的中南309队17分队，帮助队里做一些工作。我离开衡阳三司时，李殿卿处长两次对我说：“你到队里后就按介绍信的要求做好工作，以后的事以后说。”

1958年9月30日，我背着一床3斤重的被子，提着装有书籍、衣物与日用品的纸箱，乘坐广州—上海的49次快车到江西向塘车站，下车后再乘慢车到了南昌。10月1日，我从南昌乘汽车到抚州，又转乘到乐安的汽车，于当晚7时到了乐安。下车后，我到处打听 309 队 17 分队在什么地方，但没有一个人知道。无奈，我只好朝乐安县政府招待所走去。

我一进招待所，就碰到一个讲普通话的大个子，我即问他 309 队 17 分队在什么地方。他大吃一惊，反问我是干什么的。我说明来意，并把介绍信的信封给他看了看。“你怎么跑到这里来啦？离这里还远呢！要往回走！”他哈哈大笑地说，“你找对人了，我就是 17 分队的。你先住下，明天坐我的车一起回去。”经过交谈，我知道他叫张新刚，山东人，小车司机，到 17 分队已有 3 年，当天是送县领导回乐安的。从此，我们成了好朋友。

1958 年 10 月 2 日，我到了 309 队 17 分队，接待我的是高玉队长（12 级干部，后调长沙任 309 队队长），他看了我的介绍信，叫来人事科科长袁金兰、生产科科长蒋明新，并安排我到生产科工作，我的工资由队里发，劳保、保健一律按队里的规定执行。他们帮我提着行李，引我到了蒋科长住的铁皮木板房。该栋铁皮木板房除住着蒋科长外，还住着中南矿冶学院毕业的技术员钟云龙、工会干事李秋。

在这里，我先插一段关于我工资的故事。按国家规定，那时中专生实习工资每月只有 29 元 5 角，一年后转正每月 34 元 5 角，俗称“米发索”干部（因音符谐音而得名）。我到队里两个月后，生产科一名技术员跟我说：“你不是在矿山，现在是在地质队，大家都有野外津贴，每月 20 元，你为什么没有？应该向你的领导提出。”但我一直没有提。

1960 年我回到矿里后，曾问过当时的矿长李伟民，他说：“应该补给你，但共产党不是银行，不能存款，算了吧，不要了！”此后，我再也没提过，也没想过。那时候的人，大都是比较单纯的。

二、我得到了第一张大字报

“903”是放射性航空物探普查时所发现的异常点的编号，“903 矿”是没有正式成立矿筹建机构之前设定的矿山名称。1959 年元月，903 矿定名为“421 矿”，1960 年改名为“江西一矿”，1964 年又更名为“国营 721 矿”。

提到放射性普查发现“903”异常点，我要说一件趣事。据说，当时 309 队第四航空普查队的飞机低空飞越903上空时，机上的伽马辐射仪的读数很高，队员们兴奋地跳了起来，高声大喊："找到大西瓜了！"后来，"903"被我们划归为露天矿采矿范围，并定为"一工区"。

1958年10月，我到17分队时，该队不仅对横涧、岗上鹦、石马山、源头、巴泉、善堂庵、千杭、沙洲、云际、湖港、邹家山、横岭等十几个点进行重型山地勘探，而且还继续在"903"外围开展普查找矿。1958年，是"大跃进"的第一年，在队里虽没有搞大炼钢铁，但"跃进"的口号并未示弱，"千米坑道万米钻"就是响彻云霄的"大跃进"号角，即一个月全队打探矿坑道进尺合计1000米，钻孔进尺合计10000米，当时人人争着下坑井，个个争着上机台。

那时生产工区的劳动组织三班半，一个昼夜4班，每班6小时，每周有3个班无人作业。为充分利用空班，提高掘进速度，1958年11月初成立了"干部掘进突击队"，我被任命为突击队队长，负责了解检查工作面的情况，安排、分配机关人员参加掘进的作业班次及安全防护、质量验收等，带头打风钻、放炮、支柱。我所在的作业班，在花岗斑岩的工作面，6小时内搞了两个半循环，即在一个班内打了3次炮眼，放了2次炮，出完了2次放炮炸下的岩矿，掘进进尺2.45米，创造了全队最高纪录，被评为1958年度"跃进积极分子"。

在17分队工作期间，我还解决了两个当时较突出的问题，309队的《技术简报》对此专门做了介绍。

1. 将长度不同的导火线集中一次点燃，解决1958年第四季度因无段发雷管导致的天井掘进爆破效率低的问题。

2. 用插杆法穿过流沙，节约投资。

1959年9月，在石马山230米标高紧靠一条小溪的地方新开了一个9号坑道，设计主巷长500米。当主巷掘进至45米时，出现冒顶，大量的水带着风化的花岗斑岩细沙倾泻而下，流入主巷15米远。当抢运至工作面时，又有大量泥沙倾泻而下，情况甚为严重。在冒顶工作面上部，高28.5米的地面下沉，形成直径4.63米，深8.12米的大坑。面对这种情况，领导决定废弃原工作面，从冒顶工作面退回12米处另开口掘进，以此绕过流沙。但从新开口处向前掘进18米时，又发生冒顶，泥沙流入主巷19米多远。

根据前次处理冒顶的教训，我提议暂时不要运走泥沙，将泥沙压实，拦住顶板上的泥沙，不让其自由下泻，使工作面顶板上的泥沙填满压实。我用扁铁设计制作了四副两头用螺栓固定的铁箍，两副铁箍固定在用圆木作支柱的横梁两端，另两副与横梁上的铁箍连接，在铁箍中穿上横梁，然后在上下两根横梁中排列打入杉木杆，一有条件立即往冒顶工作面架设密集支柱。结果通过了流沙层，按设计完成了主巷道的掘进任务。如果不越过流沙层，要废弃 51 米坑道，以当时掘进 1 米坑道需要 400 元计算，将浪费 2.04 万元。

在这次事故处理中，我作为主管技术员，得到了领导的表扬，也得到了很多工人师傅的赞扬，但有部分群众有相反的看法。在 1959 年的“双反”运动中，在职工食堂的洗碗槽对面的竹皮墙上，贴了一张“冒失主观的唐显章”的大字报，这是我“得到”的第一张大字报，现在回忆起来还是挺有味道的。

1959 年“双反”运动时，群众贴大字报的还不多，不像“文化大革命”时那样，正因为这样，凡是路过的人都要看一看，有的人还大声地读出来。开始我很不舒服，还想去找给我写大字报的人理论理论。队长高玉、科长蒋明新、技术员钟云龙等同志都劝我正确对待，我也就想通了。

我在 17 分队工作了一年多一点的时间，跑遍了所有的矿点，详细了解了当地的地质情况、已做的勘探工程和已取得的成果，对地形地貌、通往各矿点的山间小道、风土人情都很清楚。

三、我陪刘兴涛矿长向县、地、省、中南公司、部局汇报

1959 年元月，先期到矿的李增奎同志到衡阳迎接刘兴涛矿长和安世昌同志到矿。矿长的到达，标志着 903 矿筹建机构正式成立。

刘兴涛，山东兖州人，1938 年参加革命，抗日战争期间，在山东鲁南工作，调二机部之前，任山东阜新煤矿矿长，1959 年到 903 矿时 39 岁，属 12 级高干。刘矿长到矿后，住在 17 分队的铁皮板房招待所，在油毛毡工棚排队买饭。到矿第三天，刘兴涛召集安世昌、李增奎、徐增光、廖义仲和我开会。他首先说：“903 是亚洲第一，世界少有的铀矿山，是造原子弹重要的原料基地，将要从南昌向西，

与火车站接轨，把铁路修到矿里。矿里的职工人数要超过一万人。将来矿里的汽车很多，可以从石马山排到罗家圩。规模很大，任务很重，但‘千里之行，始于足下’。今天开会，要大家讨论，提出一个筹建计划，由唐显章同志记录，整理成文，写出报告，我要带着向上级汇报。”

根据刘矿长的指示要求和大家的意见，我连夜起草了《关于九〇三矿筹建工作的报告》和《九〇三矿筹建工作计划》，并请地质队打印出来。

1959年1月21日，刘矿长带领我搭乘17分队拉钻杆的苏联产“格斯51”货车到罗家圩，然后等待乘坐从抚州开往乐安县城的过路长途汽车。由于公路是沙土路面，且我们是在半路上车，座位靠后，到乐安县城时，我们完全成了“灰人”。当天刘矿长穿的是笔挺的藏青色全毛华达呢中山装，但他没有一句怨言。

第二天，我们向乐安县的县委、县政府、武装部主要领导做了汇报。当天下午，我们搭乘长途汽车到了抚州，接着又赶到南昌、衡阳、北京，分别向抚州市委、行署，江西省原子能委员会，江西省委、省政府主要领导做了汇报。时任江西省省长邵式平、省委副书记白栋材、组织部部长吴允中等领导都非常重视，热情支持。

中南矿业公司罗西芳和部局有关司局领导听完汇报后，非常满意，对筹建的组织机构、人员配备、资金保障、材料供应、交通运输等一系列问题都做了答复与安排。商业部听完汇报后，当即开出10万根毛竹指标，解决建矿初期搭建油毡临时工棚的急切需求。

721矿（原421矿）第一任矿长刘兴涛晚年与夫人合影照

刘矿长带领我从县到省城、到衡阳，再到北京，来回 20 余天，让出生在贫苦农民家庭、刚出校门不到半年的我，开了眼界，见了世面。

刘矿长非常关心我，我陪他出去，无论走到哪里，只要住进了房间，他总是先去买包饼干什么的填一填肚子，还要我先吃。到食堂吃饭时，我去拿菜，他就去拿饭，反之，他就去拿菜，从不坐在饭桌边等饭吃。

从北京回矿后，他派我到东乡火车站建一个临时仓库，组建临时转运站。那时，东乡正大兴水利，拆迁房屋的旧材料很多，由于建仓库材料紧缺，所以我在东乡县招待所何所长的帮助下买了一些旧料。回矿后，我在地质队的招待所里向刘矿长汇报，当我说到买的是旧材料时，刘矿长火冒三丈，拍桌子大声训斥："谁叫你买旧的？给我退回去！"

我千方百计，辛辛苦苦办事还挨骂，很是委屈，不示弱地说："我不行，你派得力的去！"在场有五六个人，谁也没敢说话。最后，还是刘矿长小声地说，既然买了就用上，以后还是要用新的。有困难找县委、县政府领导和有关部门帮助解决，尽快把仓库搞起来。我回到东乡后，按刘矿长的指示，在东乡县招待所何所长和会计乐高山同志的帮助下，如期建好仓库，成立了转运站。

之后，我又在刘矿长手下干了几年。刘矿长给我的印象之深，对我的教育之大，影响之远，可以说是一辈子！我曾跟我的好友们说过，我现在的"德行"，除了源于我天生的本性外，刘矿长和很多老干部也是重要的影响因素。

■ 原文刊载于《721 矿游子》第 144 期。

我的核工情怀

谢征勋

作者谢征勋近照

一、原子物理成为有志青年首选学业

70年前，全球学术界把原子物理这一高新学科视为富国强兵，济世救民的利器，青年学生们也莫不以原子物理为首选专业。我就曾大胆地在长郡中学高十九班的毕业典礼上表达了上述想法，并得到了老师们的支持。高中毕业后，我参加了湖南省教育厅举办的保送北师大物理系的选拔考试，并获得了进北师大学习原子物理专业的资格。

1947年，我心中怀着对原子物理的无限崇敬之情，手里捧着北师大物理系的保送书，从长沙搭乘长途列车北上，但因正值刘邓大军过黄河之际，北上交通中断，我们受阻于武汉。

滞留武汉期间，我有幸结识了武汉大学的学运领袖、地下共产党员赵国璧，并得知当时我国的原子爆炸理论研究已有进展，于是根据赵国璧的建议毅然放弃了北师大物理系，临时决定在武汉报考清华与西北工学院（今西北工业大学）的土木系，希望能从基础工程下手，为我国的原子能工业在质与量方面取得系统上的突破做出贡献。

我后来考取了西北工学院，也是在赵国璧同志的帮助下来到西安。在西北工学院土木系的 5 年奋斗（其中因病休学在图书馆工作 1 年）和在煤炭工业部基建总局的近 8 年征战中，我打下了“大土木专业”较牢靠的工程技术基础。

1958 年，前二机部部长、后中央组织部部长宋任穷从国务院科技干部局推介的近 1000 份档案中挑选出我的档案，将我引进二机部工作，重新激起了我的原子弹之梦。

二、“多快好省”制造出来的原子弹

进入二机部，正式步入原子能工业的工作岗位之后，短短的几个月之内我得到了宋任穷部长 3 次召见，并在后来较长时期内得到他的关注与教导。通过宋部长的口传心授，党中央和毛主席迫切期望发展原子能工业的心情将我心目中的原子弹梦完全激活了。

虽然学的不是原子物理，但“大土木专业”涵盖了土木建筑、交通运输、地质矿山、天文环保等专业，这些专业的技术对原子能工业这个系统工程来说，都是有用的，所以我信心十足，也向宋部长和各级党组织表了决心，准备为我国、为亚洲最大的铀矿冶基地鞠躬尽瘁。

当时，国家希望在新疆的中苏边界上建成世界上规模最大的中苏合营的铀矿冶基地，后由于中苏友谊破裂而失败。部里为了能多掌握一些建设原子能原料基地的资料，1959 年 3 月调派我前往新疆矿冶局。我每天自带干粮（新疆的馕）和饮用水，乘着小吉普车在塔城、伊犁、乌鲁木齐到处跑。尽管常常露宿在野外，有时跑一整天也碰不到一个村庄和一个人，也有吉普车陷入泥潭沼泽中的经历，但我没有叫苦，因为感到肩上责任重大。

后苏联专家撤出我国，原在新疆的一部分同志，如 1958 年从学校毕业被分配到新疆的赵凤阳、尚春、周喜珍等于 1959 年 7 月份开始撤回，调到了 721 矿。我则于 1959 年 9 月从新疆撤回返部并前往衡阳工作，因国家原认为 711 矿为我国最大核燃料矿山。到衡阳工作1个月后，721矿被确认为我国最大铀矿山，部领导又让我立即前往721矿工作。我马不停蹄地来到721矿，投入矿冶基地的建设中。

宋部长随后也来到721矿，并找我和周汝礽工程师谈话。宋部长谈了国家领导对721矿的发展前景看法和规划设想；讲到党中央、毛泽东对成功制造原子弹的迫切希望，指示要“多快好省”，条件差、困难大也要上；并指出已经有钱学森等专家从美国回来了，原子弹爆炸理论研究已不存在问题，关键是要有足够的核原料。

时值“大跃进”之后的20世纪60年代初，全国人民正饿着肚子、勒紧裤带为我们的工程建设提供全力支持，我们没有任何理由浪费工程建设中一点一滴的珍贵资源。因而我们在工程建设的全过程严格遵循“多快好省”的准则。

得益于我们提供了充足的优质核原料（氧化铀），1964年中国第一颗原子弹爆炸，全世界人为之震惊。我们更为后续创造的更加辉煌的成绩——中国从第一颗原子弹爆炸到第一颗氢弹爆炸只用了2年8个月（美国用了7年4个月，英国用了4年7个月，苏联用了4年，法国用了8年）打下了基础。

三、721速度得到部局各级领导肯定

721矿在建矿过程中切实做到了“多快好省”，得到部局各级领导肯定。记得十二局的苏华局长、郭士民副局长、李处长、韩科长等都曾当面询问过我，说:“据我们核实，与十二局辖管的全国各矿点相比较，你们这里的工程成本最低、质量最好、速度最快，你们主要采取了哪些措施？”我答复说：“确实，我们在主观上已经力争‘多快好省’，主要措施是力争就地取材，最大限度地降低砖瓦沙石成本；确保工程质量，杜绝大小事故；严把设计大关，减少任何浪费现象；依靠党的领导，群策群力克服困难；紧跟时代潮流，保持先进水平。”

我到721矿时，矿里的基建行政工作由冯仁恕处长负责，技术工作主要由吴克智负责。吴克智毕业于天津大学，到矿后既搞设计也管施工，莲塘的平房、8栋2层的楼房、食堂、食堂南边的那栋单身楼、莲塘医院、小学教学楼和学校边

的托儿所，以及山南的平房等都是他进矿后在一年的时间内建起来的。短短的一年时间，在那样困难的条件下，就让石马山下平添了这么多的建筑，他付出的辛劳可想而知。我到矿后不久，他就因工作需要调往了 719 矿，所以我接手了基建技术负责人的工作。

为了早出矿，大家齐心协力，个个在自己的工作岗位上为矿山建设苦干实干。任吉初同志那时为矿桥梁队队长，王陂桥、公溪大桥、沙洲桥、湖港桥等都留下了他的足迹和汗水。

为了原子弹的爆炸，国家给了核工业人力、物力上的大力支持。建矿初期，矿基建部门就云集了大量大专院校毕业的技术人才，如高文立、武素文、王均定、王玉琴、王兴义、王兴才、张惠娟（王兴才与张惠娟是夫妻，同毕业于上海同济大学，1963 年因二十五公司要人，矿里不得不顾全大局把他俩调给二十五公司，后来王

1963 年，谢征勋夫妇在 721 矿莲塘前村旁边留影

兴才还在二十五公司担起了经理的重任）、武崇文、黄崇德、刘文丰、董景厚、刘正、史青华等。

还有中专院校毕业生，如赵凤阳、周喜珍、胡海玉、尚春、杜呈祥、公茂友、黄焕英、游名卉、张振华、高树常等。

部队转业到矿的有孙圣兴、季升友、王伯涛、许成佳、董俊如、唐十俊、叶承忠等，他们在部队都是班、排长以上的级别，得到专业培训后，和技术人员一起承担了繁重的矿区建设的测量任务。

武联芳同志也是基建处的元老，为矿山建设用地的征用付出了很多的辛劳，当时大家都戏称他为“地主”。初淑卿、王明艳建矿初期也曾是基建处的人员。

总之，先后进入矿基建部门，得到锻炼并为建矿做出过贡献的各专业技术人员可以说是数不胜数。

嗣后，在全国相关学术会议或者专业期刊上发表的以721工程经验为基础的专业论文就不断出现，我认为721工程经验是得到了工程学术界认可的。我当时身兼地面工程的基建处处长、地下工程的新井处处长和两大工程技术负责人。在山南竖井、巴泉竖井、山南露天、山南12号平洞的建设中，土建技术发挥了充分的保障作用，使这些项目在建矿短短的几年中就取得了成功。

在那艰苦的环境和年代里，近万“721人”在矿党委的统一领导下于地界超过100平方公里的战场上展开全面工作，我们基建部门与各相关专业的技术人员，以及干群亲如手足，未曾出现任何摩擦与不协调的现象，技术上出现困难时都是多专业群策群力，共同攻关。今天回忆起来，那种场面，才是“721人”的骄傲！

■ 原文刊载于《721矿游子》第167期。

张其侥

道路从这里开始

——建矿初期筑路生活片段

作者张其侥近照

1964年，721矿生产大发展，国家要求尽快兴建云际、沙洲、湖港3个矿点。矿部（莲塘）通往这3个矿点的两条公路必须尽快修通，工程十分艰巨，罗湖线长8.7公里，新云线长13.5公里，土方约20万立方米，石方约10万立方米。沿途崇山峻岭，深沟险谷，地形复杂，人烟稀少。

矿党委决定，这一艰巨任务由即将进矿的1200多名退转军人承担，并临时从矿属各单位抽调25名干部，组建成立“721矿筑路指挥部”，魏福荣任党委书记，魏乐斌任总指挥。1964年4月2日，指挥部成立大会召开，第二机械工业部十二局局长苏华、721矿党委书记韩礼和、中南工程局局长梁宏亲自参加了大会并提出了带好队伍、完成好任务的要求。

1964年4月，退伍军人相继进矿，被组建为9个连队（后改称中队）。由于干部缺乏，各连干部及管理人员均从退伍兵中选任，实行“兵带兵”“兵管兵”。

新任连、排、班干部以及工人，在原部队多系上士军衔，群众亲切地誉为“三颗豆，四级平等”。

1964年5月12日，各连干部分别到施工现场勘察本连的施工线路。5月13日，各连投入了紧张战斗：四连（驻窑上村）、六连（驻下堡村）、七连（驻丁垅村）、三连（驻甘泉村）、一连（驻堆头村），相继摆开长蛇阵，西辟罗湖线；五连（驻黄家村）、八连（驻杨家山村）、二连（驻沙洲村）、九连（驻戴家村），东开新云线。

我当时在六连，开始任党支部干事，后任党支部指导员（党支部书记）。六连驻地下堡村依山傍水，山上古树参天，郁郁葱葱，肖岗河从村前不远处流过，哗哗作响，山水之间是稻田，好一派田园风光！

我们都住在老乡家里，张家3位，李家4位，房间不够就住厅堂，厅堂住不下就住牛栏，再不够，就住刚刚搭起的临时油毡房。我是连队党支部干事，就住在连部。夜晚，躺在床上，在灯光下，无意中发现墙上有很多细牛毛，又隐约闻到一股粪臭味，感到纳闷。第二天一打听，方知连部的住房竟是生产队的牛栏！九班有4位同志住在老乡家的猪圈边上，晚上，人打鼾，猪呼噜，很是热闹。吃饭上困难更多，由于一下子涌进1200多人，加之要翻山越岭挑运，蔬菜供应不上……

面对种种困难，党支部根据指挥部党委指示，认真抓好安置工作，对住房、床铺、锅灶、炊具，以及其他生活用品逐项落实；抓组织建设，建立健全了党、团支部，配齐了班、排、连干部，挑选了八大员（管理员、会计员、采购员、工资员、材料员、卫生员、理发员、通讯员），成立了经委会、治保会；抓思想建设，在全面摸底的基础上，抓思想苗头，及时、有针对性地进行思想教育，发扬部队光荣传统，大力表扬好人好事，广泛开展个别谈心活动；抓制度建设，建立了党和行政的会议制度，规定了作息时间、请销假制度、食堂管理制度等。

一系列工作，安定了工人的情绪，稳定了工人的思想。九班上海籍工人顾大兆开始工作时不安心，一周3次跑指挥部人事科，要求调动回家。经过班、排、连干部反复做思想工作，与他促膝谈心，他终于留下来了，并表现不错，多次受到表扬。

六连的施工任务是把山南福利楼至一工区露天采场之间的一段公路改道、加宽、填高。1964 年 5 月 13 日是开工第一天，晴空万里，一碧如洗。同志们很早起床把工具集中放在门口，准备吃完早饭后拿起就走，真有摩拳擦掌之势。早上 6 点钟，值日班长一声哨响，全连 80 人相继出发。山清水秀，凉风送爽，队伍里有说有笑。连长黄兆忠走在队伍最前面，副指导员刘广旺和我走在队伍最后面。望着一字长龙阵人流穿行在山间小道上，我不由自主地想起战争年代游击队穿插青纱帐的情景，骄傲自豪感油然而生。我心想，这支千余人的筑路大军投入战斗了！我们将用自己的双手，铺筑起矿山运输的坦途！

山区天气真怪，前几天还是阴雨天，冷飕飕的如隆冬。一放晴，中午太阳直照头顶，一丝风也没有，地面热得烫人，活似一口大蒸笼。人们在废石场挑着石子来回穿梭，阳光照在石子上，闪闪烁烁，刺得眼睛都难睁开。紧张的体力劳动，使人们个个汗流浃背，上衣只有一寸多宽的底摆是干的。他们不正如这一枚枚石子，默默地铺在人们前进的道路上吗？

本来计划两个月完成的任务，我们用一个半月的时间就完成了。此时，四连奉命调湖南二七二厂，我们接替四连，参加肖岗河两岸的公路施工。7 月 5 日，全连又迁驻张家村，参加新云线的施工。施工地段从黄家村前面到乐安、崇仁两县界——分水岭，与八连工地相接。干部群众经过山南、肖岗河畔一个多月的施工锻炼，都积累了一些施工经验。新云线的施工，地段清楚，任务明确，我们一到那，就互相较着劲干起来了。

在分水岭施工的三排，遇到困难最多。分水岭岭高涧深，涧边有一人抱不拢的大樟树，茶杯粗的长藤，人们过往，拾级攀登时，手、脸常常被荆棘刺破。施工中，由于工具差、任务紧，大樟树难砍伐，后来只能用炸药将其炸倒并埋入深涧。现在想起来实在可惜。标高要下降 15 米，按定额计算，三排要两个半月时间才能完成。他们把任务分到班组，发动群众想方设法，改进工具，提高工效。最后将放小炮改为放大炮，大大加快了施工进度，一个半月路基就形成了。

进入 10 月份，矿党委提出“大战四季度”“红到底，送年终”口号，指挥部组织 9 个连队进行流动红旗竞赛。擂台一摆，群众情绪激昂。我们六连各班之间的劳动竞赛开展得热火朝天，工人干劲一鼓再鼓，指标被一次又一次刷新。土方达到计划定额的4倍，石方突破定额的2.5倍。四班一马当先，多次创造全连最高纪录。四班工人赖由亮力气大，别人一次挑2筐土，他挑满满的4筐。当然，饭量也数他最大，曾经一餐吃过26个包子（2两一个）。

在一年多艰苦紧张的筑路生活中，六连与兄弟连队一起，圆满地完成了筑路任务，多次受到上级的表扬，被评为先进集体，光荣地出席了江西省1964年年度"四好五好"积极分子代表大会。

1965年5月，东、西线两支筑路队伍胜利开通了罗湖、新云两线公路，保证了三个新矿点生产建设运输和生活的需要。罗湖线、新云线与1963年前修筑的矿区公路连通，形成了721矿公路网，为全面开发铀矿创造了条件。

■ 原文刊载于《721矿游子》第237期。

莲塘学校的历史变迁

刘政琤

莲塘，曾经是721矿的中心，莲塘学校也是721矿子弟学校的“摇篮”。

随着我国核工业的兴起，721矿诞生，721矿职工队伍迅速壮大，但矿区远离城镇，职工子女无法就近上学，这就决定了721矿只能走独立办学的路子。721矿于1959年初正式建立，1960年2月就在当时矿区的中心——莲塘，兴办起721矿子弟学校。校舍就建在莲塘东区被人们称作“老学校”的地方。北京大学哲学系毕业的夏复生为学校临时负责人，他带领两位家属，因陋就简，创办了小学三、四、五年级，一开始有的班只有六七个学生，人数最多的班级也只有11个学生。

1960年7月，新校舍竣工，转业军人曾方担任学校临时负责人，从抚州师范毕业的傅金仁、全平祥等老师陆续被分配到矿子弟学校工作，至9月开学时，学校已经是一所初具规模的小学了，由刘兴涛矿长的夫人周静宜任校长。但中学仍要到乐安、崇仁或抚州去上，给家长添了不少麻烦和担心，学生也感到很不方便。1961年后，山南等工区陆续办起小学，要上初中的学生越来越多。于是，1961年9月，莲塘学校增开了初中部。学校建立了直属党支部，由夏璟任书记，康书文任校长，学校设中、小学教导处，教师已增至20多人，学生人数达到250多人。1964年7月，721矿子弟学校有了第一届初中毕业生。

1964年，古城生活区一幢幢楼房拔地而起，721矿行政中心移至古城，子弟学校的校舍也盖好了。莲塘学校一部分教师被调到古城，中学部也迁到了古城，在莲塘只办小学。家不在古城的学生就在学校住宿，而上高中的学生还得去乐安、崇仁、抚州读书。

在“文化大革命”前，721矿的子弟学校是小有名气的。据袁敬业老师回忆，那时候学校教师素质高，调来或分配来的教师政治可靠，思想觉悟高，有相当的

莲塘学校初中楼、小学楼

专业知识和教学能力，会讲普通话。为了严把教师质量关，每年大中专院校毕业生分配来校前，学校都要派人去了解情况。有不少大专院校毕业的学生到721矿，只能教小学。北京师范大学、华东师范大学等名牌大学都陆续分配了毕业生来充实子弟学校的教师队伍。

当时子弟学校领导强调按教育规律办事，重视学生德智体的全面发展，不折不扣地贯彻教育方针。学校在管理上也很严格，形成了一套完整的教学体系和规章制度。那时各门学科的任课老师在期中、期末考试后都要把这一阶段的工作情况一丝不苟地写成书面总结，历史、地理、体育、音乐等学科无一例外。那时对学生要求也很严格，小学生语文、数学两门课期末总评分不及格要留级，其中一门课不及格则允许补考一次，如果仍不及格就要留级，而留级数又不能超过百分之五，因此学校就要在管理上下狠功夫。到1966年，莲塘小学的学生人数已达到400多人，在乐安县小学升初中的考试中，721矿子弟学校学生的成绩总是名列前茅。那些在校工作时间长的老师每当回忆起这段历史时，都会骄傲地说："我们也曾有过光荣的历史。"

"文化大革命"开始后，子弟学校曾一度停课闹革命，1967年后搞"复课闹革命"，子弟学校恢复正常运转。1968年起，721矿子弟学校总校设在古城，

1969 年后学校实行军事编制，改称为“连队”，莲塘学校称作“一连”。林述美老师任连长，樊志东老师任指导员。

由于学生人数急剧增长，古城学校住宿问题很突出，因此 1970 年后在莲塘开办了初中班。那时莲塘的教学楼也难容纳 560 多名学生。1971 年水冶厂盖起了校舍，莲塘学校的初中部就迁到水冶厂学校。1969 年，古城学校创办了高中部，孩子们终于可以在矿区就近上高中了。

1974 年，莲塘学校新校舍破土动工。原先这里有一条弯弯曲曲的河道，是芦苇、竹子、荆棘丛生的地方，其中还夹杂着一些耕种条件极差的农田。工人们开挖新河道，旧河道被裁弯取直后成了学校南北运动场中间的那条小河。而小学部、初中部的所在地正是原先旧河道流经的地方。1975 年新教学楼竣工，这年秋天，初中学生全部搬进新校舍就读。

1976 年秋，莲塘学校创办高中部，全校学生达到 1962 人，教职工 102 人。多少职工、多少教师、多少学生，为了把学校建设好，平整运动场，竖起一副副篮球架，种下一棵棵树苗，付出了大量汗水，他们才是真正的创业者！

1978 年，721 矿子弟学校总校的编制取消，古城学校和莲塘学校成为由当时管委会教育科直接领导的各自独立的单位。从这以后，才有了“莲塘学校”这个名称。夏璟是莲塘学校的第一任校长。1978 年，莲塘学校送出了第一批高中毕业生，四位同学考上了大学，井宁同学更被中国科技大学录取。

1980 年，莲塘学校又一幢新教学大楼投入使用。1982 年，在校学生达到 2886 人，教职工 199 人。1984 年秋季开学时，由于高中学制由两年改为三年，学生人数达到最高峰，超过 3000 人，教职工达 210 多名。为了增加学生的活动场所，1983 年，在邹家山分矿的支援下，过去荒芜的北操场被平整出来，师生也纷纷参加义务劳动，建起了足球场，有了煤渣铺就的环形跑道和水泥灯光球场，办学条件得到大大改善。

1983 年，莲塘学校被评为江西省核矿冶系统和核工业部“五讲四美三热爱先进集体”，当时，721 矿子弟学校名气颇大，教学质量有口皆碑，许多当地人慕名而来，但学校只招收 721 矿子弟。全校教职工忠诚于党的教育事业，团结奋斗，为祖国各条战线培养了许许多多的合格人才。莲塘学校的历任领导还有：安银祥、

莲塘学校高中楼

李吉文、李和衷、王斌、周文友、黎佐洲、金学德、邱明厚、裔照根、王维德、陈浩、刘政琤、费党良、宋鸿放、胡云涛等。由于矿区后期长期未招收新工人，人员缩编调出，再加上实行严格的计划生育政策等的影响，从1985年起学生人数逐年减少，至1988年减少至1888人，至1995年减少至800人左右。1996年9月，莲塘学校的高中部被撤销，师生并入古城学校。2005年11月，随着721矿的破产重组，金安铀业公司的成立，学校、医院、矿公安部门等都从矿生产一线部门剥离出去，校舍、人员都划归乐安县管理，莲塘学校校址成为乐安县公溪镇莲塘小学所在地，莲塘学校的在职教师大多数成了乐安四中教师。

■ 原文刊载于《721矿游子》第192期。

周全

我在721矿一工区工作回顾

作者周全照片

一、到721矿报到

1963年10月，我从军队退伍，被分配到核工业部（那时叫二机部）江西省矿冶局抚州地区乐安县721矿，该矿是全国最大的铀矿基地，号称百里矿区。那时我国正处于研制“两弹”紧张时期，也是铀矿“大干快上”时期，生活待遇比其他行业好，职工每人每月都有奶粉、白糖、猪肉，还有菜油、黄豆等营养品发。地方政府和全国各行各业全力以赴支持铀矿事业，大开绿灯，要人给人，要物给物，别人听到我们是721矿职工都很羡慕，我们自己也觉得很光荣。

二、露天工区工作

我到单位报到后被分配到山南分矿露天工区（也称一工区），这是全矿最大的生产工区，年产总量占全矿的1/2，因是新建单位，矿党委非常重视，常年有矿领导带队蹲点指导工作。山南分矿露天工区鼎盛时期有职工2600多人。

我在该工区工作13年，当过班长、生产调度员、生产队长、党支部书记、工区党总支宣传干事、组织干事、仓库会计、政工组长。721矿职工素质比较高，70%是部队退伍老兵、军转干部，党、团员占70%以上；另外还有从地方矿山老企业调入的懂管理的干部和技术熟练的老职工，是一支特别能吃苦、能战斗的工人队伍。

刚开始我在采矿队当班长，全班16人，住在一个大集体宿舍，睡上下铺。当时职工思想比较混乱，主要原因有三：一是过惯了部队生活，刚到矿山不适应；二是矿山工作和生活条件艰苦，与自己原来想象的不一样，后悔自己来到这里；三是害怕放射性污染对身体有伤害。有的说矿山妇女生不了孩子，职工寿命短，最多只能活到50岁。

我针对当时职工的思想状况，主动写了一份《当前职工思想状况及其对策》建议书，交到工区党总支，得到了工区和矿领导的高度重视。

1964年春季，721矿进行防修反修教育。当年第二季度，矿里又开展了"工业学大庆"活动。除了学习大庆"三老四严，四个一样"经验外，还开展了评功摆好活动。活动中大家首先自己讲自己的成绩和优点，然后大家补充。我们班有个从江西新余钢铁厂调来的老职工叫曹德根，他力气大、干劲大，每月都超额完成任务，拿到甲等奖。班里把他的主要事迹写成快板诗，抄在大红纸上当喜报，利用工余时间组织全班人员扛着彩旗、敲锣打鼓送到他家，让他老婆、孩子坐在客厅里，读喜报给他们听，效果特别好。不仅调动了曹德根本人的工作积极性，而且也提高了他爱人和孩子对他工作的支持力度。他在很长一段时间内，每天提前一个小时上班，为班里整修工具，准备土方，极大提高了班组生产效率。

在普遍评功摆好的基础上，全工区选出3个标兵进行重点表彰，我负责本队职工周东峰事迹材料——直到现在我与周东峰都有来往。

1964年10月16日，我国第一颗原子弹爆炸成功，这是我终生难忘的一天。这一天对山南露天工区来说有喜有忧，喜的是我国第一颗原子弹爆炸成功，打破了美苏核垄断，极大地鼓舞了全国人民的革命斗志，其中也有我们铀矿工人的一份功劳；忧的是当天中午露天工区发生了一起重大爆破事故。工区在处理中孔爆破哑炮时发生事故，死亡1人，重伤2人。爆破技术员张国庆、放炮工张成艮身负重伤，放炮工李家运当场死亡。事故惊动了党中央，中央派飞机从上海送来名医和名药，使两名重伤员转危为安。

李家运同志因公殉职，山南分矿为他举行了721矿有史以来最隆重的追悼大会，全矿各大小单位均派了代表参加，送了花圈，总共有2000多人参加追悼会。

在开会前，分矿党委书记谢益芝要我为他写悼词，我翻阅了他的个人档案，专访了他的班长和队支部书记，写好后交给分矿领导，由分矿矿长宋宝华（他是徐海东大将的警卫员）致悼词，当时很多人都悲痛地流出了眼泪。

山南分矿党委书记谢益芝是1949年前参加工作的老同志，17岁就在邮局当科长，从新疆调到721矿当党委办公室主任，是河北省唐山市人。他生活简朴，不抽烟、不喝酒，在山南分矿任职时，住在单身楼房，有时星期天自己做饭，我们俩经常在一起吃饭。1965年“四清”运动结束后，谢益芝被提升为副矿长，他只要到山南来办事，都要到我宿舍看望我，有时我上班去了，他一人坐在我的床上冲牛奶喝，然后写个字条压在奶瓶底下。“文化大革命”后期他被调回唐山邮电局当书记，走时我也不知道，没能去送行，至今后悔莫及。唐山大地震后我们就失去了联系。

1965年，矿里“四清”运动结束后，对全矿干部队伍进行了大调整，调出一批、下放一批、提拔一批，我被提为生产队长。那时讲究干部路线是否正确，讲究根子正、思想红。

原一工区穿爆队党支部书记张成山，是河南人，没什么文化，但干起工作来非常卖力，被调到总矿工会工作，矿工会摊子大、人员多，财权也大，他没有干多久又被调出矿另用。原一工区区长康广敏是个工人出身的大学毕业生，调到总矿任工程师，他实践经验丰富，组织能力较强，后来调到广东矿冶局当总工程师。那时721矿的许多留洋海归、国内名牌大学毕业生还是普通技术员。

1967年，我队同宿舍职工曾金郎，患了严重急性黄疸肝炎，延误了最佳治疗时机，住院抢救急需输血，正好我的血型与他的相同，我和另外两名职工各为他输了400毫升血。回来后，食堂为我们三人烧了一面盆猪肝汤，算是为我们补充营养，那两天我没有休息，白天上班，晚上还开会。到了第三天，我全身无力，光想睡觉，几天后发高烧，得了一次严重肺炎，只休了三天病假就又上班了。

1968年，毛主席发表了“办学习班是个好办法，有很多问题可以在学习班里得到解决”的最新指示。工区抽我和吴有璋（物探员）负责办学习班，共办了26期，每期5~10天，每期学员20人左右，有干部、职工、技术员、家属、待业青年，后来我们总结的办学习班经验地区还进行了推广。

1969年，毛主席发表了“七二〇”最新指示，主要内容是“东风吹，战鼓擂，世界上究竟谁怕谁？不是人民怕美帝，而是美帝怕人民……”提出“东风压倒西风”著名论断。为了庆祝毛主席最新指示发表，当月矿里组织了一次生产大会战。露天工区一天出矿几千吨，运输大队派出200多辆翻斗车拉矿，从露天工区到火车站堆矿场有10多公里，有人统计过，每隔25米就有一辆拉矿车。

年轻时，我精力充沛、办事效率高，曾在一天内参加了两次会议，值了一个零点班，写了6篇宣传稿件，还写了当天会战总结。

三、山南的生活

当时矿山工作条件艰苦，生活条件差，抬头就是山，没有公路、班车，工人上下班都要步行爬山越岭，职工住着油毛毡房，少数职工家属住在苏联专家住过的铁皮房。食堂、澡堂也是油毛毡房，职工家属喝水都很困难，水质根本不符合标准。后来许多职工利用工余时间，互相帮忙，自己盖起柴草房居住，大大地缓解了职工的住房困难。

1970年，为了解决721矿职工家属、小孩的吃粮问题，经过多方共同努力，江西省出台了定销粮户口制度，粮油、布票供应标准同商品粮户口一样，但是外迁无效，因为其他省没有这种户口制度。当时大部分矿工考虑到夫妻分居，农村工作和生活条件差，借助于定销粮户口政策，将妻子和孩子的户口迁到了江西省乐安县。

四、到仓库当材料员

1971年，受“文化大革命”的冲击，我不愿意继续留在办公室工作，坚决要求到下面当工人。

后来工区领导经研究决定派我到仓库当材料员，并规定我每周要写宣传稿件3~5篇，我同意了。我在仓库工作了5年。

要当好一名材料员并不容易。各种矿山机械、汽车配件、钢材，有数千种，名称、规格型号、用途、单价及放什么位置都要牢记，最好都能背出来，尤其是配件名称，同一个配件叫法多样，就像人名一样，有小名、大名，还有绰号，都得懂，否则工作就会出差错。仓库人员中，病号、体弱的多，人手不够时我主动要求替班。

我在仓库工作五年有得有失，得的是清闲，我爱值夜班，因夜班事情少，仓库有个木板床，床铺底下有个大电炉，可以睡觉，一个班只出去巡逻几次就行，白天有足够时间干家务；失的是我浪费了五年的宝贵青春，我还受过一次重伤，失去了左手大拇指。那是1972年4月的一天，我在装衬板上车，衬板大小和形状如搓板一样，大约四五十斤重。我将左手大拇指插入螺栓孔内，用力把衬板往车上扔，却忘记拿出手指，因此手指不幸当场折断。到医院接指没有成功，被切除。这为我后来工作和生活带来不便，我落下了终身残疾。

■ 原文刊载于《721矿游子》第114期。

青春的足迹

尚春

我1958年9月毕业于哈尔滨土木建筑工程学校，后被分配到核工业部十二局。这是个保密单位，选人时要普查三代，要求是出身贫下中农，无海外关系，在校为班、团干部的优秀人才。我校只入选了2人，所以我感到非常荣幸和自豪。当时就下定决心要听党的话，为核工业贡献一辈子。

我到十二局报到后，被告知分到新疆铀矿去工作。当时根本就不会考虑新疆有多远，有多苦。

我从北京出发，坐了几天火车，又坐汽车，用了七八天才到达目的地——达拉地（音，维语意思是老鼠窝）矿点。那里什么都没有，在戈壁滩上见不到村庄，也见不到地方老百姓，有时会有几位苏联专家过来看看——据说这里要建一个中苏合营的铀矿基地。当时，我们同来的七八个人就自己动手支起了帐篷。睡觉时还有小老鼠在边上窜来窜去。当年我只有20岁。

1958年底，我们也参加了全民"大炼钢铁"活动，当时与我在一起的同志有谢征勋、赵凤阳、聂文富、王淑贞、王桂琴、沈思危等。我们用泥巴就地建起了小毛炉（非常简单的一个坑），将煤和铁矿石放到里面烧，直到下面流出铁水。每天出铁的重量还要称重上报。后来，为了提高产量，我们就把旧铁锹、锄头及锅铲都放进小毛炉里一起炼。

1960年初，由于苏联专家撤走，加之我国当时资金有限，铀矿战线不宜拉得太长，所以，新疆矿区计划还没动一锹一铲就决定终止了。随后，我和赵凤阳等人从新疆调到了江西乐安721矿，从戈壁滩到了山沟里，其实不管是沙漠还是山沟，只要国家需要，我都会义无反顾地过去。

家里兄弟多，生活困难，我又是老大，所以我放弃了上大学，因为上中专可以早点毕业出来赚钱养家。在新疆我的工资是每月29.5元，拿工资后，我每月都给家里寄 10 元钱。10 元钱在农村还是很起作用的。1962 年，我回到黑龙江老家时，我父亲就跟我讲，县邮局对他说，你儿子月月寄钱回家，真是个大孝子。

1960 年 7 月，我们到了江西省乐安县公溪镇 721 矿总部莲塘。下车一看，已经有楼房了，这令我很高兴。我被分到了工会二楼单身宿舍里，条件比新疆好多了。一开始我在基建处搞施工管理工作。1963 年 721 矿成立了安装队，我和王祖康负责供排水，供电技术员是陈胤生，设备安装技术员是严文炳。全队 100 多人，我们除了负责施工技术管理外，还与工人一起挖土方、抬管子。

当时国家正值“三年困难时期”，没有肉吃，粮票也不够，人们只能摘树叶挖野菜来吃。由于营养不良，许多人都患了浮肿病，腿上一按一个坑，但大家仍然照常工作。为了丰富职工的文艺生活，我和张睦、董宝春等人还排演了话剧《千万不要忘记》，演出了很多场。同时工会李世经同志组建了一个小乐队，张睦吹萨克斯，朱印明吹黑管，我吹小号或打扬琴，陈达猷打架子鼓，赵凤阳敲木鱼，每周六晚上举行一次交谊舞会，苦中作乐。

1965 年，矿党委研究决定提拔我为矿团委书记。据说当时是矿党委书记韩礼和提的名，说尚春这人有眼就能吹，有弦就能拉，很适合做青年人的工作。当时我只有 26 岁，在矿中层干部中算最年轻的。自此我就彻底改行了。

当时团委共有 8 人，即尚春、揭东初、王奎春、朱江、杨斌、杨博山、杨淑清、孙曙，有人幽默地按姓氏编了句顺口溜“一个和尚揭开盖，里面有一只王八、一头猪、三只羊，还有一只小老鼠”。在团委工作期间，我组织了青年理论教育学习班，轮训团干部，还在全矿组织了青年园地黑板报评比、知识竞赛和体育比赛等。另外还组织了一个业余文艺小分队到生产一线现场演出，为工人们在大会战中鼓足干劲。

1968 年初，我被调到矿宣传科当科长，并任学习辅导员，编写过学习辅导材料，还在基层干部轮训班上多次讲课。在此期间，多次参加省、地、局组织的理论学习班，较系统地学习了《共产党宣言》《哥达纲领批判》《资本论》《政治经济学》等。

当时，宣传科负责有线广播每天早晨半个小时矿内新闻的播放。基层通讯员出现稿荒时，就要自己抽时间采编。这里值得一提的是广播员雷武江，她原先是下放知青。“四人帮”被打倒后，高考制度恢复，雷武江考上了江西师范学院，

左起第一人为作者尚春

毕业后被分配到南昌市轻工业局，由于工作认真负责，能力强，进步很快，没多久就当上了南昌市副市长，后历任南昌市委秘书长、统战部部长，南昌市委副书记、市人大常委会主任职务。

1979 年，我被调到矿办工作，除了抓全面的工作外，大部分时间是搞文秘工作，共起草矿年度工作总结和工作安排、职代会报告、工作汇报材料、上报典型材料等计 20 余万字。外事、信访、小车管理、工农关系等杂七杂八的事也很多，我都与办公室其他工作人员一道把这些事办好，心想的就是：干一行，爱一行，干好一行。

1982 年初，我被借调到北京参加矿冶局大事记的编写工作。1985 年，在矿领导安排下，我负责主编《国营七二一矿志》和《国营七二一矿大事记》，共 10 万多字，按时完成了任务，得到了上级的好评。

为了进一步提高自己的工作水平，1985 年我还参加了北京经济函授大学的学习，并取得了毕业证书。

1986 年底，我被调到江西矿冶局办公室工作，当时我已 47 岁。我的青春足迹已深深地留在了 721 矿。我相信只要不忘初心，把红色基因世代传承下去，核工业一定会越来越好，中国梦也一定会实现。

中国共产主义青年团 721 矿第五次代表大会全体代表合影（李华建供图）

■ 原文刊载于《721 矿游子》第 171 期。

激情岁月

荣熙佑

——怀念在721矿山南化验室的日子

看每天太阳东升西落，感受着社会日新月异的变化，看一张张年轻富有朝气的脸庞，我不由得想起了我的青春时代，想起了那些充满理想与激情，快乐又充实的日子。时间过得真快呀！弹指之间，57年光阴过去了，721矿山南化验室，那是我的梦经常停驻的地方。

我是1959年到721矿的，同车到达的共有20多位刚毕业的学生，有与我同校不同专业的十几位同学，还有外校的秦峰、赵凤阳等。我记得，我们是在晚上

作者荣熙佑近照

9点钟左右到达721矿山南食堂的。刘兴涛矿长接待了我们，并吩咐食堂给我们每人做一碗鸡蛋肉丝面。

三天后，人事科派我去一队实习。之后又叫我到北京第五研究所（在通州）实习一年。任务有三：一是学习铀、镭、钍的物理分析方法；二是收集有关资料，为筹建山南化验室做准备，具体要收集哪些资料，到五所去向人请教；三是学习回来后，用所学知识经验培训技术人员。我觉得这是理论联系实践的极好机会，必须认真学习，虚心请教，揣摩数据，分析要领，一定要出色完成领导交给我的任务。

五所和721矿，虽然同属二机部，但五所的保密级别比721矿高，要进五所实验室，必须政审合格。因此，我每次走进去心里总是很自豪，我告诉自己，一定要珍惜这样的机会，学到实在的本事。

五所的实验室有一种严肃紧张的气氛。大多数技术人员，吃了饭就往实验室跑，不是做实验，就是看书、查资料。他们说，不拼不行，苏联卡脖子撤走专家，我们要发愤图强，为国家争口气，没有他们我们照样干，天塌不下来……听了他们一席话，我也深受触动，决心以他们为榜样，好好学习，认真钻研。所以，在京期间，我没去过长城、香山，业余时间都在图书馆、资料室度过。

所在小组没有工作任务的时候，我就到仪表检修室去，给人家打下手。时间长了，人熟了，他们也就会叫我一道参加仪表检修，一起分析故障、交流经验。我如饥似渴地学，踏踏实实地干，五所物理分析组的李援朝组长很高兴，他把自己所有的专业技术、资料都传给了我，使我圆满地完成了学习任务。事隔多年，我心中还充满了对五所所有老师和工人师傅的深深感激之情。

我实习结束后回到721矿，见到了留苏归来的尤正同志，他的言谈举止，让人觉得很亲切、像老师，给我留下了非常好的第一印象。他是地质科物理探测组的组长，山南化验室是地质科的下属单位，在业务上，他就是我的上级了。我为有这样的老师感到万分高兴，并决心在尤正同志的直接指导下奋力工作、刻苦钻研，不断提高自己的技术水平和工作能力。

山南化验室筹备工作进展得比较顺利，工作人员也来得差不多了，都是百里挑一的，有初、高中文化的转业兵。我热情地接待了他们，并决心把我学来的经验、技术都传授给他们。我特别跟他们强调：物理分析用的都是贵重的进口仪器，对操作人员来说，仪器就是战士手中的枪，要像爱护自己的眼睛一样爱护仪器。仪器测出的数字，还不是被测样品的含量，要经过数据处理、计算，才能得出它的含量。总之，物理分析铀、镭、钍的方法，涉及的知识面广，理论较深，一定要认真学习，脚踏实地，来不得半点马虎。

我本着先易后难、由浅入深的原则，要他们严格按照操作规程做，然后再讲为什么这样做。物理分析，讲究精、准、严，操作人员的责任心和熟练程度，都会影响分析质量。为此，我在练“兵”期间，从一队搞来很多已经有分析结果的样品，让他们进行多次测量，并将结果进行反复对比。直到他们的系统误差、偶然误差按照误差理论计算合格后，才能正式参加物理分析工作。在此过程中，我一直守在他们身边，发现问题，及时纠正，并讲清道理。这样，他们边干边学，不断积累，时间长了，有了一定基础，我再去讲比较复杂、比较难的理论问题，他们就容易理解，也容易掌握了。这种在实践中学，实践中用，复杂问题分步学，有了基础再系统学的方法收到了较好的学习效果。

那是一个充满了工作热情的年代，年轻的血液里只有奉献，没有计较；只有乐观，没有抱怨。山南化验室的特点是：有活时，工人干部一起上，你争我抢，生龙活虎又严肃认真；休息时，笑语欢歌，热闹非凡，文体活动也开展得有声有色，篮球、排球、乒乓球、跳舞、唱歌等活动常有。

其中，女技术员曾存最活跃，她既是编导，又是演员。我们化验室的节目，还随矿宣传队到抚州、崇仁和乐安演出过。小曾不但歌唱得好，舞也跳得好，学生时期，她的红绸舞在赣市获过奖，她在矿宣传队演过阿庆嫂，获得了观众一致好评。同时她还是721矿的女子篮球队队员。她工作积极，技术过硬，评先进、技术能手每年都有她，她是我最钦佩的人。

我第二个钦佩的人是张家明。他是仪表检修室的组长，是我室的技术尖子。他兢兢业业，埋头苦干，人家不愿意做的苦差事，他带头干，从不多言，非常低调。他会英、俄、日、德四国外语，给矿里解决了不少由于进口设备看不懂说明书而无法操作的问题。他常跟着中央人民广播电台对外广播学口语。改革开放后，技术干部可以自由调动，他本可以调到浙大，手续都办得差不多了，可矿领导突然说他是难得的人才，不能走，他也就留下来了，把一辈子都献给了721矿。

我们物理分析组的那些转业兵，也个个都是好样的。他们不但肯学肯干，还把部队的优良传统带到地方来了，他们特别有自我牺牲精神。大热天，物理分析组每个工作台上都配有电风扇，他们不把风扇对着自己吹，而是以最佳角度对着仪器吹。任何时候，他们首先想到的都是集体。

化验室的好人好事很多，我说也说不完！在山南化验室的那些日子里，我收获了许多宝贵的知识与经验，它给我的事业打下了扎实的基础，我的人生因为有这段岁月而倍感幸福。

■ 原文刊载于《721矿游子》第128期。

沸腾的矿山

吴春娥

一、初到 721 矿

作者吴春娥照片

721 矿是我的第二个故乡，记得我去 721 矿的那天，是百花齐放、百鸟争鸣的夏初。我带着一个小毛孩（大儿子），离开了我心爱的教师岗位，乘上了从湖南开往江西的列车。

那时我 20 岁，第一次出远门，有点胆战心惊。而且那时交通极不方便，没有直接到抚州乐安这边的车。我坐火车到东乡火车站下车（那时每天只有一趟汽车去东乡接矿里的职工、家属），我到时车子已走，丈夫老陈从矿里出发，比我先到，在东乡安排好了住处，我们在简陋的招待所住了一晚。

第二天，我们早早地起了床，等候矿里的汽车来接。九点钟左右，车子开来了，一同等车的 20 来人，争先恐后地上了车，都很兴奋，七嘴八舌，谈笑风生。一会大家坐好了，车子徐徐开动，慢慢地驶出了东乡火车站。

虽说是初夏，但路上空气清新，农民们忙于地里的农活，只看见他们挥汗如雨辛苦劳作的忙碌身影。我们乘的汽车越开越远了，公路是那么崎岖，只见山也越来越多，汽车绕过一弯又一弯，翻过一岭又一岭。两个多小时的颠簸后，听到别人说已过了抚州、崇仁、公溪。

到了古城总矿，有一些人兴奋地下了汽车，汽车接着往莲塘片开去，从古城到莲塘，要经过一条河，河面上横卧着一座有名的大桥——公溪桥，河里的水缓缓地流过。快到终点了，我的精神提起来了，专心观察着车外的风景。过了公溪大桥，左边是连连牵牵的稻田和一条小河，右边是些村庄和连绵的山峦，有些村后还有竹林，显得茂盛青翠。小鸟在竹林里飞来飞去，好似在欢歌载舞迎接我们呢！

绕过一片稻田，就到了莲塘片，又下了些人。开汽车的师傅说终点站山南分矿还要翻过一座山才到。于是车子又慢慢地往前行驶，爬上一个山坡。呵！坡还够陡的。七八分钟后，车子缓缓地下了坡，老陈说到山南分矿了。

车子开到山南球场停下，我们先后下了车。顺着老陈指的方向望去，球场的北面是一栋两层的办公楼，那是山南分矿干部办公、开会的地方，还有工会活动室也在这里。球场的西面有两栋二层单身宿舍楼，宿舍再靠西面有一栋漂亮平房，我问老陈那栋房子是干什么用的，他说是山南分矿医院。球场的南面有建设银行，银行对面是商店，我正在仔细打量着时，老陈说："我们走吧！"

我抱着孩子，他提着行李引路往南走，没几分钟就到了一处地方。老陈指着一间油毡房说："到了，那就是我们的家。"那时山南还没有一栋家属宿舍，单身宿舍又不够住，工人们只好自己动手架棚子。呈现在我眼前的是一间用竹子架的棚子，都是用油纸和稻草或毛草盖的草棚。走进去一看，半边开床铺半边做饭。

老陈这间油毡棚还是和王九俊师傅合盖的，我没有去时王师傅和老陈住在一起，我去了，王师傅就搬到了别处去住。王师傅是个非常朴实能干的人，他是我大儿媳妇的父亲，也就是我的亲家。

记忆中我去的那一天是 1963 年 5 月 4 日。这一天，王师傅为迎接我，特地到食堂打来了中饭。草棚离食堂很近。山南最早的食堂在山南一工区那边，离工地不远。食堂对面是山南老粮店，老粮店前面有一座小铁桥，是通往 608 队的。

那天中午，王师傅还动手炒了好几个菜，很丰富。摆饭的桌子是用一块废木板架起来的。凳子是废的炸药箱，少一个板凳，有一个人要坐床上吃。这房子虽然简陋，但由于王师傅的热心接待，我觉得在 721 矿吃的第一顿饭很香！

那时候，我们没有箱箱柜柜，衣服也是用一个废的炸药箱装。一家三个人的衣裤都压在一起，墙上钉了些钉子，有的衣服就挂在墙上。天黑了没电灯，就点蜡烛照明，开始我不习惯，晚上总睡不着。

这油毡棚四面透风，下雨天外面下大雨里面下小雨，要用盆子去接，不然床上就会被漏湿。烧饭时，到处都是烟，熏得人眼泪鼻涕一齐流，小孩子受不了又哭又吵，真是度日如年呀！

慢慢地，熟了一些，老乡们会来跟我玩、聊聊天，并告诉我如何打毛衣，日子也就好过一些了。天气好时，吃过晚饭，大家坐在外面的平地里谈谈家常，互相交流。没有电灯，月亮点灯，星星做伴，我们的油毡棚、草棚也被照得晶亮灿烂……

二、分到房子了

我们在这棚子里住了大约半年，矿山生产掀起了高潮，铁路也修到了江边村，列车轰隆隆地，专为矿山服务，广大的职工、家属无不欢欣鼓舞。为了职工安心生产，矿领导对职工家属也倍加关心。

苦尽甘来，山南盖起了十多栋平房。1963 年 9 月底的一天，一个熟人告诉我："小吴，你家分房子了，办公室的墙上贴有名单，你去看看吧！"开始我以为听错了，就再问一遍。他还说："你家分房子了！"听完后，我飞快地跑到办公室看，果真有老陈的名字，在他名字后边还写着"十二栋一号"。

我喜出望外，三步并作两步，跨回了油毡房，把喜讯告诉老陈，他也欢乐异常——终于有个令人安心的港湾了！因为我和孩子迁了户口才能分到房子，如果没有迁户口，只能继续住草棚呢！

第二天，我们去看房子，这栋房子可是山南位置最高的一栋，共有六套，住六户。我们是一号房子，虽说是简易房，墙是竹子夹的，但粉刷得白白的，显得很漂亮。

过了不久，我们就搬进去了，新房子与草棚相比简直是天壤之别，新房子里都装有电灯，门外有路灯，晚上到处亮堂堂的，自来水也接到了门前……

房子的位置在山南分矿的西北面，坐西朝东。站在门前眺望，远处是连绵起伏的群山。房子离对面的大马路只有一百来米远，挺方便的。对面大马路北往莲塘、一厂，直通古城总矿、公溪镇，南通山南工地。

山南分矿是721矿重点生产基地，位于石马山脚下，被连绵起伏的群山孕育着，它让这片无数年来一直安静而荒凉的山洼忽然变得热闹非凡，到处一派生机勃勃的景象。

工地上有各类大大小小的工厂、车间、预选厂、压风机房、水泵房、总机室等，还有福利楼。福利楼主要是供工人们下班洗澡、换衣的地方。上班时工人们把干净衣服换下来，穿上工作服，下班时再换回来。工人们特别是井工，下班从井下上来全身都是泥浆水，连脸上都有，如果不仔细打量，熟人都会认不出来，因此下班必须洗澡换上干净衣裤才回家，这样也能少将一些放射性物质带进生活区。

站在福利楼附近，就能感觉到那种劳动的热潮，生产日新月异，车间的机器发出隆隆声，预选厂的选矿机沙沙作响，运矿的汽车来来往往，喇叭嘟嘟响个不停，压风机房送出呼呼的风声……

远处的山头及山腰上，都有钻探机在钻探矿石，发出“砰咚、砰咚”的钻机声。晚上站在我家门前朝远处望去，还可以见到钻机篷里的灯光点点闪烁，表明工人们不分昼夜地奋战在生产第一线。工地上已开发了许多大大小小的矿井，听说矿井是在一层一层往下挖，一个个洞井往前伸展，从井下将一车车矿石往外运。

三、沸腾的矿山

为了挖掘出更多的矿石，扩大生产量，1963年、1964年，连着两年又从福建、南京等部队，浩浩荡荡地来了许多转业兵，又给矿里增加了新鲜血液，那时矿里共有两三万人。

这些转业兵都是二十多岁的小伙子，个个身强体壮，生龙活虎，都是风华正茂的年纪。我家老陈也是其中之一，他从福建部队而来，是一名工程兵，被分到山南压风机房，为井下打钻送风、送水。

井工是最危险最辛苦的工种。我很清楚地记得，那是1964年，山南井下出了事故，最年轻、最优秀的工人——井仁杰同志从井架上掉到几十米深的井底，光荣牺牲了，他为核事业献出了宝贵的生命。当时井霞、井宁（井仁杰的儿女）还很小，他们的妈妈还只有二十七八岁，一个女同志把两个小孩培养成有才华有能力的祖国栋梁，真是不容易啊！

那时井仁杰同志牺牲的消息一传出，山南分矿所有人员无不哭泣，无不为他难过万分，许多人都泣不成声，山南分矿职工沉浸在一片悲伤之中。虽然大家都深知井下工作危险可怕，可是工人们不怕艰险，迎难而上，日夜奋战在工作第一线。

我们家属也不例外，努力搞好后勤和家务，协助矿工会工作。那时工会主席庞老头、主任林凤英说我工作积极肯干，不计较报酬，不怕苦和累，让我抓山南居委会工作。我也想积极为职工家属多做些贡献，让工作在前线的广大职工无后顾之忧，就雷厉风行干起了居委会工作，整整当了三年的山南居委会负责人。

工人们在为矿山努力工作，发光发热，我们在后方也要多出一份力。那时我们成立了缝纫组，为单身职工洗衣、补衣、洗被子、缝被子等，都是不收钱的，纯当做一些好事。还成立了幼儿园、冰棒房、豆腐房、米粉厂等，为广大职工服务，减轻了职工负担。

我们居委会还深入家庭，任何家庭有困难都尽量帮助解决，有两口子打架、吵架的，我们去劝和，想找工作的，安排他们参加一些学习，然后到家属成立的几个部门工作。总之，721矿职工、家属齐心协力为了一个共同目标——“多快好省”地出好矿，多为核事业贡献力量。

1964年是我去721矿的第二年，记忆中，这一年发生的事情太多，中国第一颗原子弹爆炸也是在这一年，具体时间是1964年10月16日15时。

有一天，我们接到通知：晚上在山南球场播放重要电影，让大家去看。听到广播后，大家早早地吃过晚饭，搬着凳子向球场涌去。下午7点半左右，电影开始了，先放新闻，后放中国第一颗原子弹爆炸的场景。

中国第一颗原子弹爆炸的情景到现在还呈现在我脑海深处，当黑色的蘑菇云冲上天空那一瞬间，我们感叹：“哎呀！好漂亮的蘑菇云啊！外国人能做到的，我们中国人也能做得到！这就是我们矿工夜以继日地开出来的原料制成的丰硕成果呀！”

看电影的人都高呼“中国核事业万岁！”“中国共产党万岁！”“毛主席万岁！”……

■ 原文刊载于《721矿游子》第100期。

我在“邹矿”

葛蓬蓬

一

“邹矿”是我对721矿邹家山分矿的简称，在那里，我工作生活了整整21年（其中有4年外出读书），虽然我最终还是离开了“邹矿”，但在“邹矿”工作、生活的经历，在我的人生中打下了很深的烙印。

1980年，我从沈阳东北工学院建井专业毕业后回到了721矿，在向矿干部处报到后，被分配在“邹矿”，因为那时“邹矿”有我专业对口的建井工程。来到“邹矿”后，我先到矿长办公室，见了我所熟悉，并且和我曾在“红卫”竖井时同一个寝室的矿长刘芳春。老同事多年不见似乎有说不完的话，其间，刘芳春矿长关切地问了我这几年的学习情况、身体情况、专业情况等，我都一一做了汇报。当他问我对工作岗位有何期望时，我说听从组织安排。刘芳春矿长最后对我说，根据你的专业，就把你安排在生产科如何？我愉快地接受了安排。随后，他就把我带到分矿组织科，向姜科长作了一番交代，让姜科长带我到生产科报到。

我走进位于“邹矿”办公大楼南面三楼的生产科时，受到了生产科科长陈伯春和副科长、工程师陈宏才以及其他同事的欢迎，陈科长向我介绍了科室同事，他们当中有负责露天开采的工程师李四海、吴对强、邹辉鹤，统计师刘奇才和德高望重的工程师莫家泉。在建井方面有早我一年毕业的同专业不同校的助理工程师曾勇胜，技术员、老乡赵小龙。与生产科同一办公室的还有分矿安全防护科，他们中间有和蔼可亲的科长李承银，分管露天工区安全的常师傅、翟师傅，分管交通安全的杨师傅，以及分管井下安全的老乡谢叙兴。陈科长告诉我，我的主要工作就是安排好井下的生产计划，抓好生产进度和工程质量，虽然不用每天下井，但一周至少要有两天到井下查看生产进度、检查工程质量。如果发现问题，能现场解决的就及时解决，不能解决的必须立即向科里陈宏才工程师汇报。科长还介绍，“邹矿”的工地离职工住宿的莲塘片区有10多里路，而且在山上，到工地需要乘坐分矿的通勤车，候车地点就在楼下停车场。候车时间为每天5点和11点。

工作介绍完后，陈科长又带我到供应科领取了个人劳保用品，一路上他还问起了我的家庭情况和个人经历，我如实作答。陈科长对我说，721矿聚集着全国各地的人，他自己祖籍在安徽，1964年当兵退伍后来到了721矿，现在全家住在山南片区，他欢迎我有空到他家玩。陈科长的热情和豪爽给我留下了很好的印象。下午，陈科长还带我找到分矿分管后勤工作的石岩青副矿长，商量解决我的住宿问题。经过商量后决定，我暂时住在招待所，等以后有了空房再做进一步调整。于是，我就在招待所住了下来，并且购买了够吃一个月的饭菜票。就这样，我在莲塘招待所一住就是三个月，这期间我认识了从天津大学毕业、从事水冶工作的小胡和选矿工作的小张，他俩和我一样，也是被单位领导临时安排住在招待所的。从此我们三人成了好朋友，白天各自上班，晚上一起打羽毛球、看电视、散步闲聊。三个月后，这种快乐的三人生活便结束了，领导安排我与一名姓郑的技术员同住。我虽然不太愿意，但也无奈，只好服从安排，离开招待所搬去他处了。

二

在“邹矿”生产科，我的工作热情还是蛮高的，基本上一周有3天时间会到施工现场，了解生产进度并把好生产质量关。

1981年4月，721–14竖井（邹家山竖井）要在离地面15米的深处向西南方向掘进一段近80米的平巷，与井下3号天井实现贯通，以达到改善井下通风条件的目的。生产科陈宏才工程师和矿生产处高级工程师们经过充分考虑，决定将这项平巷掘进工程交由湖南民工来完成，而技术工作则由我负责完成。

接到任务后，我又高兴又担心。高兴的是，领导器重我，让我单独来完成这项工程的技术掌控。担心的是，如此大的工程一旦出现差错，自己就要承担责任。

况且这条平巷在掘进时，地面还有车辆在行驶，而我们的掘进既不能影响地面的通车安全，又要保证施工的安全。

接到任务后，我先后多次查阅技术图纸，反复推敲这条平巷的施工要点，确保做到万无一失。施工方案确定后，我及时向陈工程师作了汇报，在方案获得同意后，我又找来民工队的负责人吴师傅，具体商量施工中的技术与安全细节，并且决定利用晴好天气立即施工。

在这段近 80 米平巷的掘进期间，我天天到现场查看，与民工负责人和工人们一起商量施工事宜，提出安全要求，抓好施工进度。为保障地面通车安全，我告诉工人们，掘进时，巷道顶部一定要用钢板做临时支撑，每掘进 4 米就要对岩体进行混凝土浇灌。这样就不会产生塌方，也不影响地面通车，安全就会有保障。

对地面车辆的通行，我们采取分段禁行的办法：当施工到路面对应的左半边位置时，禁止车辆靠左行驶；待施工进入路面右半边位置时，禁止车辆靠右行驶。经过两个月的紧张施工，这条平巷终于安全顺利贯通，有效改善了井下的作业环境。

当时，“邹矿”的矿产开采分为露天工区和井下工区两块，井下的掘进和开采共有两个层面，一个被称作一中段，一个被称作二中段，一中段采掘任务完成后又转入三中段。两个中段分别由两个队负责。在生产科期间，我隔三岔五就会到井下两个中段，一边检查生产进度，一边检查安全情况。看到井工们推矿车缺人时我会上去帮忙推车，装岩机脱轨时我也会与工人一起想法解决。有几次，工人在掌子面打岩位缺少帮手扶钢钎，我发现后便主动上去协助，同时提醒工人们掌握好凿岩的角度和深度。

根据计划安排，需要在三中段打一个与二中段贯通的通风斜井，斜井的坡度有 30 多度，技术要求相当高。我作为此项目的工程技术人员，天天深入施工一线，与测量技术人员一起把控好质量关。

那时，由于通风不畅，施工现场的凿岩机开机后喷发出来的油雾气与粉尘胶着在一起，让人感觉喘不过气来，加上闷热和噪声，人进入施工现场很快就会汗流浃背。最艰苦的要算工人需要用耙子把斜井放炮后产生的岩石从上往下扒出来，然后再用装岩机将岩石运走。这项作业的劳动强度非常大，由于现场空间狭小，斜井上的岩石只有靠工人拱着腰慢慢地往下扒，如果扒快了，稍不留神就会被岩石划破手，而且人在斜坡上不容易站稳。所以对井工来说，斜井的掘进远比平巷要难得多，也危险得多。

但在井下，很多井工工作起来十分拼命。有一名井工班长，名叫邹连根，他是当时核工业部的劳动模范，无论多艰苦的作业，只要他在场肯定会完成得相当好。而且他对安全生产也十分重视，从来没有发生过安全事故。在这次斜井掘进中，邹班长重活抢在前，连续多次打连班，以自己的行动影响着同事。在邹班长的带领下，经过近三个月的施工，这条通风斜井终于在准确位置与二中段实现贯通。事后，这个斜井贯通被总矿质管处和生产处列为质量管理优胜项目，获矿科技成果三等奖。

我在“邹矿”生产科工作时间虽然只有2年多，但作为技术部门，生产科对我的理论联系实践起到了很大的推动作用。1982年，组织安排我到井下工区担任队长职务。当组织科姜科长找我谈话时，我心里十分不愿意，但后来刘芳春矿长找我谈话时做通了我的思想工作。很快，我就到井下工区担任了二队队长职务，与支部书记鱼道斌一起抓起了二队的所有工作。

三

我在“邹矿”工作时间最长的部门要数劳资科了，在那里我一共工作了近十年，回想起来确实有值得回忆的人和事。

1983年3月的一天，时任矿长顾秉权找我谈话，他说根据工作需要，组织上准备把我调到劳资科工作，并问我有什么想法。我当时说，我学的是建井专业，井下工区或生产科才是我发挥专业的地方，到劳资科我又派不上用场，最好还是另选他人，如果一定要我去，我只有服从了。大约过了三天，分矿组织科姜科长通知我说，分矿领导经过反复讨论，决定让我到劳资科上班，明天就报到。于是，第二天上午我把井下二队队长的工作移交出去，下午就去了劳资科。

当时的劳资科在分矿办公楼的北侧三楼，共有两间办公室，当我来到科长沈梓汉办公室时，沈科长热情接待了我，他简单问了我一些专业和个人的基本情况，然后和蔼地对我说，按照核工业部的要求，每个生产单位都必须开展劳动“双定”工作，配备专职的“双定”人员，由于“双定”工作是一项专业技术工作，所以具体搞这项工作的人也要是专业技术人员，把我调到劳资科，就是要让我从事劳动定员定额工作。沈科长还说，之所以挑选我从事“双定”工作是因为我年轻，有专业知识。说话间，沈科长拿出了一本由核工业部编制的劳动定员定额工具书给我并对我说，我们今后要开展的工作，书上都有介绍，希望我认真阅读，掌握好“双定”的基本方法，如有不懂的地方可以随时向他反映，我们一起把“邹矿”的“双定”搞好。沈科长还向我介绍了劳资科的情况，他说，连我一起共有4人，张慎明师傅负责工资核算，梁先贵师傅负责人事调配，然后，沈科长带我见了老张和老梁两位前辈，他们对我调到劳资科工作表示欢迎。从此以后，我们四人各有分工，但又相互配合，一起共事。

说实在的，开始我对劳动“双定”工作还是很不熟悉的，要做好这项工作，唯一的办法就是加强学习，所以从那时起，每天晚上我就专心地学习有关劳动“双定”的知识。经过一段时间的学习，我总算对劳动“双定”有了理性认识。简单地说，劳动“双定”就是对各个工种的人、财、物实行限定标准。其意义在于为企业编制劳动计划和劳动力调配提供依据；为充分挖掘劳动潜力，节约使用劳动力提供依据；不断地改善劳动组织，为提高劳动生产率提供条件。全分矿劳动“双定”工作开展后，在沈科长和张师傅、梁师傅的指导下，我从岗位劳动定额入手，计算每个岗位工作量的标准，为了做好这项工作，我连续两个月到井下，对凿岩、出渣、运渣等重点岗位的劳动量消耗、劳动时间消耗、材料消耗等进行测定、统计，最终得出各工种完成一定工作量的时间、材料等的消耗量。

对机修、电工等辅助性岗位，我则通过测定加工一个零件、装配一个部件或一个产品所需要的时间来规定工作时间或应完成的工作量。经过大半年的测定、统计、制表等系列工作，一套适合分矿的劳动定额初步标准被制定了出来。虽然劳动定额随着设备的更新、人员的变动及操作技能的高低需要不断地更新，但该标准的初步制定使下一步的劳动定员有了可循的依据。

从20世纪80年代中期起，721矿逐渐由军品生产向民品生产过渡，不少员工开始调离721矿，“邹矿”的职工队伍也受到一定的影响，劳动“双定”工作出现不少的不确定性，但就是这样，我们劳资科的四名同志依然尽心尽责地做好各项工作。

作者夫妇在原住宅楼前留影

■ 原文刊载于《721矿游子》第117、118、119、120、121期。

回忆巴泉标准化矿井建设

邱利民

1979年，巴泉125米中段六个采场中最早开采的一、二、三号采场已快接近地表。为了保证安全，一、二、三号采场在完成最后一次落矿和填充后便转入地表剥离。最后开采的六号采场也已达二分之一高度。在我去上学前，竖井85中段在测量技术员田文斌的组织下完成了定向测量工作，主巷已经开始掘进。重回到巴泉后，因顺利完成几项较重要工作，我的工作能力得到肯定，也丰富了我的实践经验。

从红卫回来后，廖其昌师傅已因病逝世了。廖师傅是我的老同事，那时同志们从井下作业回来后，一般都喜欢穿着工作服在办公室西边墙根席地而坐晒太阳。廖其昌每次都喜欢解开他那破烂的工作棉衣，露出那干瘪的胸膛让太阳照晒。一天，一同事看着他那泛着紫红的胸膛和略显鼓突的肚子说："老廖最近好像胖了，肚子也大起来了。"另一位同志提醒他："你是不是去医院检查一下。你这么干巴的人肚子怎么会这么大？"第二天，老廖去古城医院做检查，这一检查出大问题了，诊断结果是肝癌。这一结果当场就将他击倒了，昨天还有说有笑的人一下子就瘫倒了。不到一个月，在疾病的折磨下老廖便撒手离开了大家。疾病的折磨是残酷的，但意志和精神的崩溃，放弃对生命的追求，是他过早离开我们的主要原因，这让我感触颇深。

1980年6月，总矿选择巴泉作为标准化矿井建设试点。分矿党委副书记唐福贤任四工区总支书记，矿生产处采矿工程师熊履端任区长。由于廖其昌的离去，测量人员加上我只有4个人了。得益于总矿在巴泉进行标准化矿井试点，原来的地质、测量、物探三个工种合并为一个班，共有19人。工作虽以原专业为主，但提出了一个创新的口号：打破工种界限，实行一专多能。大家在工作中互相学习。在实际工作中虽然以各自专业为主，但也兼顾着其他工种：测量人员也操起伽马仪探矿；物探人员也拿起地质罗盘测岩层走向，绘制地质草图；地质人员也操起标尺、钢圈尺或记录本，配合测量人员。

这种崭新的组合模式有几大显著的优势：一是节省人力，在天井和场地空间较小的地方，如果三个工种一起上，会因为人多而相互干扰，从而影响工作进度和质量。二是提高了大家的业务素质，激发了大家学习技术的热情。三是便于管理和工作安排。四是培养了多功能人才。我认为，这项创新使三大技术工种相互渗透，相互制约，是创建巴泉标准化矿井活动中最为实用、最为符合实际、收效最为明显的一项技术性突破。

在矿山工程测量中，定向测量是关系到整个矿井后续掘进、开采、设备安装等的前导性工作，是矿井建设的基础。随着工程的进展，尽快开展45中段的定向测量就显得迫切了。如果不能高精度地将地表坐标系统导入45中段，那么整个45中段的工作将如盲人骑瞎马，无法进行。

为确保定向的精度，平面的控制导入采用的是延伸三角形。规范对其内角 α、

山南2号竖井绞车房

β、γ 有着严格的要求，其中 γ+β 不得大于 3 度，α 不得小于 177 度。按规范要求，γ 角越小越好。为了能达到这一要求，我们采用两根直径 1 毫米的钢丝，从井架上通过手动小绞车放入 45 米中段井筒中搭起的固定平台上。平台上安置两个汽油桶，里面盛着浓稠的机油，钢丝从地表井架上通过定线板上的小孔，加上配重杆和配重块，垂直吊入油桶中，配重量的多少根据定向中段的深度决定。两根钢丝与地表已有的控制点 A 构成一个三角形。仪器在 A 点对两根钢丝进行角度观测。经过数次完全复式观测，得出的角度就是 γ 角，α、β 两角则经过计算求出。高程系统的导入采用的是钢尺直接丈量，钢尺用拉力计按规定力量严格拉伸，通过井口钢梁与井下选定的控制点反复丈量，分别计数。

正式施测这天，为了保证不受到任何的干扰和避免生产造成地表震动带来的影响，整个工地上只有我们及配合我们工作的绞车工、信号工，其他人全部停工。经过一整天的紧张工作，我们完成了全部外业工作。剩下的就是室内的大量计算工作。这是我回到巴泉后第一次组织的大项测量专业工作。有了第一次独立组织 45 中段定向测量的经历，后来的 5 中段和 −35 中段的定向测量工作开展时就熟练和顺利多了。

这时 85 中段井巷掘进已经穿越了主矿体，接着就是进行采场的建设和矿石的开采。由于距地表（山顶）有近百米，采场用的填充土必须通过 125 中段一号采场天井，再向下排放到 85 中段采场。85 中段采场第一个天井上开口定位在 125 中段一号采场的电耙道中。这对天井的贯通提出了极高的要求。125 中段一号采场的电耙道宽 1.8 米，中间是运输铁道，电耙道两边是钢筋混凝土建造的巷道支撑壁。只有不到 80 厘米的空间可供 85 中段的天井贯通。稍有误差，轻则炸掉运输铁道，重则炸塌巷道支撑井壁。

熊履端区长对这高精度要求的天井贯通作业非常关心，多次到测量班，希望测量人员能在 40 米的天井施工中确保贯通精度。在平时指导天井掘进中，是按常规采用罗盘仪定位，正倒镜观测的，这种工作方法简单实用，但却有一个致命的缺陷，那就是天井中钢制风水管和电线产生的磁场对罗盘的影响。这次对天井贯通的要求特殊，为了保证精度，我在使用罗盘仪的同时，还采用了更为精准的测量方法。首先我将经纬仪导线直接布到天井口附近，然后在天井开掘过程中，通

山南2号竖井绞车房内罐笼（工人下井乘的电梯）

过在溜渣井下放垂线到主巷道中，再将经纬仪导线延伸进到天井中，在数次这样操作后，经纬仪导线随着天井的上升不断地上升。因为天井掘进中，最上面有几米是没有钢管的，罗盘仪定位只在最后一段使用，这样误差率就降到了最小。这方法确保了天井始终在经纬仪导线的控制下，按设计方位掘进。当天井还差一炮就可贯通时，我们指导生产工人在125电耙道设计位置往下开掘。最后的贯通结果是非常令人满意的，天井在混凝土墙至铁道边的狭窄空间中完美贯通。

为了配合巴泉标准化矿井的建设，工区决定在总控制室建立一面整个巴泉井巷工程的立体展示墙。现在我们经常可看到各种电子显示屏，但在20世纪80年代初，这种直观的显示屏还只存在于人们的想象中。我们能制作的还只是一块安装有发光二极管的玻璃墙。机电技术员杨建中负责光电的设计，我负责巴泉六号平垌和竖井的立体图绘制，根据立体图再采用有机玻璃制作出实物，用光电显示全部井巷工程。

这对我来说是一项全新的工作。在学校我虽然学习了立体图的制作，但那只是理论上的。要实际制作还需要下番功夫，首先是投影角度的选择，最后还要根据巴泉巷道的走向和特点确定合适的比例。功夫不负有心人，经过一个多月的努力，一幅 1 ： 1000 的立体图完成了。

经过机电技术人员的光电布置，在总控室中，一个动态立体模型制作完成了，镶嵌在一块巨大的玻璃墙上。从显示墙上可以直观地观看到各种井下大型机械的运行情况（当然只是红色和绿色发光二极管），可看到正在施工的井巷和采场。

721-18 矿床随着巴泉矿体开采的深入，已经逐渐枯竭，到 -5 中段基本已经无矿可采了。1985 年，巴泉结束了全部采掘，全体人员转战到 3 号竖井。

■ 原文刊载于《721 矿游子》第 144 期。

往 事

侯业荣

——七二一矿·二厂篇

一

本该1966年夏分配工作的我，由于“文化大革命”，直到1968年7月中旬才接到分配通知。当时我正在离学校（位于西安）一千多公里远的家乡安徽。

收到被分配到721矿的通知后，我十分高兴，因为出生于农村的我，厌烦繁华浮躁的城市生活，我想，矿，必定在山区，消费低，很适合我这个穷人家的子弟。而且721矿标明的地址是江边村，既是江边一定有水，是活的象征，大凡水源充足的地方，必然富裕。再说，有水就有鱼，我从小在河边长大，爱戏水更爱捕鱼捞虾。于是我二话没说，便联系上同被分配到721矿的张承良、李家年、杨玉炳、张人年等同学，确定了去报到的时间。我满怀喜悦地准备好几件换洗衣服和一床被褥，还预备带上我特别喜爱的《复活》等10多部名著，临出发前，又特地带了鱼钩、渔线和一张尼龙线织成的拖鱼网(我们老家人叫巨虾钯子)，这才告别了母亲、哥哥、弟弟、妹妹和结婚不到一年的妻子，踏上了人生的新起点。

到矿的那天晚上，我们被安排在矿部招待所（即莲塘招待所）。刚放下行李，我便听到清脆而熟悉的招呼声：“侯业荣你们也到啦！”“哈，哈！听声音，就知道准是你蚰子。”我高兴地喊了起来。这个外号叫“蚰子”的人，曾是我的同班同学，叫韩林春，安徽望江人，语速快，为人爽朗直率。和他一起先我们到达的还有何森林、刘国毅等10多位同学。

第二天早饭后，我们同乘一辆长春一汽生产的解放牌大卡车，来到了古城生活区。我们近20个同学，同住进了一座刚建好不久的三层两个单元的单身楼里。这天是1968年7月28日。下午两点左右，在二厂一车间书记刘洪兴的引导下，我们参观了二厂三个车间和木模班（属一车间管辖）的里里外外。第一感觉就一个字“凉”！

厂房简陋，三个车间除了各有一架行车贴壁外，设备都少得可怜：一车间是铸钢车间，除了有一个用耐火材料砌成的熔钢炉和几个浇注用的钢水包外，就剩几堆沙子和造型用的沙箱。二车间是铆焊车间，车间内只有压缩机、剪板机、冲床、大小钻床各一台，隔壁一间屋内也只有锻锤一台。设备最多的要数三车间（冷加工车间），也只有几台陈旧的小铯床、铣床、C620 车床，以及一台小钻床，连镗床都没有。

厂房四周杂草齐腰，厂区内几条通道几乎全是砂石路；全厂仅有两个厕所，分别设在不同方向的围墙边；所谓的材料库，就是一个面积约 300 平方米的旁无四壁的石棉瓦篷，里面堆放着各种型号的钢材和一些其他材料……这一切给我们这帮从古都西安来的学生，结结实实地泼了一身冷水。

正是：怀揣梦想到江边，一片凄凉惊无眠。只有荒滩无阔水，满腔热血洒向谁？

二

7 月 30 日，我们分到 721 矿的 34 名同学都陆续到齐了，而且同分在二厂。我记得这天是星期二，从这天开始，我们算是正式上班了。上午 8 点之前我们在李华建同学的带领下，列队从二厂食堂出发，经过一个小山坡和一个约 5 米宽、不足 30 米长的水泥桥，耗时不到 10 分钟便到厂区。大家先集体学习毛主席语录，8 点半开始分成三五人一组，拔草的拔草，整理仓库的整理仓库。集中休息时，便由进厂较早的师傅给我们讲述他们艰苦创厂的光荣事迹，激励我们要不怕苦不怕累。

第二天也就是 7 月 31 日，星期三，我清楚地记得，这天是农历七月初七，我国的七夕节，传说中牛郎织女会面的日子。我不由自主地想起结婚不足一年的妻子来，并情不自禁地赋诗一首：“祖辈赐缘摇箩亲，真正相知仅两春。结婚周年惜别日，何时相聚期难寻。”因妻子没上过学，识字不多，我每每写些关于她的文字，都从没给她寄去，只是寄思于其罢了。

第三天便是建军节，因721矿属军事编制，这天比较隆重，虽照样上班，但食堂伙食较丰富，除平时常有的炒“钢管”（空心菜）、清水豆腐外，还有水煮鱼、红烧肉、西红柿炒蛋，价格也比平时便宜。但还没拿到工资的我，除了闻香气外就只能流口水了，不过我还是习惯性地点了份炒空心菜。

时间过得真慢，短短的一周，给我的感觉似乎是一年。好不容易盼到了进厂后的第一个休息日——星期天（8月4号）。周六下班后，我和张承良、李加年就迫不及待地绕道后山，沿着一条清澈见底、潺潺流淌的小溪，向黄彼水场方向走去，然后循着公路到江边村火车站，之后又从不同路径返回二厂。这时已日落西山，我们端起同学替我们买好的饭菜，三下五除二吃得一干二净。我们三人都很高兴，因为我们有了明天拖鱼网的地方了——介于古城和火车站之间的几个小池塘。

8月4号，天刚蒙蒙亮，我便洗漱完毕，匆匆叫醒了张承良和李加年。我们到食堂草草地吃了个馒头，拿着拖鱼网和一个小塑料桶，便兴冲冲地向既定的地点奔去。

我抓紧网绳，将网向池中甩去，然后开始往回拖，不料没拖两米远，就怎么也拖不动了，我知道网一定是被池中的水草裹住了。张承良不管三七二十一，毫不犹豫地脱掉上衣和长裤，仅穿着短裤就跳进水中。将草清理掉以后，他意外地发现水底污泥表层有好几个巴掌大小的蚌，于是，我和李加年也投入到摸蚌的行列中。这天，鱼没捞着，却捞了不少蚌。回宿舍后，我们买了些佐料，在筒子楼的过道中，用老师傅们的锅灶将蚌肉红烧后，美美地解了一次馋。

正是：有心栽花花不开，无心插柳柳成荫。虽然无福网鱼虾，毕竟尝了蚌肉鲜。

三

时间就这么一天挨一天地过去了。好不容易又到周日，这次我没去抓鱼，而是和几个同学一道逛公溪老街。

公溪老街，路面宽约五米、长不到二百米，石灰石铺就，一式一层（少数两层）的门面房林立两旁，以出售日用品和农产品为主，唯有的一家照相馆颇引人注目。

橱窗中摆放着几幅黑白英模照，看上去十分清晰显眼。我忍不住，一咬牙花两元钱照了一张两寸黑白照（两天后取出一看，底面又暗又黑，人显得很瘦很瘦，随即销毁了）。

照过相后，我便沿着窄水多沙的公溪河岸，漫步在青竹灌丛中，偶尔会惊动三五只山雀，它们“唆”地一下从面前掠过。浅水边，一处处沙坑星罗棋布，还不时地看到有几个中年妇女在刚入秋的烈日下筛石子。

中午在食堂打饭时，我听到几个师傅在议论着什么。我凑近一听，才知道厂里到了些新设备。

第二天清晨，我一进厂门，便看到路边矗立着几个木箱，走到近处清晰地看到“上海站—江边村站”的字样，原来空荡荡的三车间也塞满类似的木箱。

八点钟刚到，一阵清脆的哨声把我们的注意力全吸引了过去。刘洪兴书记站在材料篷内的一摞圆钢堆上，居高临下，高声宣布：西安技校的同学到这里集合，马上由厂领导王书记（王怀中）给大家讲话。

我们34个同学聚拢过去，都用期盼的心情等待王书记讲话。过了一会，脸庞清瘦，身材不高，已入不惑之年的王怀中书记站到了刚才刘洪兴书记所站的位置，不紧不慢地以带有东北口音的普通话对大家说：“同学们，十多天来，大家为改变二厂的旧貌，作出了努力，你们辛苦了，我代表二厂领导，谢谢大家！现在你们已是二厂职工中的一员，希望你们在今后的日子里，以主人翁的态度，为建造二厂的新面貌，不怕苦，不怕累，出大力，出大汗，为核事业做出更大贡献……”

王书记说完了，接着由刘书记宣布任务：“从现在开始，你们34名同学，要在施忠良、施志高、朱发泉和方光怀等几个钳工师傅，以及王兴武的带领下，将刚运来的新设备，尽快安装完毕。”

说干就干，雷厉风行，是我们的一贯作风。我们34人二话没说，按照图纸要求，测量，划线，挖土的抡镐扬锹，运土的推车担筐。汗湿了衣衫干脆甩开，赤膊上阵；口渴了，眨巴眨巴满是汗水的双眼继续干，连近在咫尺的大桶冰棒也顾不上吃一根。

基础打好了，最难的是安装。水泥、石子、沙子和水要合比例，一台设备的安装须一气呵成，有时为了安装一台设备过了饭点，我们就饿着肚子硬挺着。在安装三车间的龙门刨和镗床的过程中，我们都是八九个小时连着干的，没有一个人叫苦叫累。

功夫不负有心人，不到三周的时间，从挖地基，安装设备，到调试结束，我们共安好了二车间的卷板机，三车间的大立车、龙门刨、镗床、磨床、大立钻等10多台大型设备。工人师傅们赞不绝口："这帮学生真能干！二厂鸟枪换炮了，现在是新马新人新气象喽！"

正是：风华正茂称学生，放下课本是工人。不惧苦累皆实干，饥渴流汗只等闲。

四

进厂一个多月了，厂区内外杂草已无，新设备也已陆续安装完毕。到了给我们这30多个学生转正的时候了。九月初的一天，上班不久，厂办就给我们发了张表，主要是了解我们每个同学在校所学专业和实习的主要工种，当天即张榜公布了我们各自所在的车间、工种，并特别强调：一律是以工代干，工资按一级工待遇，每月30元5角。少数同学分在一车间、二车间，大多数分到三车间，钳工班、刨工班、铣工班、车工班都有，我被分到车工班。

我的师傅叫刘兴沛，四川人，个子不高，是个忠厚朴实、吃苦耐劳的人。他的雅号就是"老黄牛"。见面的第一天，刘师傅直截了当地对我说："一个好车工必须做到胆大心细、眼明手快，绝对不能不懂装懂，盲目蛮干……"我重重地点头，自这天开始我便是他的徒弟了。

刘师傅平时很少说话，更不会主动叫我干活，连擦机床、清理铁屑等卫生琐事，都亲力亲为，从不叫我。我心里清楚，这是师傅传授徒弟的最好方式——身教。徒弟能否领悟其中奥妙，是能否成器的关键。明白了这一点，我便经常看师傅操作，若感到自己已掌握要领了，就主动地要求练练，请师傅一旁指点。

刘师傅常对我说，车工是三分操作，七分刀具。要想达到理想的加工效果，车刀是关键。要磨好车刀，就必须了解各种角度的车刀在对不同材料车削中的作用和效果。这些话对我迅速提高车削技艺起到了关键的作用。

自那以后，我经常提前上班，利用废刀杆在砂轮上反复练习磨刀，不断地摸索和掌握磨好各种角的方法和要领。很快，我对加工各种材料用什么刀片，磨出什么样的前角、后角等了如指掌，为以后独立操作，保质保量完成生产任务，奠定了扎实的基础。

在跟随刘师傅短短的两三个月中，我不但学到了车工技能，而且从他身上学到了很多做人的道理。这些道理为我后来步上讲台执教，提供了很大的帮助。

正是：强将手下无弱兵，严师教出好学生。一日师徒一世缘，将爱传递是本分。

作者侯业荣

■ 原文刊载于《721矿游子》第127、128、129期。

我的教书生涯

黄初晨

“蒙馆悠悠十春秋，教授原是小学生。翰墨文章双进士，半由勤奋半由天。”那天，我在抚州书法家吴德恒先生的书斋做客，三杯酒下肚后，话也越来越多。忆起当年我们同在乐安山区当孩子王的岁月，先生突然有感而发，旋即离席铺开三尺生宣，饱蘸浓墨，疾笔而书，为我写下了上面这首小诗。

我是“老三届”初中毕业生，1966 年“文革”时上的初中，初中时期基本上没怎么上课，初中毕业后便上山下乡插队落户，因此，我实际只有小学文化。以小学文化来教书，而且一教就是 10 年，在今天来看，可能是一件不可思议的事情，但在那个年头、那个非常时期，似我辈者还大有人在呢！

1976 年，我参加工作已有 5 年，在 721 矿湖港分矿当了 5 年井下支柱工。因为业余时间喜欢写写画画，经常为分矿抄写黑板报，出节日宣传专刊。又因为有书法、美术作品被选送到北京核工业部参加工人书画展，我成了分矿小有名气的“文化人”。那天是 1976 年 5 月 16 日，我永远都会记得那个日子，分矿党委书记把我叫到他的办公室，说：“分矿子弟学校有两位教师去外地学习了，组织上研究决定由你去学校代课……”

就要告别繁重的井下体力劳动，当一名令人羡慕的人民教师，我当时别提有多高兴。但冷静一想，就我这小学水平能教好书吗？怀着一颗忐忑的心，我来到子弟学校报到，没料到，女校长见面就扔了一本四年级语文书过来，她操着一口我听不太懂的湖南口音，不容商量地说：“四（2）班已经好几天没有老师上语文课了，你准备一下，下节课就去上课吧！”我呆呆地站在女校长面前，有些茫然，半天没有回过神来，像是没听懂校长的话，又像是不相信从工人到教师的角色转换就这么简单。

抓紧时间翻了一下课本，听四（1）班语文教师简单介绍了一下讲课的内容。

哦，跟我读小学时语文课的内容一样，现在也是教识生字、阅读课文、给课文分段、总结课文中心思想。

“叮……”上课铃响了，我还没来得及看完课文内容，就夹着课本晕晕乎乎地走进了教室，见了一屋子好奇的面孔。我怯怯地说了声：“上课。”就这样，我开始了历时 10 年的教书生涯。

那年头，企业是一个小社会，生产、生活、后勤服务大包容，胡子眉毛一把抓。我任教的湖港子弟学校只是一个科级单位，隶属于湖港分矿，分矿有500多名职工，加上驻地所在的乐安县湖溪乡、湖溪村有不少的居民、村民，他们都认为湖港子弟学校教学质量比地方学校高，便纷纷送子女来此读书，这样，湖港子弟学校有 5 个年级，10 多个班级，常年在校的有 400 多名学生。因为湖港分矿离古城中学、莲塘中学较远，为了便于学生上初中，那一年，湖港子弟学校也开始兴办初中部，小学五年级学生自然升初中班，因此，学生剧增至 500 多人。

1976 年 9 月，新学期开学，学校教师重新安排任课，在安排我的任课时，考虑到分矿领导曾交代过，我还要继续兼顾分矿宣传工作，而学校也有许多类似宣传的杂务工作需要有人做，学校领导权衡再三，决定让我带一些副科。我的强项是绘画，美术课对我来说是最轻松的副科，一周一班仅一节课，又不能由我一人全担。为此，我成了学校的美术、音乐、地理、历史、常识等科目的“万金油”老师，课时也是最少的，每周不到 10 节课。这主要是为了让我能腾出时间来帮助分矿编绘节日宣传专栏和内部通讯。

没过多长时间，学校又给精力旺盛的我加了一个头衔——学校少先队总辅导员。那是“拨乱反正”、恢复高考的年代，数、理、化、语等科目越来越重要，美术、音乐专业因为没有大量招生，在学校没有分量，我的上课时间常被主课老师要去补课，所以我在学校显得无足轻重。但我还是想方设法、变着花样搞出一点影响来。湖港山清水秀、风光旖旎，上美术课时，我常常领着孩子们满山遍野去写生绘画，孩子们学得很高兴。那年头，文艺宣传还是很吃香的，我这个少先队总辅导员常常配合时节“发号施令”，要求全校各班级定期组织开展文艺汇演、美术书法展览等活动，学校的文艺队常常被邀请到总矿、分矿和乐安县地方演出，从中也发现了不少文艺、美术、书法好苗子。但终因山区信息闭塞，没有学生选择报考美术、音乐专业。

1985年10月，我任教第十个年头，国务院开始设立教师节，我在享受了第一个教师节后不久，便因一纸调令离开了教师队伍。

多年以后的一个暑假，我带着学音乐的女儿去南京拜师学艺，女儿需要在南京学习一个半月，而我在南京无亲无故，女儿的安置成了问题。当时，我在抚州一媒体工作，常去721矿采访。一次，在古城，原来同在湖港子弟学校任教、时任721矿党办主任的晋辉给了我一通电话："你去找高飞，他在南京，是你当年的学生。"

快20年了，我对高飞的印象很模糊，但学生永远记得住老师。在南京，高飞热情地接待了我们，并将我女儿学习的事安排妥当。考虑到女儿要在南京待很长时间，我拿出一沓百元钞票递给高飞说："这是你师妹的伙食费。"高飞拒绝了："黄老师，您教了我那么多年，我就报答一次，您就甭客气了！"一句话，让我的眼泪差点夺眶而出。

1984年721矿湖港子弟学校教师合影（后排左二为本文作者）

■ 原文刊载于《721矿游子》第72期。

我们班才是电大首届文科班

艾俊民

前不久，我在 721 网上家园上看到有矿友寻找王玉英老师，说自己是 721 矿电大首届文科班的学员，王玉英是他的班主任。实际上他搞错了，我们 1982 年 9 月入学的才是 721 矿电大首届文科班（也是我国“文革”后电大恢复办学的第一届文科班）的学员，王玉英正是我们的班友。

参加全国考试正式被录取的 721 矿电大首届文科班学员一共有 21 名，其中，古城学校 4 人：向杰、陈幸平、田刚、张美英；二厂 2 人：艾俊民、熊继祖；运输大队 2 人：李谦、骆浩龄；莲塘学校 3 人：杨光、王玉英、廖正木；邹家山分矿 3 人：袁兆平、刘乐平、范良军；沙洲分矿 1 人：李宗义；一厂 4 人：朱平平、陈俊华、戴步凯、廖士才；矿机关 2 人：杨新浪、张其傥（他当时已经是矿领导，电大毕业后又担任了副矿长、矿党委书记等职）。张其傥是我们的班长，向杰是副班长，唐安桥是我们的班主任。因为向杰推荐我为写作课代表，我需要对学员交作业的情况进行登记，因此我手中至今保存有一张电大首届文科班学员名单。在电大这届文科班的学习过程中，陆陆续续有人前来旁听，以学校教师为多，兴盛时我们班学生达到 50 多人，大部分旁听生随第二届文科班完成了学业。

我上电大纯粹是一个偶然。我上小学 6 年级的时候，“文革”开始，学校停课闹革命，我就休学了。后来下放农村，种过田，到矿里后筛过石子打过铁，然后当工人。可能是因为遗传，我一直喜欢看书，对写作有一种偏爱，因此文化素质要比一般的小学生、初中生强一些。1978 年我参加过一次高考，4 门功课（语文、政治、历史、地理）考了 321 分，平均每门课都考了 80 多分，只是数学考了零分（不考外语）。那年大学的最低录取分数线是 320 分，我正好在这个分数线上。当时说分数线上下的要复查一遍，结果我又稀里糊涂地被减了 3 分，我非常失望。与我一起参加考试的宣传部报道员雷武江高兴地告诉我，她数学比我多考了 10 分，总分331分，被录取了。从1979年开始，高考不仅数学难度更大了，外语也被列为考试科目，我根本就不敢再做上大学的美梦了。

1981年，我到江边村火车站送吴逢玉离矿，正巧遇见李晓光，她和雷武江是好朋友，曾经与我们一起参加过1978年的高考（她没有考上），我们因此相识。李晓光与吴逢玉也相当熟悉，闲聊中，我问她上大学的心死了没有，她说，没有死，正准备上电大，中央电大首届文科班就要招生了。这以前，我根本就不知道有什么电大。李晓光的话拓宽了我的视野，燃起了我的希望。我送别吴逢玉以后，就把有关电大文科班招生的规章看了一下，见不需要考数学，我又充满了信心，复习了一段时间后，就轻松地被录取了，成绩在矿里21名正式被录取的学员中属于前几名，尤其是语文成绩排名更是靠前，所以就有了向杰推荐我做写作课代表的事情。

上电大后，每星期一、三、五上课时间我们都赶到古城学校的一间教室里认认真真地听唐安桥班主任放录音磁带，老师布置的作业也规规矩矩地做。眨眼之间就到了第一学期期末考试，我们谁也不知道电大考试是个什么样子，非常紧张。考试要到新居261队去考，我们紧张地早早来到考场，监考老师是抚州市电大工作站的，非常认真。试卷发下来以后，我发现试题非常简单，着重考查社会实践能力，比如写作课的题目是评论鲁迅的杂文《今天天气哈哈哈》，这对我们这些喜欢写作、平时涉猎书籍较广的人来说，简直是小菜一碟。

第一学期考试我们班有几个人党史不及格，关键还是涉猎不广，党史试卷就是4道大题目，其中一道题是要求写出第一次国内革命战争至第二次国内革命战争之间我党的理论变革。这道题确实出得比较活，看到题目时我的脑袋也蒙了，因为我很少关心革命理论之类，但我对那段历史却是非常熟悉，于是我就从中山舰事件写起，把四一二政变、八七会议、南昌起义、秋收起义等都列了进去，结果我的党史考了78分，算高的，大概仅次于张其傥。

总之，电大考试并不难，这是我们的共同感觉。以后，我们每星期一、三、五再也不去听录音磁带了，只是自己抽空捧着课本看。也正因为我们在电大学习很松散，所以也没有留下什么值得记忆的故事。我印象深刻的就是从电大毕业的那天，我们开了一个联欢会，矿教育处的付中汉处长也参加了，刘乐平自发做司仪，大家都即兴表演了节目。袁兆平代表邹家山分矿职教科给每个学员发了一本留言册。留言册发了，却没有什么人互相留言，只有我请王玉英题了一句话，她工工整整地用钢笔写道："扬长避短，开辟新境。"这本留言册与那张学员名单一起，我至今都还保留着，时不时拿出来看一下，同时也就想起我的那些电大同学们，愿我们的同学情谊常青……

1985 年 8 月，721 矿电大首届文科班毕业时与相关领导合影

■ 原文刊载于《721 矿游子》第 38 期。

我与矿报结良缘

吴福生

作者吴福生

随着时光的流逝，有许多事慢慢被我淡忘了，但与矿报的缘分我永远不会忘记。

1987年9月1日，矿报《矿讯》问世，揭开了我国矿报新闻史上崭新的一页。创刊以来，《矿讯》先后更名为《矿报》《抚州铀矿报》和《七二一通讯》，我们统称为矿报，它是江西抚州地区独家获得省新闻出版证的企业报。

从1975年10月起，我就在湖港分矿做宣传工作，矿报第一期第一版就采用了我撰写的题为《她的青春在老区闪光》和《心红手勤的好管家》的两篇人物通讯。看到自己的稿件变成铅字，我心里十分高兴。从此，我与矿报结下了不解之缘。每次矿报一到手，我都要从一版到四版认真地阅读。有时出差在外没有看到矿报，回来还要一版不漏地补上。有人对我说："老吴，看矿报有什么用，它能当饭吃吗？"我坦然一笑："它是精神食粮，我喜欢！"

我把矿报当成传家宝。从1987年9月1日矿报创办起，每期矿报我都会完整地珍藏起来。我搬过3次家，可是一堆矿报一直伴随着我。每次搬家，帮忙的同志总是对我说："这么多矿报早就该当废品卖掉，留着有什么用？"我总是笑着说："不能卖，这是我的传家宝，留着自然会派上用场。"

果然不出所料，2002年3月初，为纪念矿报创办200期，矿宣传部决定把历年出版的矿报汇集一起，装订成合订本。可是我们在整理矿报时，没有发现 1—14 期的矿报。另外，1991 年—1993 年的矿报也缺少 6 期。怎么办？我回家翻箱倒柜，把珍藏多年的原始矿报找了出来，马上复印，使矿报合订本得以圆满出版。事后，矿宣传部部长万圣恩笑着激动地对大家说："这事，多亏了老吴啊！"

矿报是我的良师益友，为我提供了习作园地，帮我踏上了新闻写作这条布满泥泞和汗水，但也蕴含希望和欢欣的路。1995 年 12 月，原矿报编辑艾俊民同志调到浙江省嘉善县工作，矿报就缺少了一位编辑。1996 年元旦刚过，一纸调令，我便从湖港分矿被调到矿宣传部做了矿报编辑。

说实话，刚来时，我对编辑工作是擀面杖吹火——一窍不通。画版、字体运用、刊头尾花等，都得从头学起。部里的同事耐心细致地教我，尤其是柴廷延、刘经龙两位同志对我帮助最大。我也甘当小学生，拜他们为师，虚心向他们请教。经过 3 个月的努力，我可以单独编报了。从一个读者、作者，到矿报编辑，我肩上的担子更重了，这也说明我同矿报的缘分又深入了一层。

做了矿报编辑后，我严格遵守《新闻职业道德守则》，根据稿件的优劣取稿，不用人情稿，不用关系稿。我坐在办公桌前，集中精力投入工作，从一大堆来稿中选稿，沙里淘金，反复修改，把作者的上乘之作编发见报，去陶冶感染更多读者。有些作者的稿件在矿报见报后又投给《抚州日报》《中国核工业报》《工人日报》，都被采用了。稿件见报后，有的作者打电话向我表示感谢，我对他们说："不用谢，这是我的责任，也是我的义务。"

光阴似箭，岁月如梭。转眼间，我就步入了花甲之年。2003 年 1 月，我光荣退休。因为当时部里工作忙，缺少人手，我留任了半年，6 月 30 号惜别矿宣传部。屈指数来，我做矿报编辑 7 年半。这 7 年半，在人类历史长河中只是短暂的一瞬间，但对我来说却是人生中不能抹去的一段流金岁月。这期间的工作，拓宽了我的胸襟，开阔了我的视野，提高了我的综合素质。这期间，我学会了采访、组稿、编稿、画版，以及了解了报纸出版的各道程序。同时，在新闻写作业务上有了长足的进步，经常有作品见诸省内外报端，有 10 篇新闻作品获奖，我也多次被评为优秀通讯员。

7 年多的时间，难忘的事不胜枚举，我作为一名矿报编辑，为能与大家一起走过这段流金岁月而感到自豪！感谢与我共事的同人，感谢热心支持我工作的作者和读者，感谢矿各级领导对矿报的关心和大力支持！

“一片冰心在玉壶。”我思绪翻涌，写下这篇短文，以此寄托我对矿报的一份真情和怀念。

■ 原文刊载于《721矿游子》第184期。

在军转民中的艰难跋涉

李康宁

作者李康宁

十一届三中全会以后，党和国家的工作重心转向以经济建设为中心。邓小平审时度势，作出了“和平与发展是当代世界两大主题”的历史性判断，提出“国防和军队建设要服从服务于国民经济建设”，中国军工企业开始大规模“军转民”。

由于核工业的战略转移，从1984年起，国家对721矿实行限产，铀矿产量下降，721矿面临着新的挑战和选择。在其他铀矿山关闭的情况下，721矿由于是个历史老矿，人员多，铀矿储量大、品位高、资源相对丰富，是一个集采、选、冶于一体的大型联合企业，是核工业核原料的主要生产基地之一，是核工业唯一的常规水冶生产线和渗滤浸出生产线，于是被列入在保留下来的“八矿一厂”之中，实行的是“一边保军，一边转民” “以铀为主，多种经营”的方针，因此民品生产进入了生产计划。江西昌华化工冶金有限公司的麾下辖若干个二级民品企业及项目，包括压铸件厂、仪表厂、医用迪克公司、萤石粉厂、氧气厂、耐腐蚀泵厂、陶瓷厂、钉子厂、贝他胡萝卜素厂、硫酸厂、轮胎厂、汽车大修厂、手套厂、邹建公司、鹰建公司、地勘公司堵漏等。由于种种原因，部分企业还未等产品推向市场就关闭了，究其原因：第一是没有国家支持，完全由市场决定命运；第二是没有技术支持，矿山现有的技术傻大笨粗，适应不了市场需求；第三是没有资金支持，项目拨款有限，银行贷款利息甚高。这种“九死一生的开关厂”现象在核工业普遍存在。像江西核工业建设公司、压铸件厂、耐腐蚀泵厂、（昌沪）汽车大修厂存活得时间长一点，也是因为这十几年正是汽车工业、建筑业飞速发展的年代。如此说来，第二次创业的艰难程度一点都不亚于第一次创业。但到2000年，721矿的民品也累计完成投资2.58亿元，拥有固定资产2.06亿元。

我当时接任运输大队橡胶轮胎厂厂长，接手时轮胎厂经营状况是我所没想到的，废胎堆了一院子，服务公司的欠款和银行的贷款都到了还款期，厂子已停工很长时间了，还欠了部分员工工资，相当一部分熟练工买招工指标走了，我当时的确有点束手无策。但在大队领导宗俊山、高海洲、李承忠的鼓励下，我还是硬着头皮继续干下去。没有流动资金，就与工行公溪分理处沟通感情，最后轮胎厂获得了一笔5万元的贷款；没有技术，就到江西橡胶厂高薪请师傅每个周末来一次厂里指导工作；没有橡胶原料，就一边利用在供销处曾经工作过一段时间的关系搞点指标，一边到江西物资局找老乡帮忙搞指标，并亲赴云南采购；没有市场，就亲自出马，带领副厂长、供销员一个市一个县一个单位地跑，哪怕是一条两条我也卖，为拉拢用户，同意他们可以先使用后给钱。一年后，轮胎厂的销售市场扩大到了吉安市、抚州市各县，鹰潭市，乐平市，以及本矿有车单位。为满足市场需要，我又购置了新的轮胎模具，扩大再生产。两年后轮胎厂还清了全部贷款和欠款，提高了员工工资，吸纳了一些待业青年，全厂员工达到了五六十人，年产轮胎8000条，产值200万元，纯利润40多万元。第三年我工作轻松了很多，基本上是坐在办公室指挥了，小康的日子很是惬意。正当我想大展宏图之时，运输大队领导决定将我调至运输公司办公室任主任兼经营科长。其实我还真有点难以割舍，那晚送行的酒都把我灌醉了。这个厂后来因为矿里最后一批招工，把厂里百分之七十的人都招走了，时任厂长周厂长也因上海要办昌沪汽车大修厂回了上海，厂里的资产和资金上百万元都转交给了运输公司，这是一个完满的结局。现在想想，那些和我共同奋斗的同志们真好，没有他们我也是一事无成，尤其是副厂长周国显，会计聂万根、邓蕴玲，老工人田子诚，知青副厂长芦红兵，业务员江文斌、康峰，等，真希望有机会与他们再聚首畅谈。

我到运输公司，其实主要的任务是协助企业军转民，主要目标是抓经营科的民品开发。办公室工作由许长征代为管理，我时不时过问一下。当时矿里负责民品的是徐世年副矿长，运输公司是由李四海副矿长分管。运输公司从事民品最大的优势就是汽车大修，这个时候运输公司有两个汽修车间，300多号人，一车间是陈兵任主任，二车间是李海文任主任，经营科负责从市场承揽大修业务，生产科负责大修任务的完成。完成任务其实不难，因为我们人力和技术过剩，没事可做，处在工资都发不足，等米下锅的状态。要养活运输公司300多号人，每个月的业务量不能少于30万元，当时领导要我签下军令状，军令状的内容是科室经济利益与承揽合同额挂钩。简单说，就是合同额决定科室人员工资，下不保底，上不封顶。当时全科室的同志都要求保底工资，因为没有保底工资，生活都成问题，但公司非要将经营科置之死地而后生。因为只有经营科能生存，才有整个大修厂的生存，也才有运输公司的生存。这次我又面临着新的挑战和选择，很多人为我捏一把汗，认为这个难度太大。主要是我们地处山区，交通不便、送修成本高、国有企业机制不灵活、修理车型单一，根本不具备与城市修理单位竞争的优势。经过了几天激烈的思想斗争和市场分析，我咬紧牙关在军令状上签下了名字，这就意味着断了自己的后路——这个任务，只许成功不许失败。我科里的其他同志对我说："李科，我们反正只能做到，你叫我们干什么我们就干什么，你保证我们每月的工资就行了，完成合同指标我们没有这个能力。"我说："好吧，我不下地狱谁下地狱！"一周后，我到财务科借了点差旅费，背上行装、带上空白合同和一张嘴出发了。我的主要目的是市场调查，伺机签上份合同更好。我根据得到的信息，直奔湖南省和贵州省而去，结果还不错，在两个建材企业签下了两台大修车，共获取了24万元的营业额，这给科里的同志注射了一针强心剂。这次两台车分给每个车间一台，看谁质优、工期短。这次真的不错，工友们十分珍惜这个机会，工期比计划短了10天，未出现返工现象。其后，我们的业务越做越大，用户遍布湘、黔、滇、皖、沪、鄂，真的十分感谢这些单位的信任和支持。

因为地域位置的劣势，我始终在寻找汽车大修厂的出路，一心想到交通便利的地方办厂，但总是因为投资能力有限而落实不了。没想到机会来了，由于上海经常送车来我厂大修，洪淳康矿长总在考虑能否在上海办个厂（当时医院已在浦东建了分院）。这时山南回沪的于忠杰在回矿时与洪淳康谈及此事，他所在的东海农场联合公司，正要扩大招商，有厂房有资金，只等“凤凰”来栖，听说我们在上海有业务，对方的陈浩球老总有这个意向。洪矿长便决定派我去与对方谈一谈，回来后再商量下一步打算。此时我与民品处副处长丛红兵正在深圳考察办厂事宜，还在为一些事情纠结，听到此消息，我连夜就赶回了矿里。这次上海之行近一个月，我走访了老用户沪西运输公司，还调研了同类的用户市场。东海联合公司陈浩球老总看到业务前景还真不错，信心大增，条件也一步一步放宽，生产场地、生活住房等都无偿提供，只盼着我们早日进入。我回矿后向洪矿长做了汇报，洪矿长十分支持。第二次到上海，联营合同一蹴而就，我方只提供原值12万元的旧维修设备和全部修理人员，业务由我们在上海联系，股份的比例为49∶51，每年新办的昌沪汽车大修厂向矿运输公司上交管理费12万元，其他一律自理。此厂在后来的十年中都按时履行合同，没有出过差错，这些在上海的员工后来都在上海定居了，运输公司的上海知青也如愿回到了故里，很大程度上减轻了运输公司在减员增收方面的压力。

在矿的汽车大修厂根据形势需要，两个车间合并为江西昌华化工冶金有限公司汽车大修厂，是汽车行业最高级别的一类甲级企业，我任厂长，陈兵、李海文任副厂长，那几年这个厂是运输公司唯一的盈利单位。三年后，我调任运输公司生产经营科长，并进入公司领导班子。1997年，根据矿关停并转的调整方案，运输公司汽车大修厂独立成厂（后与二厂合并），客车队、运矿队、养路队划归水冶厂军品单位管辖，我调往矿机关机动处工作。尽管离开了民品战线，但一个个鲜活的面孔，都将永远地刻在我心灵的深处：宗俊山、高海洲、李承忠、姚光辉、李谦、陈震刚、邓先惠、方安生、王瑞科、宋嘉龄、宋国爱、陈兵、李海文、陈明华、倪溪潮、徐元章、马新民、杜学斌，以及后来的范良军、王兴武……

■ 原文刊载于《721矿游子》第106期。

我在海昌打工的几年里

许长征

作者许长征

随着721矿生产量的下降，对外输出务工人员已成为一种趋势，运输大队也正是在这种背景下，组织了一些对外务工队伍，海昌汽车大修厂（以下简称“海昌”）就是由上海东海农场与运输大队汽车大修厂联合经营的一家自负盈亏、自主经营的专修大型自卸车与装载设备的修理厂。

看到同事们一个个下海的下海、打工的打工，我心里痒痒的，回家与妻子商量了一下，也向大队领导申请要求去海昌打工。起初领导并不同意，但在我的一再坚持下，便同意了我的请求，但却告知我："领导位子没有，去了只能当修理工。"开弓已无回头箭，当修理工我也去，毕竟我的老本行就是汽车修理，况且听说那里工资翻番，每月还有奖金。

一、海昌工作初始

1994年金秋季节，我踏上了去上海的列车。列车抵达上海北站，我下车后正在四处张望，早已候在站外的同事向我打招呼，我急急走了过去。一阵寒暄后，我们坐上了去十六铺的公交，一路上高楼栉比、繁花似锦，看得我眼花缭乱。

过了十六铺轮渡，来到目的地海昌六里分厂，厂里同事纷纷过来打招呼——我们原来都认识。在安顿好了以后，分厂负责人安排我做配件采购。虽然我从未干过这项工作，但还是愉快地接受了。

二、工作不如想象的顺利

第二天，领导给我配了一部BP机，目的是便于采购联系，并叫我买一批130刹车鼓来，还提供了供销点。我蹬上自行车没一会就找到这家店，并顺利地采购了回来，旗开得胜。吃完中饭，领导又叫我去买几样东西，但跑了几家店都缺货，这下我抓瞎了，只好一路打听，终于在离海昌六里分厂很远的一家店配齐了货，此时天已渐黑，赶回厂时，大家早已吃完饭，打牌的打牌，散步的散步。我赶忙开火烧饭（在海昌工作，都是自己买菜烧饭），刚端上碗，领导找来了："老许，你买的配件有两样型号不对，要拿去换。"我心里咯噔一下，放下碗就要出门，领导说："太晚了，明儿一早去换吧。"唉！刚开始干就出了错，一夜没睡好。

第二天一大早，我就骑上车带上配件去配件店调换，配件店还没开门，我便在边上小店喝了一碗咸豆浆吃了一根油条。坐了好一阵，店才开门，我急忙和老板打招呼，老板倒也客气，说我是新手，型号有好几种，他按我说的拿，实际是我写错了。老板帮我换好，等我回到厂，配件正赶上用，我悬着的心落了下来。在以后的采购过程中，我都仔细核对，再也没出过差错。

一次，领导叫我去茂名路采购几样配件，刚买好配件却忘了怎么转车，这下又抓瞎了，在上海不知怎么坐车，就如同瞎子，急忙跑到电话亭（那时没有手机，只有大哥大，还是少数人佩带）打电话给上海本地的同事问路，当他告知我怎么走怎么转车后，才如释重负，回到厂把情况和大家一说，一个个笑得前仰后合。

由于种种原因，我在海昌六里分厂只干了一年便被调到总厂。自此，在东海度过了我几年的海昌工作生涯。

三、磨砺

初到东海，感觉东海水碧草青，天都比矿里要蓝，月亮也要圆一点。但是随着时间的流逝，我发现这里的水从水瓶里倒出来，会有一层碱壳（地下水含碱量高），冬天的风刮起来让在路上走的你想停都停不下来。最有特色的是，夏天这里的蚊子多到天一黑你都不敢到水管边去，天刚黄昏，你就要关闭纱窗纱门在屋里打个把小时的蚊子。

到总厂后，领导分配我与曾师傅负责后桥，曾师傅原来和我同过班，所以我们俩很熟悉，也谈得来。第一天，我与曾师傅配合拆后桥，上千斤的配件要一件件分解、清洗、检修、调试，再组装。一开始，螺栓我怎么也拧不下来，曾师傅走过来三下两下就拆了下来，并告诉我“要用巧劲，不能蛮干”。我心想，这有啥巧啊？没劲能松动吗？但你别说，在曾师傅指导下，我硬是没怎么费力就拆了下来。

冬天，用汽油洗配件那才叫雪地里吃冰激凌——凉到心哪！天本来就冷，还要把配件一件件清洗干净再组装调试，但我最终还是磨炼出来了。

四、闲暇垂钓

钓鱼可是我的一大爱好，每逢休息日，我就早早挖好了蚯蚓，用酒泡好了米，约上 2 个钓友，骑上自行车寻找钓点。每次我都收获颇丰，总有二三斤，吃不完就分点给同事吃。

记得一次到芦苇塘钓，转了一圈也没什么收获，正准备另选地方，突然发现鱼漂不见了，我还以为挂到芦苇里去了，谁知一拉，好沉，又用力一拉，一条大鱼浮出水面，我还以为是鲤鱼（因这里鲤鱼较多）。谁知是一条大鲫鱼，足有一斤多，后边又接连钓上3条半斤左右的，真是钓鱼钓到鱼窝里了，兴奋得我一天没缓过神来。

在东海农场的几年里，我熟悉了许多钓点，也结交了一些至今不曾忘怀的渔友。

五、买菜烧饭的乐趣

大修厂是早晚自己烧饭，中午在公司食堂用餐。早上上班时间紧，大部分工友都是在小店吃，到了晚上就热闹了，厂里买了2个液化气灶，4个灶头供大家轮流烧饭。一个人的，简单点炒一个菜；两三个人搭伙的，就炒两三个菜。逢休息日，大家坐上厂里的昌河牌车去附近集市买点时鲜品，上海人不吃猪腰子和肥肠，嫌胆固醇高，猪腰子一元钱一个，基本上都被我们外地人买了。回来后，水管边就挤满了人，洗猪腰子的，洗大肠的，大家忙得不亦乐乎，吃的时候还免不了喝上二两小酒。

六、结束语

我在海昌工作的近五年时间里，钱虽挣得不多，除了供孩子上学及日常开支外，所剩无几。但在那里我真正感受到了721矿出来的人的真挚感情。虽然集体不大，但这个团体有家的感觉，有721矿的团队精神。现在已经过去很多年了，那里的厂，那里的人，那里的兄弟姐妹，仍然深深地印在我的脑海里。

■ 原文刊载于《721矿游子》第184期。

在邹家山机电车间

付素英

1980年9月，同学们都陆陆续续上学了，而我却因为升级考试（即现在的中考）的失利没能一起。

父亲的想法是让我复读一年，来年再考。但我因为小学成绩一直是优秀，又年年是三好学生，碍于面子没有同意。

10月的一天，父亲问我愿不愿意上班，经过几个月的无所事事，我答应了父亲，就这样开始了5年之久的机电车间的工作生活。

记得那天父亲领我来到邹家山机电车间，把我交给了师傅。开始，师傅他只是让我在边上看，再熟悉一下工作环境。之前有十几个跟我一样的非正式工已经在车间上班一年多了。当时我们与正式工同在一个车间上班，正式工都是上午上班的，我们是上半年的早班，半年的中班。师傅告诉我，有些机器、车床是我们非正式工坚决不能碰的。

上早班每天都要乘五点的班车，到了车间已经近六点，更衣吃早饭，每天七点开完班前会才开始干活。记得当时我们非正式工没有接到什么活，几个师傅让我们在台钳上反复轮流练习正确使用钢锯，并不停纠正我们，告诉我们正确的使用方法。

师傅还领来好多毛坯钥匙，让我们用锉子配钥匙，一些男的配合师傅在锻工班里，打剪刀、火钳、柴刀、菜刀。差不多干一两个小时，我们就收拾工具下班了。我们有的休息，有的去车间的水泵房旁的河边洗衣服，然后统一乘十一点半的车子回家。

1981年过完年后，有几个同事被招工走了，师傅说我在学徒期间比较认真负责，推举我做了班长。当时带我们的有5个师傅（另外车间还有一个专职电焊工李师傅，是上海人）：杨师傅是和我父亲一起转业的（是个会唱京剧的四川人）；

葛师傅是河南人；何师傅记不清楚是哪里人；吴师傅是安徽人（他老说当兵时参加了《柳堡的故事》电影拍摄的事）；还有就是带我的周师傅（江苏扬州人），车间的机床、工具没有他不会的，虽然没有多少文化，更没有文凭，可车间里的同事、师傅都叫他“周工”。除了5个师傅外，还有一个上海人，姓宋，他当时是车间副主任，主要是分管我们。

那年我们接了个大修电铲（就是现在的挖掘机）的活，之前师傅们在早班会上已经给我们开了动员会，说弄好了我们的收入可以增加一点，也是锻炼我们。

我们二十几个非正式工，当时最大的也就是十七八岁，分成两个班作业，周师傅带领我所在的班负责电铲的上半部分，吴师傅带领二班负责电铲的下半部分。拆下来的零件，我们先用锯末与火碱把表面的油污擦拭干净，再放到装有柴油的大大小小的油盆里，进行更加精细的清洗。

开始组装机器的时候，首先是组装履带，履带是由直径两厘米左右的钢棒连接起来的，接着是轮子、架子的安装。一般活动部件里面都装有铜套、铜瓦，为了灵活，铜套、铜瓦需要用三角刮刀调节，磨三角刮刀是我师傅的强项，师傅在磨刀时，我喜欢在边上看，师傅边磨边告诉我磨刀的要领（后来他的三角刮刀只有我和他自己磨）。

经过两个多月的组装、喷漆、调节，终于，由我们大修的第一辆电铲要出车间了。那天我们跟着电铲走了好远，仿佛是在送嫁，依依不舍。

交货比预期提前了好多时间，且电铲使用单位反映比较好，所以矿里对我们的评价很高，批准了我们的旅游计划，听师傅们说本来是要到杭州的，但后来矿长批复只能省内游，所以决定上庐山。

于是国庆前，车间的工人一起乘火车到南昌（主管我们的车间副主任宋师傅也一同来了），在南昌住了一晚，第二天又乘火车到九江。记得国庆节那天，一两个师傅去联系上山的车子，还给我们每人买了一个当时很时髦的包和一顶白色的太阳帽，其他几个师傅像护小鸡一样带我们逛九江市。

当时电影《庐山恋》特别火，到了庐山上（那时没有导游），我们便看着地图开始寻找电影里的景点，含鄱口、秀峰、锦绣谷、仙人洞、如琴湖、庐山植物园、花径、庐山会址、毛泽东在庐山的住所。后来听在庐山疗养的人说，聪明泉在山下。

我们经过好汉坡下山，来到古老东林寺院后面的聪明泉，大家各自拍了几张照片，又回到庐山上。在山上玩的时候，有好多人问我们是不是学校里的学生，在他们的眼里，我们一行人就像学校的教授带领学生来学习。

后来，我们先后大修了五六台电铲，记得有一回我们用橘红、咖啡色，还有黑色喷漆把一台电铲喷得好似穿了迷彩服，露天下特别显眼。那时接到的活比较多，我每月工资在 36 元的基础上，加了 5 元的奖金。

1984 年秋天，单位承包了由白云水库到邹家山生活区的自来水管道铺设任务。当时车间里没事，我们两个班的人员都去抬管子，一根管子有八九十公斤重，四个人抬一根都比较吃力。我只抬了一天，累得回到家还与父亲发火了（父亲是送货到现场的，他们送货时把管子全堆到一处）。我提议父亲再送时，沿途卸货，这样我们就不需要抬管子了。父亲再送管子的时候，汲取了上次的教训，把直径 30 多厘米、4 米长的管子沿途卸在马路边上，这样方便了管子的搬运。

过了两天，单位又承接了抚州火葬场大门的制造工作，周师傅便带我和另一个同事回到车间，开始为大门下料。（图纸是邹家山分矿吕工程师设计的，师傅按图纸下料）料下好后，电焊工开始电焊，我和师傅有时也帮忙电焊。电焊后就开始刷防锈漆和外漆，两扇门几天就做好了。

接着是水泵房蓄水池的管道安装。因为两边开工，我班的人员都回到车间，接受任务。

但是开工没几天，因电焊工没有及时清除热源，引起了一场大火。火正好是烧在我们车间下面，同事们有的拖出水管，有的用铁锹铲着路边的泥土往火里洒，齐心协力终于把火扑灭了。

在外面作业没有电源，都是用气焊，焊工只有一个，有时周师傅帮忙焊，我也会一点点气焊手艺，所以有时也帮忙焊比较简单的地方。

我们班组男女都很团结。每天扛氧气瓶，师傅都是安排四个人，两个人一组轮换，在危险的地方，大家都放下自己手头的东西帮忙搀扶。另一个班组的人，他们居然讲好以石头、剪刀、布来赌谁扛氧气瓶，二十米一次，运气好的不费力，运气不好的一直扛到作业场地，师傅对他们这种做法也是哭笑不得。

有一次单位为山里农村架一座小桥，没几天便传来了施工的几位师傅负伤的消息，但工程还没有完成，师傅就带我们几个去扫尾。我们每天要走好长的山路，从早上干到下午四点左右，干三四天就完工了。

莲塘煤球机坏了，是我们用了一个星期修复的，莲塘食堂的油烟机是我们做的，冷饮厂的机子坏了是我们修复的，学校的篮球架是我们制作安装的，邹家山工会的折叠乒乓球桌链接的合页是我们用铁板手工敲打出来的。平板车的板子因为用的时间太长，损坏严重，周师傅硬是让我们学了木工，然后更换了好几部车子的车板。邹家山十几部解放牌汽车驾驶室顶棚加装，那顶棚上的红五星都是我们用小榔头敲出来的。

在邹家山机电车间的五年里，我也收获了许多荣誉，1981 年—1985 年，我年年都是年度先进，还有三年获评为“三八红旗手”，没有入过团却参加过团代会(以先进青年代表身份参加），车间党支部书记找我谈话，想吸收我入党，得知我还不是团员，也感觉有点惊讶。

到了 1985 年底，单位效益不好，车间的非正式工也就解散了，大家各自寻找前程。我之后又去了古城的家具服务公司做了三年，合计在 721 矿整整工作了 8 年。

当年作者当待业青年时的小伙伴

■ 原文刊载于《721矿游子》第 215 期。

难忘集资建房的那些事

张新生

一、期盼

2003年4月中旬，当时我正在老家黎川治病，住在妻姐家里。有一天上午，我老伴突然接到我们山南工区供应队书记陈金山的电话（1994年底山南分矿解体，1995年初721矿军品和民品生产分家，我们原来的山南分矿被重新组建成军品公司山南工区），他说有一件重要事情一定要亲自跟我说。我马上接过电话，电话那头传来了陈金山书记熟悉的声音。他说现在我们721矿要在抚州登记集资建房，按照我的工龄买房指标是70平方米，问我要不要，我毫不犹豫回答说要，而且还要大一点的，他说按照我的工龄只能买到70平方米的。

最后陈金山书记还特意补充了一句话："今天我告诉你了啊，你以后再也别找我了！"他后面特意补充的那句话，我感觉分量很重，觉得矿里集资建房一事关系重大非同小可。各单位领导亲自把这一重要信息及时用电话通知到了在册的每一个职工本人，并且要求要买房的职工每人缴纳100元报名费。

一个月以后我治好了病回到山南，听说买房是要按1996年底以前的工龄计算，有30年工龄或者正科级、工程师、政工师等职称的才可以买85平方米的安居房；老干部、矿处级领导、1949年以前参加工作的老同志可以买到100平方米的；30年工龄以下的职工都只能够买70平方米的。

刚回家没几天，我们山南供应队队长徐卫东拿了一张721矿职工集资建房登记表来到我家，登记表上有两个地方的房子可以选择，分别是抚州和南昌720厂。登记表上购房面积为70、85、100平方米任意选择。根据我家的情况，当时我选择了抚州85平方米的集资房。（据说集资建房通知下达后721矿职工群众反应很强烈，大部分职工反映70平方米的房子太小，家里人多的根本住不下。所以矿领导研究后决定集资房按照职工需要可以超面积登记购买，超面积部分按照高价算钱，当时这个决定受到当年721矿全体职工家属的一致拥护，不少多子女家庭和喜欢大房子的职工纷纷都报名买了100平方米的大房子）

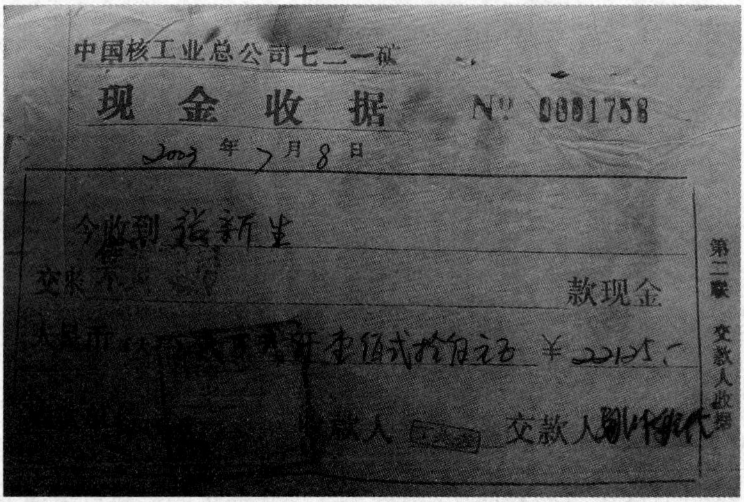
中国核工业总公司七二一矿

现 金 收 据 №0001758

2003年7月8日

今收到张新生

交来 款现金

¥22125.0

交款人

第二联 交款人收据

中国核工业总公司721矿现金收据

2003年7月初，抚州集资房开始预交一半房款，收费标准按照住房每平方米450元、储藏间每平方米300元计算。我当时不在家，委托老乡姚中秋把钱交到721矿财务处，我购的房子85平方米，因此我预交了22125元。矿财务处当时开了现金收据，购房者要在一式两份的“抚州集资建房付款协议”上签字。当时我就看出了这个付款协议有些问题，比如协议上没有交房时间，几年后这个协议给矿领导带来不少麻烦。

听矿劳资处的办事员张埠祥说，买不起安居房的职工可以由矿劳资处出具证明，由721矿财务处担保，然后公溪镇工商银行现场办公为他们办理贷款手续。可是我们这么大一个721矿竟然没有一个人为了买集资房贷款，他们都怕贷款买房要付很多利息。

买集资房报名持续到2003年底，年底前还有人重新报名交钱买房，有人把小房换成大房，还有人把大房换成小房。记得当年我们一起上班的好几个抚州人都说金安小区这个地方非常偏僻，很多抚州人也都说十年以后那个地方都还会是乡下。有很多人都不想买，有人还在年底之前把已经交了的钱要了回去。721 矿的领导当年在集资建房这件事情上做得非常细致，全矿广大职工和家属都没有任何意见。

2003 年下半年，721 矿基建工程处派出电工和推土机手，带来了机械设备，他们来到抚州现金安小区所在地，接通了电源，开始用推土机推平地基了。我们一期集资房这块地 300 亩（一亩约为 666.7 平方米），中间有好几个山包，还有一个鱼塘，靠西边有一块稻田，矿基建工程处的职工住在抚河边上简陋的工棚里，辛勤工作 2 个月后才把地基推平。

二、变故

很快就到了 2004 年，集资建房的钱已经交了半年多，抚州集资房的工地上还没有什么动静。当初抚州打出大红横幅标语“热烈欢迎 721 矿职工来抚州集资建房”，但等到我们准备开工的时候，当地有关部门和附近老乡却向我们提出一些不合理的要求，迫使我们 721 矿花去一笔不应该花的钱后才得以开工建房。由于耽误了时间，那一年全国的钢材市场价格上涨了 40%。当年我们 721 矿广大购房职工都在担心住房 450 元 / 平方米、储藏间 300 元 / 平方米的造价是否能够把我们的集资房盖起来。这时候矿领导在全矿副科级会议上明确表态：请全矿广大职工及家属们放心，我们 721 矿就是砸锅卖铁也要把抚州和南昌 720 厂的集资房盖起来！领导这一句话给全矿职工及家属很大鼓舞，大家都期盼着能够尽快搬到抚州来。

那一年夏天，抚州金安小区大型安居工程效果图出来了，挂在古城生活区和莲塘退休职工活动室外面的围墙上，同时还贴有由南昌有色冶金设计研究院设计的房屋结构图。不久后，矿领导给每一个购房职工发了一张各人所购买房子的户型示意图，给大家充足的时间去考虑关于自己未来的房子的选择，从这张户型示意图上大家可以清楚地了解自己有哪一些户型可以选择。

正式选房前购房者已按照购房面积大小、工龄长短等顺序抽取了选房顺序号。

2004年10月份开始选房，选房地址在721矿古城大礼堂。选房那天，大家按照先后顺序进入，首先是买100平方米的人选房，然后是买85平方米的人选房，买70平方米的人安排在最后选。古城大礼堂外面提前画好了每栋房子各楼层和各户的位置图，这套房被人选中了以后户主马上在相应空格里把名字写上去，让后面的人一目了然。由于选房时间充裕，安排合理，大部分职工都选上了自己满意的房子。

抚州金安小区集资房由3个工程队承包，一期总共58栋6层高楼。当年矿里派出部分得力基层干部到现场监管，材料质量严格把关，施工进展顺利。当年核工业总公司主要领导还亲自来到金安小区施工现场视察，领导视察的照片还被张贴在矿机关大院的宣传栏里面，广大职工群众看到图片上抚州一大片拔地而起的高楼大厦后都很高兴。2005年底，721矿宣告解体，同时成立了721矿留守处和721社区管委会，负责处理721矿历史遗留问题。当年我提前退休，我们退休职工被划入721社区管委会。

在漫长的耐心等待中到了2006年底，承包商终于把金安小区一期58栋集资房交付到721矿留守处领导手里，721矿人都很高兴，经常有人特意坐车到抚州来看看自己的新房子。2007年1月，矿里开始研究启动了房改模拟方案。2007年1月24日，矿里给在抚州购房的每家每户都发了一张《抚州铀矿报》，报纸上全部都是集资房涨价的事，我们这些购买集资房的职工手里拿的“抚州集资建房付款协议”被宣布作废。

看到这种情况职工们不干了，马上就有不少人手拿购房协议去找矿领导评理。2007年1月25日，721矿留守处主要领导被一大伙人围住要说法，在以后的一周时间里，每天都有大批的原721矿职工和家属涌向矿办公大楼，他们都手拿购房协议，但领导没有给出一个让职工满意的解释。

2007年2月1日，387个以721矿退休职工为主的群众乘坐江边村开往南昌的火车到省城上访。得到这一可靠信息以后，乐安县和公溪镇、721矿留守处等各级领导马上开小车赶到南昌，他们提前在南昌火车站等候这些上访的退休职工。当天下午把这387人带到省矿冶局以后，省政府马上派了一个秘书长来跟老工人们面对面对话。

省政府秘书长代表省政府明确表态，721 矿职工购房协议有效，住房每平方米 450 元、储藏室每平方米 300 元的价格不涨，还当着众人的面把矿领导严厉批评了一顿。当时正是寒冬腊月，天气非常寒冷，省政府领导耐心劝说大家，一再表示一定会关注这件事情并负责到底，还给为首的上访代表留下了手机号码，表示随时可以联系。

三、喜迁

721 矿留守处准备发抚州安居房的钥匙了。2007 年 4 月 14 日上午，在金安小区中心花园举行了隆重的仪式，热烈庆祝我们 721 矿人喜迁新居，仪式上有矿领导和老工人代表讲话，大家共同庆祝这个难忘的日子。

4 月 16 号上午，我们来到抚州金安小区后，在小区 3 栋楼 1 单元一楼楼门口排队，然后凭身份证领取到了属于自己的新房钥匙。当天，在 721 矿大礼堂召开了职工代表大会，这次会议主要讨论抚州集资房的房价、职工的工龄补贴、房改补贴（比照异地搬迁安置费）问题。为了防止大会现场有人闹事，领导安排了武警战士站岗，采取这种保安措施的会议在我们 721 矿历史上还是第一次。

4 月 18 日，721 矿新的房改方案出台，方案指出抚州的集资房住房由原价每平方米 450 元上调为 570 元；储藏间由原价每平方米 300 元上调为 380 元；住房补贴参照核工业其他矿山异地搬迁补贴标准，每人补贴 60 平方米，单价 186 元；还有工龄补贴每年 247.2 元。

第二天，在莲塘退休职工活动室里面张榜公布了每人的工龄（工龄算到 2005 年底）和房改补贴数额。4 月 20 日，张榜公布了每个人的集资房细账：建筑面积、应享受面积每平方米 570 元；超面积每平方米 600 元，储藏间每平方米 380 元，工龄补贴每年 247.2 元，比照异地搬迁补贴每人每平方米 186 元；合计购房款中已减去 2 种补贴和已交房款，显示剩余应付款。每人都认真进行了核对。

2007 年 4 月 23 日至 4 月 27 日，我们原山南分矿的职工在山南办公楼领取了搬迁安置费和工龄补贴。4 月 25 日上午，我在莲塘退休办拿到了集资房欠款通知单，通知要求我在 3 个月内把欠款交到古城指定的工行或者建行账户里面。拿到新房钥匙以后，大家都高高兴兴的，房子涨价问题在拿到了补贴以后没有人提出异议，721矿抚州集资房问题终于顺利解决。

为了解决小孩的户口问题，721社区领导积极联系公溪镇公安分局和抚州市公安局，在各级领导的共同努力下，金安小区一期入住的全体居民于2008年7月办理了户口迁移手续，他们高高兴兴地把户口从721矿山沟里面迁到了抚州市高新区东临路398号金安小区，在这里安家落户，我们矿区的小朋友可以到城里上学了。2010年8月，金安小区一期全体住户喜气洋洋地领到了属于自己的房产证。

金安小区一角

■ 原文刊载于《721矿游子》第170期。

金安小区人的微幸福生活

李康宁

抚州金安小区住户是721矿关闭重组时集中搬进去的，一期入住2052户，二期入住2504户。小区是一个拥有4556户居民、10000名左右常住人口的大型小区。

走进金安小区，一条干净平整的721大道迎面而来。闲时居民们或来到小区树荫下纳凉，或在小区广场上晒太阳，或聚集在小区一角聊天、打牌、下棋，孩子们则牵着小狗在小区小道上尽情玩耍。老人们聚在文化书屋，认真地阅读报纸、杂志，大爷们拿着一本厚厚的养生书籍认真翻阅着，一边看一边做笔记。小区的健身场上，有许多居民到这里活动。管理站针对小区老年人居多的情况，经常会举行义诊活动，每年重阳节社区都举行一系列的文艺活动，并为80岁以上的老人庆祝生日，节日里还会举办游园活动。

金安小区也是抚州唯一一家设有卫生服务站的小区。原矿医院（后归属于乐安第二人民医院）在小区里盖了一幢三层高的医务大楼，配备了30多名医务人员。这些医务人员都是原矿医院的职工或矿子弟，家就住在小区内，他们既照顾了家，又为乐安第二人民医院创了收，还方便了小区居民。

家门口有了白衣天使，居民们放心多了。加之南昌大学医学院马上就要在小区外面马路对面开办附属医院，对居民们来说看病有了双保险。

金安小区的志愿者队伍规模，在抚州市各居民小区中应属于第一。少帮老、富助穷、强扶弱，小孩上学有志愿者护送，老人急病有志愿者帮忙，重体力活有志愿者代劳。在由中央文明办主办、中国文明网承办的“我推荐、我评议身边好人”活动中，小区志愿者吴月英经核实情况、层层筛选，入选“中国好人榜”。

“助人为乐好人”吴月英是721矿退休医生。吴月英在退休后的23年里，充分发挥自己的特长，常年上门探望照顾长期卧床、独居的老同志，为他们体检。

她用自己所掌握的医护知识帮助小区居民，视社区居民如亲人一般。吴月英的孩子们在她的言传身教下，也经常主动参加各类公益活动。多年来，她和孩子为赈灾、扶贫等公益事业共募捐了近百万元善款。

由抚州市文明办主办，721社区承办的抚州市“道德讲堂”，邀请了好人吴月英、好社工王树坚现场讲述自己的故事，他们承诺“存好心、做好事、当好人，做爱岗敬业的社区人，做甘于奉献的社区人，积极为建设幸福文明抚州做出应有贡献”。道德讲堂承载厚德文化，延伸道德触角。金安小区住户因为曾经都是同事、邻居、同乡，几十年来同舟共济，感情颇深，所以志愿者活动的开展水到渠成，相互感染，相互支撑，相互温暖和传递已成风气。我本人也深受这种氛围感染，也义务为50多位同志主持和操办过他们的结婚嫁娶、寿辰葬礼。这种人际关系在这人情冷漠的社会显得尤其珍贵。

金安小区各项文体活动也开展得热热闹闹，十几支表演队伍和大众的健身队伍争奇斗艳，抚州市举办一些大型活动时都会邀请金安小区表演队参加。2014年抚州第四届运动会，金安小区鼓队敲响了开场的安塞锣鼓并荣获嘉奖，抚州官员和百姓无不说：“721央企人的素质就是高！”

金安小区居民还喜欢旅游。自驾游、探亲游、组团游十分风行，新加坡、马来西亚、泰国、韩国、美国、法国、英国、德国、俄罗斯、澳大利亚、加拿大等国，以及台湾、香港、澳门等地区都留下了他们的足迹。2014年抚州市老年协会组团港澳游，金安小区居民参加者为数不少。

随着生活水平的提高，金安小区买车的人越来越多，每栋楼前都设有免费停车位，车辆停放井然有序。

特别值得一提的是，抚州市目前为止最为现代的星级农贸市场就是金安小区农贸市场。2014年，经江西省专家评审和现场核查，省商务厅评选出10个菜市场为“江西省城区标准化菜市场建设改造示范项目”，金安农贸市场是抚州唯一一个达标菜市场。这个农贸市场是封闭式的，设有完善的通风设施和污水排放系统。农贸市场投入使用后安排清洁工日清日扫，农贸市场内部还设有卫生间。金安农贸市场建设工程被列为抚州市中心城区惠民工程重点建设项目之一，项目概算600万元（不含征地费用），建筑面积为4330.99平方米，共两层，建筑高

金安小区农贸市场

11.1 米，为框架结构，外部墙体为瓷砖，窗户为中空玻璃窗，建筑抗震设防烈度为 6 度，日照通风良好，全方面涵盖水产、蔬菜、冻货、肉类熟食等农副产品，以及日常生活用品。

抚州的交通日渐发达。抚吉、福银两条高速公路横贯抚州；赣闽铁路动车穿城而过，直达新疆、吉林、四川、广东、陕西等地；飞机场正在市郊开工建设。2014 年 12 月 10 日，沪昆高铁杭长段开通，从上海到抚州东只需 2 个小时，抚州东站位于东乡县城新区北侧，距离抚州市区中心 37 公里，不用进入东乡县城便可直抵。抚州长运开通由抚州城区至抚州东站的大型公交城际汽车，从抚州市区发出，经金安小区旁的东临大桥到达抚州东站，连通临川上顿渡和抚州火车站，首班每天 6 点发车，平均每 10 分钟至 15 分钟发一班车，夜间还安排了市区与东站的直达班车。

抚州电视台《今日现场》栏目曾以“金安小区的文明路”为题，制作了五集新闻播报，分别从“昔日无人管，如今创文明”“志愿者在行动”“邻里守望邻里情，志愿服务暖邻里”“社区志愿者守护孩子的安全”“发挥余热干劲强，咱们工人有力量”五个主题，介绍721金安小区的文明创建之路。《抚州日报》《中国核工业报》相继报道了721金安小区文明创建工作所取得的成功经验和涌现出的动人事迹。抚州市委、市政府将金安小区纳入全省和谐社区创建单位、市改制企业社区管理服务先进典型示范社区。

金安小区职工活动室

■ 原文刊载于《721矿游子》第82期。

平淡是真 健康是福

——721 金安小区记行

艾俊民

2016 年 2 月 11 日，大年初四，我要到金安小区去拜年了，《721 矿游子》报编委会成员兼主力作者李康宁听说我坐的是长途汽车，将要在长运站下车时，不无担心地说："那你可能比较麻烦，我过来接你吧。"

我还是在 1994 年、1995 年的时候，因印刷矿报到过抚州，之后再也没有去过，只是路过。后来每次路过我都感叹抚州的变化之大，我根本就认不出来了。李康宁后来告诉我，相比于 20 世纪 90 年代，抚州市面积扩大了 4 倍，分为古城区（中华人民共和国成立前建成区）、老城区（中华人民共和国成立后至改革开放前建成区）、新城区（改革开放后建成区）。而且 11 路公交车（到金安小区专线）的站点与长运站相隔有一段距离，我肯定很难找到。幸亏李康宁来接我，否则我确实要大费一番周折了。

11 点 40 分，我到长运站下车，走出候车室大门，四处张望了一会，远远地看见高大魁梧的李康宁急匆匆地走过来。接到我后，他说："我们就在旁边小店吃个便餐吧。"然后打电话叫来一个矿友作陪。

该矿友网名"黑皮"，他在改革开放后下海，自学成才成为当地一个很有名气的律师。他自带了 1 瓶四特酒与李康宁对酌（我不喝酒）。大家边吃边聊，讲些矿里的逸闻轶事。听闻之下，我非常钦佩，当即与他加了 QQ 好友，约他抽空写些回忆录，相信会吸引很多矿友的眼球。

吃饭途中，雷雪安就打电话来，问我是否到达，下午 2 点钟他有空可与我相会。与雷雪安见面原是我抚州一行的目的之一。原先电话联系时，他很为难地说："我初七以后才有空，现在天天要去各县区拜年，抽不出时间来。你能否在抚州住几天，就住在我家空着的房子里。"因我实在不愿意多待，他才约好，初四下午 2 点到

4点抽身与我一晤。

雷雪安空着的房子离我们吃饭的地方不远，跨过一条街就是。到了约定的时间，雷雪安急匆匆地骑着摩托车来了，他带着我和李康宁进了他家的房子。这房子有170多平方米，雷雪安说，这是抚州市建造最早的高层楼房，当初买下来很便宜，连装修总共才花了三十几万。他指着后来买的越南花梨木家具说："这套家具比房子都贵。"目前这套房子空着，他们不在这里住，只有他女儿偶尔会来这里休憩，画画养性。他再一次邀请我在这套房子里住几天，等到初七他有空了再长谈。不过我实在不愿意在外面多待，就再一次谢绝了。

从雷雪安家出来，我和李康宁直接坐出租车去金安小区。到了金安小区，李康宁一定要我去拜会王玉林老矿长。王玉林是20世纪70年代从萍乡煤矿调到721矿当副矿长的，现已90多岁的高龄。我们到王玉林副矿长家时，他打门球去了，我们便去门球场找他。

门球场就在金安小区里面。不是露天门球场，而是室内门球场，有个大棚子，而且是塑胶地面，设施算得上是一流的。李康宁说，金安小区在抚州市内属于一流的小区，比如小区内安装有太阳能路灯，这在抚州市内是独一无二的；金安小区居民不用付物业费，便可以享受物业服务，这令很多其他小区居民羡慕不已；金安小区里面有菜市场，这不稀罕，稀罕的是，金安小区内的菜市场有空调，这就先进了。

李康宁还告诉我一件轶事，当初设计金安小区时，初始是建造125栋楼房，后来有人说："干脆再加2栋，凑成127栋，反过来念就是721，以圆矿友们的721矿情结。"其实，行走在金安小区里，随处可见浓浓的721情结，不仅小区的主干道被命名为"721大道"，其他小路也以几个分矿的名字命名，比如"邹家山路""山南路""湖港路""沙洲路""红卫路"等。

在门球场，我们见到了王玉林副矿长，真是想不到，王矿长90多岁高龄了，依旧精神矍铄，精力旺盛，他正在兴致勃勃地教年轻人如何打门球。见到我，虽然他想不起我是谁，但我能理解，毕竟我当年没有与他有过工作上的交集，也不是什么显耀人物。我与他唯一的关联就是与他儿子王瑞科是同一年同一天参加工作的，而且同在二厂工作多年（他在四车间，我在一车间）。

晚餐是在小区里的金安饭店吃的，李康宁特意叫来王矿长的儿子王瑞科作陪。还有黄书诚，也是与我同一天参加工作的，而且是同一个车间的工友，不过他后来被推荐上了工农兵大学，毕业后回矿就到山南分矿当工程师去了。还有赵建富，这是与我一样在供应科家属工厂里打过码钉，后来晚我一年被招工进二厂工作的工友（他在三车间）。然后就是杨军，这是在厦门工作的矿子弟，游子报的作者兼粉丝。再后来赶过来的张新生，也是游子报的作者。

精神矍铄的王玉林副矿长

我们边吃边聊。在交谈中，王瑞科讲起了当年一起参加工作的同事。突然说起，陈峰已经去世了，就在过年前的几天。我很愕然。陈峰是一车间的女行车工。她比我晚一年参加工作，年龄应该比我还小，怎么就去世了？李康宁说：“过几天才到 60 岁。刚从新马泰旅游回来，突然说头疼，到医院一查，脑癌。”李康宁又告诉大家，徐世年矿长已经去世了。我很诧异，因为就在 2013 年，我们《721 矿游子》报还刊登了他回 721 矿与同事聚会的照片。看照片，徐世年矿长的身体非常健康，怎么突然就去世了？“都是 70 多岁的人了，说走就走了。”李康宁伤感地说。

我很悲伤，这晚我第一次整晚失眠了。作为脑力劳动者，我有过多次失眠，但一般到晚上两三点钟总能入睡。这次我真的是一直到上午 6 点钟都睁着眼。我为死者祈祷：辛苦一世，天堂享福！我为生者祝愿：平淡是真，健康是福！

■ 原文刊载于《721 矿游子》第 110 期。

世上无难事 只要肯登攀

——回忆中核抚州金安铀业有限公司调整改革工作

秦德恩

中核金安铀业有限公司（以下简称“金安公司”）位于江西省抚州市境内，是中国核工业集团公司（以下称“中核集团”）下属具体由中国铀业公司领导的一座有着60多年历史，从事天然铀采冶的老矿山企业。其前身是始成立于1958年的核工业721矿，职工最多时近万人，2004年破产重组改制成立专门从事天然铀生产的金安公司。

2016年，金安公司等七家南方硬岩采冶企业被集团公司列入调整改革计划，金安公司在册职工人数1226人中仅需保留183人，占15%，另外85%的人员需分流安置。根据国家相关政策法律规定，凡涉及此类职工利益的重大事项必须经过本单位的职工代表大会票决通过。要让这些三代长期在721矿工作的职工就此离开赖以生存的企业，刚开始几乎没有人认为这是一项可以完成的任务，其工作难度可想而知！在经过海量工作、跌倒再爬起之后，我们圆满完成了上级下达的各项调改任务，取得了两年完成三年任务的好成绩，受到中核集团和中国铀业公司的表彰奖励。

回忆这一场跌宕起伏的调改工作，其中一些经验做法、成果收获，值得我们深深思考。

一、资源老企成本高　停产调整是宿命

受2011年3月11日日本福岛核电站爆炸事件的重大影响，国内外核发展受阻，国际天然铀市场价格陷入持续低迷状态。国内与金安公司类似的传统硬岩老

矿山企业颓势渐显，生产经营普遍日趋艰难。亏损面逐年扩大，安全事故不断发生，职工收入偏低且无法正常发放，各种矛盾突出。而且和国内发展迅猛的北方砂岩铀矿企业相比，硬岩生产的工效低、安全环保压力大、成本高等短板明显。这些问题在前几年国际国内天然市场条件好的时候被掩盖着，企业尚能勉强运行。但后来生产越多亏损越大、风险越大、扭亏无望，已彻底陷入无法挣脱的恶性循环。

金安公司在 60 年的生产中积累了大量的问题和矛盾：优质资源在逐渐减少、开采深度增加、生产成本攀高、资产负债率高达 136%，远超警戒水平；人均生产效率低下，产值不高，安全环保本质度差，事故频发；员工年龄老化，收入低、积极性不高，责任心减低；专业人才缺乏、设备老化落后、管理薄弱、历史包袱重；企业持续发展举步维艰，陷入窘境，员工未来前途难以预料。2016 年初的一起人员死亡事故直接成为压垮骆驼的最后一根稻草，导致金安公司被迫全面停产。

停产后，大部分员工只能拿着少量的生活费放假回家待岗。因此必须尽快进行全面彻底的调整改革，谋求新的改造升级转型发展之路，只有这样才能上对得起国家、下对得起职工。鉴于这种严峻局面，中国核工业集团公司党组根据党中央、国务院关于推进国企供给侧结构性改革精神，经过反复慎重研究，决定对南方硬岩铀矿山 7 家企业进行结构性调整改革，并下发了一系列文件和会议纪要，明确了工作任务时限。要求必须打赢这场“攻坚战役”，最艰难的人员分流安置任务三年目标（2017—2019）要力争两年实现。2017 年初，金安公司不得不进行艰难的改革，正式进入调改攻坚阶段。

二、调改过程很艰难 初战受挫不气馁

“世上无难事，只要肯登攀”。调改中，最艰难的是人员分流安置工作，对此既要有不怕困难、不怕挫折、不怕挨骂的决心，又要有勇往直前、不达目标不罢休的工作信念和毅力；既要有处事公道正派、无私为民的品质，还要有能静得下心、耐得住烦、想得出法的智慧；既要有能深入群众、反复做思想工作的作风，还要有熟知政策法律规定、会做群众工作的能耐和本领。这就要求我们必须要全

面深入了解各种情况，要做到事前有计划、事中有分析、事后有结果。

1. 分析形势，了解情况找问题

停产后的一段时间内，一度出现人心不稳，谣言满天，人们普遍本能地抵触、徘徊担忧，思想认识混乱的局面。部分干部目标不清、方向不明、行动迟缓、工作处处被动，责任心缺失，干群互信度减弱，关系紧张。

金安公司这样一个有着近60年发展史的大单位，有许多别的单位没有的特殊问题和矛盾：

一是人员诉求多样不一，贫困面广，情况特别复杂。一些职工几代同企、姻亲交错、人际关系复杂；部分人思想观念保守陈旧，社会适应能力差。二是地方关系也很复杂，企业包袱沉重。三是人员安置难度大，单就需要协议解除劳动合同分流安置的职工数量就比其他一些兄弟单位的总人数还多，占到这次7家调改企业协解人员总数的40%以上，其他各类人员也达到了7家调改企业总数的1/3。做好各类人员的接待安抚、宣传教育工作，是最大也是最紧迫、最关键、最核心的问题。

2. 积极行动，分清责任抓主体

2017年初，上级下达明确工作计划任务后，公司领导和主要相关部门及二级单位负责人一起，在上级的指导、督导、推动下，首先，严格确立“认清形势抓思路、明确方向定目标、梳理任务作计划、分清责任抓主体”的工作原则；其次，理顺整体工作思路，务求做到“梳理旧账拒阻挠、稳定外围排干扰、事中创新求突破、工作务必有实效、分工之中有协调、强化考核促落实”；最后，通过会议、宣传、培训、谈话、谈心等形式，层层统一思想，事事统一认识，逐渐树立信心，慢慢扭转观念，陆续完善规划，科学制订方案。

几个月中，我们重点对148名职工代表分别反复做了大量艰苦细致的工作。5月份，经过分析评估，认为虽然还有个别职工代表反对、少数职工代表摇摆不定，但支持方案人员的总数过半应该没有问题，方案通过还是可能的。于是金安公司分别行文报请上级同意和市总工会批复，近期择机召开职工代表大会。

3. 初战受挫，深刻反思找原因

2017年5月17日，金安公司经过精心准备，按法定程序召开职工代表大会，就调整改革人员分流安置方案进行投票表决。但最后计票结果，赞同率仅为48%，《金安公司调整改革人员分流安置方案》未获得职代会审议通过。

方案没有通过，我们在短暂的沮丧之后，开始了理性思考。我们认识到，原先的许多工作思路方法是对的，也是有效的。好的必须坚持，欠缺的应尽快补上。过去工作中的失误与不足是：没有彻底发动巩固到一线基层，忽略了班组、工段一级人员互相影响的作用；对党员的宣传教育不够，政策宣传不深入；过度依赖大水漫灌式的各种集体座谈讨论会；辟谣不及时，对假消息、负面宣传回击力度不够，致使其扰乱了人心；误判了政策的严肃统一性，致使职工群众不切实际，产生虚高期待；信息收集不全，宣传有盲区、不深入、不坚决、口径也不尽一致；重点人员思想立场摸排不完备；等等。

针对这种状况，我们决定区别对待，有的放矢，加强一对一的解释宣传教育。把握方向大局，主动设置议题，改变工作策略。

三、改变方式再行动 争取民心获成功

从2017年6月初开始，我们多次召开了由金安公司全体中层以上干部、班组长、党员参与的各类动员培训教育会议，进一步统一认识，统一政策口径。

首先是要把握工作中的“着重点”，定好“主心骨”；制订考核办法，强化好“家规”，实施公司领导牵头，中层干部、基层管理人员参与的分片包干机制，层层压实责任；以水滴石穿精神做职工代表工作，采取一对一、多对一、面对面等形式，积极争取摇摆类人员支持。与职工代表谈话交流达到687人次，争取到74名职工代表的支持。

原车队副队长丁文做思想工作有股韧劲，为给一位重点人员做工作，丁文在他家门口从晚上7点等到12点，这种精神首先就感动了职工代表。我们对工伤、大病、特困人员等67人做好帮扶工作；做好重点人员掌控工作，重点化解前期影响力较大人员反映的以及本次职代会新暴露的问题。服务中心杨东总结出了做员工思想工作的“三千精神”（千辛万苦、千言万语、千方百计），为了做一个职工代表的工作，了解到对方是卖保险的，杨东就给自己买了8000元保险，还帮

他卖保险，他这么做就为了能走进职工代表的心里。

其次是抓住事物的“关键点”，以点带面，思想宣传以全员为基础，以职工代表为关键，以反对者为核心。秉承“先易后难、宜散不宜聚”的原则，分头做工作；千方百计拓宽分流就业渠道，公司出面联系兄弟单位及地方企业，鼓励员工改变择业观念，先实现再就业者补偿从优。提出在调整改革工作中做出突出贡献的人员可以在后续优先考虑竞聘上岗，给予重用提拔奖励等；关心关爱工伤、大病、特困人员、“三期妇女”等特殊人群，做好他（她）们的帮扶稳定工作和特殊政策落实；发动亲戚、朋友、熟人、前领导或下属等关系，交叉做职工和职工代表工作；以“讲形势、去幻想、亮底牌”和“金安公司命运由金安人自己选择”为切入点，在全体职工中广泛深入地开展了再宣传、再动员活动。

最后是找准方向突破口，起草了一封充满真挚感情的，以讲形势、告实情、作比对为主的《党政班子给全体员工的一封公开信》，又补充编写了《金安铀业公司结构调整改革宣传材料之四》等宣传材料，职工人手一份。我们走进职工岗位，走进群众家里，以散步聊天、微信、电话等多种方式，俯下身子，贴近职工群众，反复讲清楚国家“三去一降一补”的政策窗口期；讲清楚金安公司面临的严峻形势和不及时主动地进行调整改革，必然走向破产的危害和不良后果；讲清楚调整改革政策与依法破产政策在个人补偿安置标准方面的巨大反差和不同；讲清楚金安公司调整改革没有也不可能有谣传的所谓第二套或其他方案可以挑选，告诉职工不要信谣传谣，丢掉不切实际的幻想。通过交实底、说实话、讲实情，动之以情，晓之以理，把利害得失讲清楚讲透，使职工群众自己从对比权衡中，主动认识到调整改革是大势所趋、势在必行，说明了目前的方案既合理照顾保障了职工的利益，又有利于企业的长远发展，从而引导职工群众作出理性正确的选择。

公司领导深入家庭，与职工代表沟通

6月12日至6月15日，

公司在全体职工中开展了“金安公司命运由金安人自己选择”的全体职工实名制问卷调查。由于公司已经长期放假，很多员工已经再就业或者在外地，问卷发放难度较大，实际调查中采取电话、短信、微信等多种方式联系沟通并取得他们的填写委托，确保所有能够联系上的员工均能进行问卷调查。

部分在抚州打工的职工工作作息时间都很不规律，这给发放调查问卷工作带来了很大的难度。水冶厂厂长宫庆军、党总支书记温伟忠为了能将工作落实到每一个职工，就利用晚上的时间，有时在职工家门口等，有时去职工上班的地方找寻，把调查问卷发到职工手中。“有两个职工晚班下班都已经快凌晨一点了，我们整整两个晚上快到12点就去他们家门口等，被蚊子叮了一堆包，这两个人看到我们都相当不好意思，二话不说就在调查问卷上勾上‘支持’。”水冶厂厂长宫庆军说，“还有个职工打连班，几天都没回家，我们就开车到他上班的地方去发放调查问卷，我们这么有诚意，他还会不支持吗？”

山南铀矿绞车工阎东江，也是一名职工代表，对公司调整改革政策一直颇有微词。阎东江的母亲重病住院，连正常的进食都很困难，孝顺的他上完班就去医院陪护照顾，虽然他当时仍留守在岗，但是高额的住院费也让他捉襟见肘。公司副总经理胡荣泉和山南铀矿矿长李从飞二人在了解到阎东江的困难处境后，带着工会的关怀赶赴抚州第六人民医院看望阎东江的母亲。慰问品和慰问金或许微不足道，但是公司的关怀让这对母子留下感动的眼泪。阎东江的母亲在了解到目前公司形势已经无法逆转后，对阎东江举棋不定的态度很是责备，阎东江最后流着泪向他母亲保证支持公司调整改革。

截至2017年6月15日下午，金安公司结构调整改革问卷调查工作全部完成，共发出问卷1032份，调查人数占公司在册1040名员工的99.23%，基本实现了全员覆盖。根据调查结果，支持调整改革、同意再次召开职代会的有981人，占全体员工的94.33%；其中149名职工代表中有145名支持调整改革，占比97.32%。

功夫不负有心人。6月27日的职工代表大会，应到会代表148人，实到会147人，经过无记名投票表决，赞同票146票，方案以98.65%的赞同率高票通过。并在上级规定限期内（职代会后的两个月内即8月27日晚24点止），完成了留用人员竞聘上岗，8月27日晚9点前将1043名职工的分流安置工作全部完成。其中对重点的协解人员行政关系（劳动合同）解除、工资费用发放、社保关系终止、党组织和档案关系转移接续、相关档案资料移交归档5项工作全部清楚完备，没有留下法律后遗症。

职工投票，方案获得高票通过

四、调改经验与体会　群众路线是法宝

1. 经验与体会

回想这次调整改革，其复杂性、艰巨性、历史重要意义不亚于甚至超过铀矿冶史上任何一次改革。这次改革的胜利实施，一是离不开国家政策和上级组织领导坚强有力的正确指导、帮助、支持、鼓励；二是离不开江西省、市、县、镇的各级地方领导、各部门、兄弟单位、各界朋友的全力协助、协调、支援；三是离不开公司领导、二级中层、基层骨干主动担当，艰苦努力，团结拼搏，细致深入地做好群众工作；四是离不开那些胸怀大局、识大体、明事理，在金安公司工作生活了几十年的可亲可敬的一线职工的理解、包容与配合。

2. 成绩与收获

在这场及时、迅猛、深刻的调整改革中，发生了许许多多令人终生难忘的人和事。这场改革虽然历经了很多艰难困苦，但也磨炼了人的品质毅力，丰富了人生阅历，帮助个人积累了社会经验、增长了才干，锻炼培养了一批干部，更使人收获了信任友谊；避免了企业陷入恶性循环，跌入灾难性的毁灭之中；职工摆脱了收入难保、前景难以预料，无休止地在贫困的泥沼中苦苦挣扎等待消息的窘境，在及时得到补偿、基本生活有保障后，可以趁年轻力壮实现再就业，尽早谋求新的人生发展，企业也可以在上级的帮助下减债降负，而后实现新的转型发展。

3．感悟与思考

前面所介绍的诸多调改工作的成功经验中，有一条最为关键、最为核心、最为有效，那就是我党在革命、建设中一直坚持的“群众路线”这一制胜法宝。

伟大领袖毛泽东早在 1944 年 10 月《文化工作中的统一战线》一文指出：“一切为群众的工作都要从群众的需要出发，而不是从任何良好的个人愿望出发。有许多时候，群众在客观上虽然有了某种改革的需要，但在他们的主观上还没有这种觉悟，群众还没有决心，还不愿实行改革，我们就要耐心地等待；直到经过我们的工作，群众的多数有了觉悟，有了决心，自愿实行改革，才去实行这种改革，否则就会脱离群众。凡是需要群众参加的工作，如果没有群众的自觉和自愿，就会流于徒有形式而失败。”

80 多年过去了，毛主席关于群众工作的论述，依然闪耀着真理的光辉，这也是对我们这项工作最好、最生动、最准确的诠释总结。习近平总书记也讲到“唯有不忘初心，方可告慰历史、告慰先辈，方可赢得民心、赢得时代”。伟人的告诫和实践证明，党的群众路线不仅是过去革命的制胜法宝，也是当今国企深化改革攻坚克难和做好其他任何工作的重要抓手。

■ 原文刊载于《721 矿游子》第 243 期。

第三篇

人物

蹉跎岁月 青春无悔

721矿“文革”前的老工程师们

谢菊秋

年初，在QQ群里的一次聊天中，有矿友提问721矿“文革”前的老工程师有多少，有的列举了一些老工程师的名字，有的说共有十来位。这使我产生一个想法，把721矿“文革”前的老工程师的大致情况介绍给大家。这些老工程师为721矿的建设做出了不可磨灭的贡献，我们应该知道他们，记着他们。

于是，我便向一些矿友多方打听。通过努力，现确认“文革”前721矿的工程师共有15位，他们分别是：周汝礽、皮积华、李远洲、肖协东、沈炳炎、袁荣生、谢征勋、邹天生、李少荣、朱永庆、刘启泉、朱道忠、吴爱华、吴奇晓、康广敏。

周汝礽（采矿工程师）

祖籍广西藤县，出生于1921年。1948年，从广西大学采矿专业毕业，分配到广西平桂矿务局（锡矿）工作，1958年，被选中调入了721矿（当时叫421矿）。周汝礽工程师一切从零开始，到矿后就埋头于矿山建设，没有星期天，没有节假日，整天忙于工作，常常晚上还在办公室处理工作上的事情。在沈炳炎总工程师（1962年5月进矿）没调入矿之前，他是指挥协调各工程师工作的技术总管。

为了矿山的建设，他常抱病工作，没有太多注意自己的身体。早在1961年，就常见他用手按腹部，旁人问他怎么了，他总是笑笑说：“没什么，胃病犯了吧，吃点药就没事了。”他不论对同事还是对其他人都是一脸和蔼的笑容。他待人诚恳，工作认真。在721矿开建阶段的艰苦环境中，他为矿山的建设默默地做出了自己的贡献。1966年，他因患肝癌，医治无效去世。他的子女后来也成为721矿的员工，在721矿工作到退休。

皮积华（建井工程师）

1920 年 3 月 22 日出生于湖南。1940 年毕业于湖南楚仪工业学校，毕业后被分配到广西桂林工作，后调到安徽淮南煤矿。中华人民共和国成立后被调入东北鸡西煤矿，后又调入河南平顶山煤矿，1956 年被评为全国劳动模范，并获得五一劳动奖章。1961 年被调入 721 矿，在矿期间也多次被评为先进工作者。“文化大革命”中被打成“反动学术权威”，1974 年恢复工作，在矿情报室工作至退休。退休后一直居住在 721 矿古城。1990 年 1 月 18 日因病医治无效在 721 矿去世。他的儿女原也是 721 矿员工。

李远洲（高级工程师）

浙江省鄞县（今鄞州区）人，1924 年 12 月出生，1953 年 5 月加入中国共产党。1949 年毕业于大同大学。曾在山东冶炼总厂、山东 501 厂工作，1961 年被调到 713 矿，1971 年调入 721 矿，后任副矿长兼总工程师。1983 年调任江西矿冶局总工程师，核工业部科学技术委员会委员，中国铀矿冶学会理事。1990 年 7 月离休，为高级工程师（研究员级）。

离休后仍惦念着 721 矿的同志们。现与子女生活在一起。

肖协东（地质工程师）

生于 1926 年 2 月 23 日。肖协东工程师小时候读了几年私塾，成年后在煤矿挖煤。中华人民共和国成立后，他自强不息、勤奋好学，自学参加地方考试，考上地质技术员。20 世纪 50 年代，在江西省地质局工作，在工作中做出了贡献，成绩突出，被提拔为工程师。于 1964 年 10 月从江西省地质局借调到 721 矿，后正式调入 721 矿。“文革”前先在矿办生产科工作，担任过二工区（二工区是负责管理山南 5 号坑道和 23 号坑道的工区）区长；后调入矿安防处；后在矿总工程师办公室工作。1984年6月，因肝硬化腹水在矿古城医院医治无效去世。他的儿子们也是721矿的职工。

沈炳炎（总工程师）

1913年11月1日出生于湖南长沙。毕业于湖南大学采矿专业。毕业后先后在湖南资沅锑业管理处、锑业管理处锡矿山工程处、醴陵煤矿局工作，1952年被调入中南有色总局湖南分局沅湘工程处，1957年被调入中南钨矿局任主任工程师，后任江西省冶金厅基建处主任工程师、副处长。1962年5月进矿，是721矿第一任总工程师。1974年6月，调至江西省矿冶局任总工程师，1983年8月至1984年6月为江西矿冶局总工程师（高级工程师）、江西省高职评委。1984年7月至12月退休留用，1997年10月18日去世。

袁荣生（副总工程师）

1917年生于河南卫辉县（原名汲县，今卫辉市）。1941年毕业于西北工业大学（原为西北工学院，当时是中国最大的工学院，1953年改名西北工业大学）矿冶系，学的是采矿专业（袁荣生的父亲为北京大学毕业生，毕业后回到家乡搞教育、办学校，为报效国家，他让儿子选择了工科）。袁荣生大学毕业后先后在贵州汞矿、江西大余钨矿、全南大吉山钨矿、马鞍山钢铁研究院、新余良山铁矿、湖南长沙矿山研究院等单位工作，1964年2月被调入721矿任副总工程师。1978年当选为江西省人大代表。退休前为教授级高级工程师。1984年任江西省核学会秘书长并调至江西矿冶局。1998年3月18日因病医治无效在南京去世。他的儿子也曾是721矿的一员。

谢征勋（土建工程师）

1926年2月出生于湖南新邵县。1952年毕业于西北工业大学桥梁结构专业，毕业后被分配到北京国家燃料部的煤炭局（当时煤炭、电力、石油统归燃料部管辖）。1955 年被评为北京市劳动模范、全国先进青年、河北模范党员群英会代表。1956 年在全国实行工资改革时，率先以一名新参加工作的大学生身份被破格提拔为八级工程师。1959 年 4 月被借调到二机部（即核工业部）新疆矿冶局工作。1959 年 10 月因苏联专家撤离，撤返到北京，随即被派往二机部湖南矿冶局。1959 年底因 721 矿急需用人又被调往 721 矿。

在矿期间，一直在基建部门工作。“文革”后恢复在矿基建处工作，曾任基建处处长。1983 年 2 月被调离 721 矿，前往核工业部二七公司担任副总工程师，为国企一级工程师，教授级高工，国务院特殊津贴专家。是中国土木工程学会结构可靠度委员会委员，中国基建优化研究会房地产优化专业委员会副主任。1989 年在核工业二七公司退休。退休后曾到海南参与海南建设。现安享晚年，笔耕不辍，已出版业务书籍 5 本，还有 5 本书稿待出版。

邹天生（机械工程师）

出生于 1924 年 4 月 10 日，江西人。1950 年毕业于南昌理工大学，本科学历。

1950 年毕业后被分配到河北省邯郸市峰峰煤矿，至 1964 年期间担任过技术员、工程师，级别至副处级。1964 年 9 月由河北邯郸峰峰煤矿调入 721 矿机动处。“文革”期间受到打击，1971 年在矿供销处任职。1972 年由于 721 矿新建水冶厂，被调入水冶厂担任副厂长。1982 年在水冶厂被聘为副高级工程师，至 1984 年退休。2000 年 8 月 8 日因肝癌医治无效在江西 721 矿逝世，享年 76 岁。他的子女也都曾是 721 矿职工。

李少荣（机械工程师）

出生于 1926 年 7 月 29 日，广东兴宁人。自小家境贫寒，少年时帮助家中务农，中学毕业后考入广东省高级工业学校，1946 年毕业。1947 年到广州求职，进入广州市五仙门发电厂任值班技术员。广州解放后因在工厂工作积极，加入了新民主主义青年团。1953年加入中国共产党，同年被调往北京，在中央人民政府国家计划委员会（简称“国家计委”）任职。1956年由国家计委被调到国家经济委员会工作，并被提拔为工程师。

1960年，国家因“自然灾害”挑选万名党员干部下基层，到边远地区去。他积极响应号召，主动要求到基层工作，被分配到了721矿。在矿工作期间，他多次被评为先进工作者，1988年4月被评为高级机械工程师。李少荣工程师从1960年进矿一直工作到退休，现在与儿女们一起在上海生活，安享晚年。他的儿女也都曾是721矿的员工。

朱永庆（土建工程师）

吉林人，1925年10月出生，毕业于吉林一所原日本人办的学校的建筑结构专业，中华人民共和国成立前曾参加过农民协会。1958年被调入中华人民共和国第二机械工业部（简称“二机部”）十二局（即矿冶局），受命常奔走于十二局下属的各矿山等单位。1962年被派往721矿工作，人事关系仍隶属于二机部十二局。1966年调往第三研究设计院。受到“文化大革命”影响，1969年被下放到湖南711矿，恢复工作后于1971年正式调入711矿，一直工作到1985年离休。2009年因病医治无效在湖南去世。他的儿女也是核工业系统的员工。

刘启泉（机械工程师）

湖南人，原二厂机械工程师，调入721矿之前在核工业系统的湖南矿冶局衡阳710厂任工程师。1965年被调入721矿二厂。后受到“文革”影响，恢复工作后在721矿一直工作到退休。后到苏州安享晚年，于2008年去世。他的女儿也曾是721矿的职工。

朱道忠（地质工程师）

建矿初期由608地质队（即后来的261队）调入721矿，是721矿第一位地质工程师。他的妻子是 261 队职工。

吴爱华（土建工程师）

1952 年南京中央大学（南京工学院，即现在的东南大学）毕业，1961 年被调入 721 矿，“文革”前夕被调离 721 矿。

吴奇晓（采矿工程师）

广西贺州里松人，生于 1931 年 8 月 1 日。先后在广西矿冶学院、广西矿业学院（现在为桂林理工大学）求学。1956 年在广西平桂矿务局工作，1957 年 10 月在广西冶金研究所获工程师职称，任广西平桂矿务局露天采矿工程师。1958 年 3 月 28 日因工作出色，被选调入二机部 421 矿（即后来的 721 矿）工作。

当时有部分人因受不了 421 矿创业的艰难，纷纷退却，但是吴奇晓却坚定不移地留了下来，在最艰苦的开创工作中做出了突出的贡献。

吴奇晓先在矿技术监督科工作，后来担任 721 矿第一任一工区区长，也是当时 721 矿最强势的山南露天采矿工区的工程师级别区长。在他的领导下，一工区的铀矿产量、质量、安全都是一流的。他在 721 矿尽情地挥洒自己的汗水，奉献自己的青春和精力。

他在抓工区全面工作的同时，还专门负责露天采矿的技术监督指导工作。他是个懂化验、会水冶、通测量与道路、懂爆破、通环保，技术全面且懂管理的好区长。他为人正直随和，平易近人，知识渊博，经验丰富，做事很有前瞻性，是敏言慎行、干练通达、善良仁厚、爱护职工的好区长。他就是这样兢兢业业、勤勤恳恳，一直从 721 矿最艰难的岁月做到了 721 矿最鼎盛的时期。

这期间，他还被二机部委派到南京某军工部某工程任总工程师。由于工作出色，荣获二等功。

他爱妻子儿女，“决不做对社会有害的人”是他立下的家规。他也是一个多才多艺的人，会跳舞、会打篮球、会操弄乐器，在文艺方面也是个活跃分子。

1971年3月，因工作需要他被调离了721矿，调入广西大新701矿开拓新的矿区。在那里，他担任过采矿工区区长、采矿总工程师、安防科科长。1983年1月因病去世，享年52岁。

康广敏（采矿工程师）

1929年出生，祖籍辽宁抚顺。1953年矿专毕业后赴北京，被分配到中华人民共和国煤炭工业部（简称煤炭部）工作。

1959年，国家开始发展核事业，需要从全国各行各业抽调优秀人才，奔赴祖国各地，在艰苦的荒山野岭、荒漠边疆，隐姓埋名，苦干实干。康广敏也是在这一时期从煤炭部选调入江西421矿（即后来的721矿）的。为了国家的强盛，他放弃了优越的城市生活，带着妻儿来到了荒凉的石马山下。

到矿后，康广敏开始承担技术工作，后来任一工区（即山南露天工区）区长。他是一个工作能力强、会管理的好干部，他和工人群众打成一片，跟大家同甘共苦。在那建矿初期的艰苦环境下，他克服了重重困难，自力更生，艰苦奋斗，发扬了革命的乐观主义精神。

在党中央、国务院、中央军委提出的“早拿、快拿、多拿”的核原料方针鼓舞下，康广敏带领职工甩开膀子大干，在实干中不断总结经验。他按照矿党委提出的“土法上马，能土就土，能洋就洋，不能坐等大型设备”的决定，大搞“双革四化”运动，在建矿第一阶段的工作中为721矿的建设做出了突出贡献。

1964年，康广敏被调入矿机动室，任工程师。1970年因工作需要，被调往二机部广东743矿工作，任副总工程师。后来又调到了核工业部广东韶关矿冶局任总工程师，在此岗位上工作至退休。康广敏工程师现与小儿子同住韶关安享晚年。

■ 原文刊载于《721矿游子》第76、128期。

江西好人

——吴月英

李永

吴月英照片

今年79岁的吴月英，于1961年10月被调入中国核工业721矿职工医院工作。二十世纪六七十年代，凭着忘我的工作热情和对病人无微不至的关怀，她连续获得全国三八红旗手、部级劳动模范称号。退休后，她热情不减，积极投身现居住的721社区一个基层小区的志愿服务工作当中，照顾邻里，关怀、温暖身边的人。她在2014年度获得抚州市“优秀学雷锋志愿服务者”称号，并当选2014年度“江西好人”。

一、小区的健康守护者

在小区里，人人都认识吴月英。在她退休后的23年里，吴月英用自己掌握的医护知识帮助小区居民，只要单位和居民有需要，她就毫不犹豫地伸出援助之手。

2010年10月27日深夜，退休干部陆从钰的老伴腹痛难忍，子女都在外地工作，家中只有他们夫妻俩，而80岁高龄的陆从钰老人自己也患有肺气肿，情急之中他想到了吴月英。吴月英听完病人家属的症状，先拨打了120急救电话，随后赶到陆从钰的家里做初步诊断，并与小区的志愿者们一道将老太太从二楼抬到救护车上，送往医院急诊科抢救。医生会诊后，确诊他老伴为急性胃溃疡和十二指肠溃疡穿孔，立刻为老太太进行了手术。第二天一大早，从外地赶来的儿女们看到母亲手术成功，感动地握着吴月英的手说："幸亏您及时把我母亲送到医院，否则我母亲的命就没了，真不知道怎么感谢您……"

小区老干部朱福元的爱人患胆管癌。一天，她的病情加重，大便带血，倒在卫生间里不省人事，一家人不知如何是好。吴月英知道后赶到他家里，不顾脏、臭，掐人中、内关等穴位，为病人擦洗身子，穿好衣服，并及时拨打120急救电话联系医院，将病人送往医院救治。此时病人已是癌症晚期，最后还是离开了，但是经过这次事件，朱福元的儿女逢年过节都会上门看望吴月英，两家人就像一家人。

吴月英时刻关心小区老同志们的身体状况，对于长期卧床、独居的老同志，她都坚持上门探望，为老同志量血压，和他们聊天。有时个别老同志几天未见，吴月英就向单位询问，得知老同志到子女家居住，吴月英才放心。她还主动承担了带领老同志到卫生服务站进行体检的任务，检查完后，还给老同志提供一些饮食和保健的建议。

2011年底，社区召开了第一次党代会，吴月英作为党员代表出席了会议。参会的还有来自各小区的离退休人员，他们中有的年纪大而且患有各种急慢性疾病。在会议休息期间，吴月英为患糖尿病的离退休党员代表打胰岛素，帮着会务组照顾体弱多病的老同志。

有人问吴月英："您老也不年轻了，还天天花这么多时间照顾和您一样的老人，您身体受得了吗？"她回答说："我身体很好，更重要的是这是我喜欢做的，自然就快乐了。"

二、播撒真情有传人

吴月英不仅发挥自己在医学方面的特长，还热心参加各种活动，在各方面尽力帮助邻居。

每遇小区里的红白喜事，吴月英都会主动帮忙。遇到结婚的，她帮忙出出主意，套套被子，张罗张罗；遇到去世的，她主动去殡仪馆送上一程。有时候，小区搬来了新邻居，她和大家一起帮忙搬家具，收拾屋子。每年开展“七一”党的知识测试时，吴月英作为党小组长，挨家挨户把测试试卷送到老党员的家里。节假日小区组织开展清理环境卫生时，吴月英尽量通知到每一户居民。

每逢春节，吴月英主动到小区老同志家里拜年，不管是认识的，还是不认识的，吴月英都会去问声好。

“我们从吴月英做的这些小事中，感受到了真情与温暖，邻居关系更和睦了。”邻居们说。

在吴月英的言传身教下，她的孩子们也都很热心做各类公益活动。吴月英的女儿厦门大学毕业后留在厦门工作，现任厦门经济管理咨询协会常务副会长。她非常关注家乡的变化，在家乡抚州唱凯镇水灾期间积极组织“百人募捐”活动，向家乡灾区捐款捐物。她还组织拍卖和义卖活动，并将所得善款全部捐给“粉红丝带”的专项基金；十多年前，她和丈夫资助厦门大学贫困学生完成学业；很多朋友在她的感召下，共同为厦门四岁白血病女孩捐款几十万元；等等。她说：“这都是母亲对我的影响，她所做的这些事也让我体会到，公益让人的心灵更美好。”

■ 原文刊载于《721矿游子》第93期。

进矿第一人

——唐显章先生

谢菊秋

唐显章先生是第一个进入721矿的元老。1958年10月1日，刚从湖南长沙有色金属工业学校毕业的年轻人唐显章接受组织的安排，一个人背着简单的行李到达了江西抚州乐安县石马山下——309队17分队所在地山南，就这样开始了自己的核事业生涯。紧随其后，李增奎、徐增光、廖义仲也相继进矿。

1958年12月，根据中南矿业公司下达的通知，李增奎从矿区前往衡阳，迎接矿长刘兴涛、机电助理技术员安世昌到矿任职。12月底，三人返矿途经南昌时，雕刻了一枚圆形木质“四二一矿公章”。

1959年1月29日，刘兴涛以矿长的名义签发了〔59〕矿办字001号文。文件通告“自1959年2月1日起启用公章”，这标志着421矿正式诞生。

唐显章就是在矿山最初开建时来到石马山下的。他祖籍广西兴安县，从1944年7月到中华人民共和国成立一直在私塾学习，从“人之初，性本善”一直读到“孟子见梁惠王”，读了约125本书，并于中华人民共和国成立后进入正式的学堂学习。

进入421矿后，他凭着一股要为祖国的核事业做贡献的决心，不畏困难，努力工作，敢想敢干，得到了大家的好评及组织的信任，1965年，被提拔为矿安防科副科长，当时年仅26岁。他是721矿获提拔最早、最年轻的副科级干部。在这个山沟里他一待就是近十年。

他的妻子张传英也是1959年5月建矿初期进入矿里的。张传英1956年毕业于云南昆明工学院地下开采专业，祖籍四川德阳。她毕业后就被分配到核工业部新疆519地质队，1958年被调至冶金部云南锡业公司，1959年5月再次被调回核工业系统并分配到421矿。

1967年4月，因工作需要，唐显章、张传英被调离721矿，奔赴核工业部四川 106 公司。1970 年，又被调到位于广西大新的 701 矿，唐显章担任该矿矿长，奉命开拓新的矿区。1984 年，唐显章离开核工业系统，在广西冶金矿山有限公司任总经理直至退休。唐显章老两口为我国的核事业发展贡献了自己的青春，为 721 矿的发展做出了积极的贡献，是值得我们敬重的老一辈 721 矿人。

唐显章夫妇近照

■ 原文刊载于《721 矿游子》第 117 期。

好领导熊继祖

艾俊民

我很小的时候，十二三岁吧，梦想做个作家，以后很多年里，我都朝着这个目标奋斗。但是最终我泄气了，因为我发现我没有这样的天赋，不像有些年轻人，虽然年纪不大，书却是一本一本地出。我也发表过小说，是在二十几岁的时候，但是总归没能成气候，这只能说明自己没这个才能。后来我改行写新闻，却发现自己如鱼得水，虽然我从业的单位层次不高（市级报），但是小名气也有些，随便走到市里的哪个部门、哪个乡镇，哪个领导不是笑着叫我“艾记者”或者“艾老师”的。随便在百度或者搜狗里输入“艾俊民”三字，搜索到的文章条目都有好些。

我能改行从事新闻报道工作，首先要感谢我的电大班学友、我的领导——熊继祖。熊继祖原先在二厂四车间当工人，是我大弟弟的同学。我们原来并不认识，是在矿首届电大文科班才熟悉的。因为二厂只有我们2个学员去听课，所以就认识了。熊继祖天生温文尔雅，性格很好，我们很快就成为朋友。上电大时，他受我的影响，在文学圈里也奋斗过一阵子，他翻译外国文学，在乐安县的文学杂志《敖溪》上登过童话。上电大的3年，他与我十分要好，我到哪他就到哪。后来电大毕业，他被二厂留下当政工干事，我被分到莲塘学校当教师，渐渐地疏远起来。

开始时，他有一段时间不来看我了（原先我们经常在一起聊天），我很生气，专程到古城托儿所（他母亲在那里当保育员）找他母亲，责怪了他一番。结果当天晚上，熊继祖就笑嘻嘻地跑到我家来解释。但是，毕竟不是在一个单位工作，从事的又是两种职业，我们之间的关系是无法以人的意志为转移的，所以还是逐渐陌生起来。我在莲塘学校年年当孩子王，不见有什么进步。而熊继祖没几年就被调到矿宣传部了，后来又火箭般地当上宣传部部长了。我感到很羞愧，这个小学弟怎么一下子就这么厉害了。

我开始反思自己的为人，从性格爱好、为人处事等方面找原因。我认为除了

作者调离 721 矿时与宣传部同事合影（左三为艾俊民，左四为熊继祖）

嘴巴不好外（喜欢咋呼），就是作家梦害了自己。我本来没有当作家的天赋，却始终抱着文学创作不放，而领导一般对文学创作不重视，因为这不能给工作提供什么帮助。我决定改行了，这时我还会去矿宣传部玩，无意中看到了《中国核工业报》，上面还有个“头条新闻征文比赛”启事。我将莲塘学校的事情写成一篇新闻报道，投了过去，结果一个星期以后，这篇报道真的刊登出来了。我干脆一不做二不休，连着又投了两篇稿子，结果统统登在了头版头条。这时我知道自己的天赋在哪里了，就是善于分析政治形势，精于找准报道角度，长于揣摩人物心理，优于提炼新闻素材，绝对是个天生适合写材料、写新闻报道的人。

3 篇头版头条新闻一登出来，矿宣传部的人对我都有些刮目相看。熊继祖悄悄地问我：“你愿不愿意到宣传部来？”我说：“愿意呀。”熊继祖笑着说：“你先不要作声，由我来给你办。”只过了一个星期，我就被借调到了矿宣传部。这时我们的原电大文科班班长张其傥正是矿党委书记，他有些担心我的嘴巴是否还是那样咋咋呼呼。他找我谈话说，如果不适应，还是回去当老师好。但是我经过反思，自己已经脱胎换骨，再也不大声说话、随意喧哗了。我改掉了这个毛病，加上工作出色，矿机关的人对我印象很好。一年之后，矿党办主任李英华准备发展我入党，这都是后话……

我在矿宣传部待了 3 年不到的时间，熊继祖对我关怀备至，一直把我当作朋友看待，没有上司的那种颐指气使。尤其使我感激不尽的是，当我提出要调离721 矿的时候，他沉思了片刻，虽然觉得开展工作离不开我，但还是大度地说："只要你过得比我好，我就高兴。"我是调动比较顺利的人，这还得感谢熊继祖。我调到嘉善后，熊继祖每隔一段时间就会打电话询问我的近况。他认为我的特长就是会写文章，而且动作快，一篇文章顶多两个小时就可以完成；优点就是过一段时间会反省一下，寻找自己的不足之处，努力在今后的工作中改进……

■ 原文刊载于《721 矿游子》第 28 期。

西米老师

谢菊秋

我认识西米老师是在1965年的10月份，我们家从莲塘搬到了古城，西米老师就住在我们新家的对门，我当时不知怎么称呼新的邻居们，有人就给我介绍了："你家对门是张奶奶家，大家都叫她儿媳妇西米，你就叫她西米阿姨吧。"那时西米老师还没到学校任教，后来我才知道西米阿姨姓"粟"，名字叫粟月华。她是20世纪60年代初的高中毕业生，与20世纪50年代末中专毕业来到矿里基建处搞测量的张振华叔叔成家后，从老家长沙来到了矿里，成了一名职工家属。听说刚来时有人问她姓什么，她便写了出来，有人不认识，有人觉得这个字念起来有点绕口，就说干脆把这个字分开来叫"西米"吧。粟阿姨是个通情达理的人，听邻居这样说她只笑笑表示接受，就这样，大人小孩都开始叫她"西米"了。那时的西米阿姨是多么的年轻啊！两条又粗又黑的长辫子直抵腰间，走起路来铿锵有力，说起话来爽朗明快，家里种菜、劈柴的力气活基本上都由她承包了。其他家务事她也是干个不停，和婆婆张奶奶之间也相处得如母女般亲热，从没见到她们有过红脸、说过重话。

那时，很多职工家属都在水塔山下的那片荒地上开垦了菜园，一是填补经济上的紧张，二是给自己找点活干，不至于荒废了一身的力气。那时西米阿姨家有四口人，只有张叔叔一个人拿工资，1967年又增加了二女儿。西米阿姨来到矿里后也开垦了自己的菜地，各种时令蔬菜种了不少，每天都要在菜地里忙活半天。邻居们都说：西米真能干，也能吃苦，干力气活跟个男同志一样。有时邻居也替西米阿姨抱不平："老张怎么也不帮着干一点，劈柴、种地都是西米一个人干。"西米阿姨则觉得，爱人一天工作下来已经够辛苦，回到家里就该好好休息轻松一下。

大概是在1969年前后，一场不幸降临到了西米阿姨家，那时张叔也与一些机关的人一样被下放，到山南工区当了一名井下工。我们楼门里还有顾老师的丈夫林子柏叔叔也是下放到山南井下当了矿工。

就在西米阿姨怀的老三即将出生的前几天，消息突然传来：张叔在井下出事了，掉入了漏斗里。他被送到医院抢救，矿里从省城请来了专家进行救治。后来总算救过来了，但张叔叔的腰再也挺不直了，一截不锈钢植入了腰间，撑起了身体，但无法承受重量了。在这样的灾祸降临时，西米阿姨选择了坚强，悲伤过后她沉着地给在家乡的妹妹发去了电报，让她来帮她一把，因她即将临盆不可能照顾得了这个家，婆婆年岁已大，唯一的独子遭此重创更是心力交瘁。

那几天她独自承受了所有的痛苦与压力，跑医院看望爱人，安排家里两个还小的女儿及婆婆的一日三餐，在妹妹要到达的那个夜晚又独自挺着大肚子到火车站接妹妹。当邻居们知道后都责怪她怎么不跟他们讲一声，有的事他们可以帮着去做。她温柔地说："我能做得了，以后有什么需要帮忙的事再找大家帮忙。"就这样，她挺过了最难熬的日子，妹妹到后的第三天，她的儿子出世了。她一共生育了三个孩子，前两个是女儿。儿子的出生对她们一家来说是个大喜事，尤其是张奶奶，年轻时就守寡，拉扯大了一儿一女，早就盼着能有一个孙子。孙子的出世给这个遭遇不幸的家庭带来了安慰，带来了喜悦。这以后，西米阿姨肩上的担子就更重了，但她毫无怨言地撑起了这个家。

20世纪70年代初，一部分职工家属走上了教师岗位，成了代课老师，西米阿姨也被选进了代课老师的队伍。她很珍惜这份工作，认真教学，认真备课，对她的学生们也很关爱，大人小孩都亲切地叫她"西米老师"。

1985年，我们的孩子也到了上学年龄了，这时我们的小家庭又凑巧和西米阿姨家成了邻居。有老邻居告诉我："西米教学教得不错，你们可以跟她讲一下，让小孩到她教的班里嘛，这样也可以给你孩子更多的照顾。"我一开始听了也觉得这是个不错的主意，准备到时和西米阿姨去打个招呼，觉得应该不成问题。

西米阿姨可能知道了我们的想法，一天我下班回来时，西米阿姨正在厨房干活，听到我回家的声音便叫我到厨房说："你们的孩子要上学了，本来我们都是熟人，认为到我教的班里有个照顾更好，但这样可能对孩子的学习和成长不利，因为我们是熟人，孩子可能在心里就会没有那种对老师的敬畏，还会把我当邻居，我说的话也起不到教育的作用。我觉得你们的孩子到其他原不认识的老师班里更好些。

西米老师全家福，前排左一为西米老师

当然不在我的班里，平时我也会关注他的，你们不用担心，其他几个班的老师也都是很好的。”我听了西米老师的分析觉得很有道理，接受了她的建议。孩子上学时，我们没去找任何老师和熟人，我知道那时的几个一年级的任课老师和班主任老师都是不错的，不论分到哪个老师的班里，我们都没意见。

孩子报名的那天我们没有到场，是托邻居上高中的孩子帮带去报名的。后来孩子分到了齐老师的班里。第一天上课回来我问孩子上课怎么样，孩子告诉我说上课很好玩，老师上课都跟讲故事一样，很好听。我听了心里感到很踏实，知道老师不错，一来就让孩子喜欢上了。孩子只要喜欢上了老师，就会努力按老师的指导去学习。我也很感激西米老师的诚恳和直率。

1988 年初，我们被调离了 721 矿，临离开矿里的那个春节，西米老师请我们一家到她家去吃了一顿饭，这是一顿离别的饭。春节期间，餐桌上大都是鸡鸭鱼肉，她家也一样，因为是请我们吃饭，菜就更丰盛些。她的二女儿摸准了我的口味，开饭前拿个小碗从坛子里夹出一碗西米阿姨腌制的辣萝卜干，放到我的面前。这种湖南式的辣萝卜干我很喜欢。我们就像在自己的家里一样——本来我们就相处得跟一家人一样。春节后没几天我们就离开了 721 矿，也离开了西米老师。

我们离开 721 矿后不久，矿里老邻居传来消息：西米走了，走得太突然了。

在我们的眼里，西米阿姨是个身体很棒的人，平时极少生病。我印象里西米阿姨只生过一次病，那时他家也跟很多矿里人一样做了几样家具，然后自己在家刷油漆。西米阿姨对油漆过敏，不舒服生病了，其他时候就没见她生过病，怎么会突然走了呢？从邻居那里我得到消息：她太大意了，其实在早两年矿里体检时她身体就出现了问题，矿医院通知她到省城去做进一步检查化验，她觉得家里和工作都走不开，再加上认为自己一直没有得过什么大病，不会有什么大问题。没想到几年后她感觉不好时已是癌症晚期。一个原本强健的人就这样告别了这个世界，离开了她心爱的学生，离开了她所爱的人和爱她的人。

■ 原文刊载于《721矿游子》第178期。

老 师

黄乐程

我不当老师已经很多年了，但我对这个职业一直心怀敬意。

前些日子，一位中学同学去北京出差，竟然找到了“失联”多年的初中班主任。她把老师拉进了微信群，还把与老师、师母的合影发到了同学微信群，群里顿时沸腾起来。大家纷纷“冒”出来问候老师，有的献上表情包，有的上传老照片，还有个同学甚至晒出了1978年上初三时的成绩单，当年老师的评语历历在目……老师也出来和同学们打了招呼。一时间，师生唱和，都其乐融融。

此情此景，让斑驳的时光变得鲜活，我的记忆闸门瞬间开启……

我就读的中学，是核工业721矿的一所子弟学校。那时的721矿如日中天，国家对这家重点军工企业厚爱有加，要钱给钱，要人给人。北大、清华、哈工大等名校的毕业生乃至留苏博士，在721矿并不罕见。

子弟学校内也是藏龙卧虎，师资阵容堪称豪华——周作池，化学老师，毕业于华东师大化学系；吴声仁，物理老师，毕业于北师大物理系；陈丰荣，政治老师，毕业于华东师大政教系；陈宪章，英语老师，毕业于复旦大学英语系……这样的师资力量，同现在全国任何一所重点中学相比，都毫不逊色。

这些名牌大学毕业生怀着“到祖国最需要的地方去”的理想，来到大山深处的721矿，一干就是几十年。在理想稀缺、功利盛行的今天，这已然成为一种遥远的绝响，生于穷乡僻壤的我，能聆听这么多好老师的教诲，现在想来，实在是一种福气。

在众多名牌大学毕业的教师队伍中，教初三“尖子班”语文的周焕奇老师算是个“异类”。周老师起初只是个初中毕业的“上海知青”。后来矿里招工，他成了一名青工，因为才华出众，被选调到子弟学校任教。周老师并没有当过我的班主任，他只是代过我们几节语文课。

记得那天学的是文言文《黔之驴》。上课铃一响，周老师疾步走进教室，中等个，戴副秀琅眼镜，头发有些自卷曲。一上来，周老师便极潇洒地在黑板上写了三个字：黔之驴。板书遒劲、隽秀，堂堂正正，一下子就把我们镇住了。随后，他用略带上海音的普通话声情并茂地朗诵道："黔无驴，有好事者船载以入。至则无可用，放之山下。……"

周老师讲课，抑扬顿挫，绘声绘色，极富感染力。他说话的神情、语调，与年轻时的余秋雨颇有些神似。那堂课给我留下了深刻的印象。周老师是个极勤奋的人，虽然只有初中学历，但通过了自考本科，后又拿到研究生文凭。后来，听说他被调到了北京，先后任北京市第二十二中学副校长、北京市东城区教育局局长，最后在东城区教委主任的岗位上退休。

在"学好数理化，走遍天下都不怕"的年代，读文科似乎是一种无奈的选择。由于严重偏科，高中时，我被分在了文科班。当时，文科班只有十几个人，同浩浩荡荡的理科大军相比，显得有些孤单。班主任是教历史的侯永慧老师。侯老师留着齐耳短发，衣着朴素，为人随和，一眼望去，同一般的家庭妇女没有什么两样。其实她是名副其实的才女，毕业于北京师范大学历史系。侯老师上课基本不用看讲义，历史事件、稗史秘闻随手拈来，生动有趣。

然而，我在侯老师班上仅一个多月就任性而为，闯了一次不大不小的祸。

那时，新落成的矿电影院经常放映一些"文革"后解禁的老电影和引进的外国大片。那天好像是周末，原本不用上晚自习，但下午放学时，侯老师说晚上要进行历史单元测验。我一听，心里就凉了半截——晚上电影院要放映《佐罗》，这可怎么办？年少心野，缺乏自制力的我难敌诱惑，还是悄悄溜去看《佐罗》了。

毕竟做贼心虚，我看完电影，便又跑回学校看个究竟。等我赶到教室时，全班同学除了我都在埋头答卷。我站在教室门口，羞愧难当，无地自容。5分钟后，同学们交卷了。侯老师淡淡地说了一句："你到我办公室来。"我知道自己的孟浪、荒唐，我等待着一场暴风骤雨般的训斥……

"晚上干什么去了？"语调平和，一如往常。

"我……我看电影去了。"我知道，撒谎更可耻。

沉默，我等着挨训。

作者高中毕业时与全班同学、老师的合影

“我知道你家兄弟多，生活很困难，能供你上学，不容易啊！”

“我错了。”我低下头，不敢看老师。

“你要是考不上大学，以后怎么办？”

“你现在只要好好读书，将来电影只会越来越多，你还愁没有电影看吗……”

和风细雨，没有一句严苛的责备，这慈母般的关爱，让我的鼻子一阵阵发酸。随后，侯老师拿出一份空白的试卷，让我补做一遍。她便陪着我在一旁批改同学们刚交的试卷，一直到我交卷为止。

夜深人静，我披着满天的月光走出校园，内心翻江倒海，五味杂陈，内疚、后悔、感激、发誓……打那以后，一直到高考，我都没有去看过一场电影。

许多年过去了，如今，当我坐在舒适的影城看着3D电影，或是假日里慵懒地躺在自家的沙发上看着外国大片时，我会时常感念侯老师。我曾无数次地设想过，假如没有当年侯老师的醍醐灌顶，我荒废了学业，我是否还能像现在这样，有充裕的时间和闲适的心情去看电影呢？

1984年的秋天，我大学毕业，又回到了721矿子弟学校，成为一名语文教师。

昔日的师生，变成了同事。我尽力地学着老师的样子去教书育人，他们的身影牵引着我不断向前、向前……翌年，学校组织了一次外出学习，这让我有幸领略了国家级名师的风范。

那年，宜春市邀请了北京市第四中学特级教师廖锡瑞、上海嘉定实验中学特级教师钱梦龙来宜春讲学。全省各地都组织人员前去观摩，我们学校也组织了几个青年骨干教师前去听课。廖老师是北京市连续三届高考文科状元的语文老师，而钱梦龙更是享誉全国中学语文界的名师，师范院校的教材教法中都有关于钱氏教学法的章节。那次，廖老师为我们讲了鲁迅的《祝福》，钱老师则讲鲁迅的《论雷峰塔的倒掉》。两位名师的课别出心裁，让我大开眼界。原来语文课还能这样上，原来语文课是这样的有趣……

一晃几十年，两位名师的音容笑貌仍时常在眼前浮现。不知他们现在可好，于是借助网络去追寻名师的足迹：廖老师1988年便从北京四中退休，后创办了北京著名的基础教育培训机构“精华学校”；钱老创立了“三主四式”导读法，名动语文界。他于1931年出生，今年已是89岁的老人了。

在721矿当了5年老师之后，为解决夫妻两地分居问题，我离开了矿山，先是在抚州城外的一所职业中学任教，之后又转到城里的一所中学。不久，赶上报社招考记者，我离开了教育岗位，成为一名新闻工作者。职业变了，但初心难忘，我的教师情结没有变。我的家人大部分都从事教育工作。我同当年的学生一直都保持着联系。

2010年4月底，上海世博会举办前夕，中国晚报协会与新民晚报社共同组织“全国晚报社长、总编看世博”活动，我来到了上海。几个在上海工作的学生赶到住地来看我，并一定要宴请我。第二天，连在南京、扬州等地工作的学生也赶到上海来相聚。师生把酒言欢，微醺之际，我深感当老师的快慰，成就感、自豪感油然而生。

岁月倏忽，人生易老。少不更事的我，如今两鬓已染霜。这些年，我有条件近距离地去接触“各行各业那些光彩的人民”（诗人杨健语）。我采访过很多教师，有成绩斐然的学科带头人，也有扎根山区小学几十年的上海“知青”。

几年前，我在南丰县傅坊乡采访时，遇到了我大学时同寝室的室友黄行福，他一直都在乡级中学工作。几十年了，他仍住在学校简陋的教工宿舍里，除了书，家里没有一件像样的家具。一身廉价的衣服，脚穿一双凉鞋，让他形同当地的农夫。

然而，在偏僻的乡间，不求闻达、默默耕耘的他，却活出了自己的精彩。《中国教育报》曾以《行走在幸福的乡村教育里》的长篇通讯报道了他的事迹。有一位女教师在《教育博览》上看到黄行福写的文章《守望中的美丽》后，非常感慨地写道："在当下浮躁的社会里，真羡慕你能拥有自己的一份宁静、一份追求与享受……"看到华发满头的老同学，我不禁想起了鲁迅先生的《忆韦素园君》——"但素园却并非天才，也非豪杰，当然更不是高楼的尖顶，或名园的美花，然而他是楼下的一块石材，园中的一撮泥土，在中国第一要他多……"

老师，是2000多年前孔子的"师道尊严"，是韩愈心中"传道、授业、解惑"的布道者，是朱熹眼里"问渠哪得清如许"的智慧源泉……邓康延先生说得好："百年国史已有镜鉴：教育盛，虽战乱纷争，仍人才辈出、民力丰沛、国体向上；教育衰，纵四海平定、歌舞升平也社会浮躁、未来迷茫……"

老师，是一种称谓，更是一种修为。

他们像火把，引领方向，烛照心灵。

他们像春雨，雨露苍生，润物无声。

■ 文刊载于《721矿游子》第134期。

郭斌

蹉跎岁月 青春无悔

——回忆721矿古城医院护训班

一、古城医院的前辈

1971年秋季，历经十余年勘探建设的国营721铀矿已初具规模，生产蒸蒸日上。铁路向乐专线已经建成，终点站称为江边村，位于乐安县公溪镇罗家圩。距离古城医院（721矿职工医院）两三公里，步行要半个多小时。

古城医院坐落在公溪镇街口的小山坡上，当时医院仅有一栋工字型二层小楼，花园后面还有一排用作医院办公室和药剂科库房的小平房。医院食堂后面是高大的乔木树林，绿树成荫。坡下是一望无际的稻田，春夏之际禾苗翠绿，碧波荡漾。秋日一片金黄，沉甸甸的稻谷压弯了枝叶，农民在田野里辛勤劳作，一派繁忙的丰收景象。蜿蜒曲折的公溪河水静静地流淌着，河畔两侧开满了白色、金色、粉色的野菊花、金樱子、迎春花。站在医院的山坡上眺望远方，风景如画，神清气爽。

为了扩大生产，加强国防建设，1971年，721矿进行了大规模的招工进矿。招工对象主要是1968年前后下放到抚州地区的上海、南昌、抚州等地的“知青”。这些“知青”大部分是应届高、初中毕业生，响应国家号召下放到贫瘠的农村，接受所谓的“贫下中农再教育”，实际上与农民同工同酬，只是生产队里多了一群“知青”而已。招工进矿，意味着他们被正式纳入产业工人的国家编制，每月可领固定工资，而且作息时间、生活方式、组织管理都与农村“知青”有着本质上的区别。因此，这也是每个“知青”人生的重要转折点。受父辈的影响，我是主动要求分配到医院工作的。与我同时进矿的“知青”都在山南、邹家山分矿下井当工人。

当时古城医院共有百余名工作人员，开放病床不足100张。医院开设了内、外、妇、儿四大科室，技术力量相对雄厚。他们是国家从各地精选出来的技术骨干，支援国家“三线”建设，来到721医院，成为古城医院的主要技术力量，实际水平超过了当时的乐安县、崇仁县医院水平，仅次于抚州地区医院。

1971年古城医院的主要技术骨干：

内科：陈福祺、陈葆祯、姜武滋、何怀莆、乔之春等。

外科：刘肖如、胡经鸿、吕益民、李学文、陈养德、朱寅生、胡庭仪等。

妇产科：刘开和、陈兰英、郑桂荣、余秀香等。

儿科：刘重阳、叶宝兰、郭景桂、张琴仙、于贵等。

中医科：毕朝忠、杨家珍等。

放射科：单阶平、程科铭、姚泽林等。

眼科、五官科：胡竞兴等。

护理部：吴月英（主任）。

二、首届护训班的学员

由于受到“文革”的影响，学校停办，没有医科毕业生。为了响应矿山建设的需要，古城医院领导决定依托自己的师资力量创办首届护训班，解决护士人力紧缺的问题。医院领导选派了责任心强、工作认真负责的曾学清担任班主任，鲍首深担任团支部书记。

由于集中招工导致住房紧缺，基建队的大叔大婶们花了三四天时间在医院左边菜地里用茅竹、竹排、油毛毡、稻草和泥巴盖了三大一小4间茅棚宿舍。三间大房均为女生宿舍，一间小房住了3名男生。护训班学员每天按时起床、跑步、做早操。上午、下午上课或在病房实习。没有统一的教材，老师在黑板上讲，学员自己记笔记。没有课桌，学员都坐在小板凳上，把笔记本搁在膝盖上记笔记。老师教量血压，学员们就互相测量，教打针、测体温也是在自己身体上练习。

在当时那种简陋的条件下，师生共同克服各种困难，认真教、认真学，把一批只有初中文化的“知青”领进了医学的大门。生理生化、解剖药理、检验预防、实习见习，门门齐全。这种“抗大式”教学培训一直持续了半年，附近的261地质大队也选派了3名女生来古城医院参加学习。通过老师们的言传身教，理论联系实际，加上病房实习边干边学，最后测验考试，全体学员顺利结业。1972年5月2日，矿长姚洪太、军代表老崔和王德山，以及院领导参加了首届护训班的结业典礼。

学员名单：

上海籍：孙莉华、王建珍、黄晓芬、姜兰云、龚星娣、陈伟锡、李玲妹、李筱英、项培芝、蒲红妹、陶玉贞、马君戚。

南昌籍：王志军、魏少金、邱喜耘、余琳、高永林、刘星云、李凡华、于忠明、况筠洲、李洪珍、黄葆香、郭斌。

抚州籍：邱云芳、李冬金、黎惠金、孙娇花、孙冬英、汪晓兰、陈惠秋、熊细珍、颜园花、杨冬荣、江玉琴、杨德玲、杨新福、王洪林。

261队：虞爱丽、魏淑贞、陆丽芬。

结业之后，大部分同志被分配到医院各科室，缓解了人员紧缺的压力。一部分同志去了莲塘门诊部、山南卫生所和云际卫生所。我和李玲妹被分在手术室，游水金护士长带领我们工作。也有不少同志通过自学、推荐或考上大学得以进一步深造，和全院新老同事一道为医务工作贡献了自己的青春和毕生的精力。

护训班有感

半生辛苦半逞强，
学护学医治病伤。
缺书少笔勤为径，
杏林春暖满病房。
朝迎古城旭日升，
夜寐茅棚织锦囊。
光阴似箭五十载，
谁言顶峰半分长。

国营 721 矿职工医院首届护训班结业留念

三、古城医院的业余生活

食堂里有张乒乓球台，于贵、刘德洪、李筱英、陈伟锡等乒乓球打得很好，经常参加矿里、县里和地区比赛，还拿过名次、奖励。操场上有半个篮球架，夏天的每个傍晚，刘开和、薛大志、刘德洪、王辉和我都是“赤膊罗汉”，不打到天黑不罢手。图书馆里有很多文艺书籍，《长江》《译林》《十月》《小说月报》等杂志是文学青年的最爱，使得他们经常手不释卷……团支部还经常组织春游和爬山活动，联欢、文艺演出也是经常开展。操场的露天电影也为人津津乐道；后来条件好了，古城盖了电影院，吸引了青年人光顾。食堂里伙食一般，那时工资低，每月只有 36.5 元，最好的菜是炒瘦肉，但架不住小气的炊事员一抖两抖，又少了好几块！

当你重返 721 矿古城医院，你是否会抚今追昔，去寻觅自己当年的科室与宿舍？当你站在茅棚旧址之前，你是否记得护训班“团结、紧张、严肃、活泼”的学习生活？那届护训班虽然开展的是非学历教育，也称不上正规，甚至微不足道，但确实是我们叩开医学大门后迈出的第一步。当时条件那么简陋，师生们拧成一股绳，认真学、认真教，这就是721矿的工匠精神：不为名，不为利，甘愿在“三线”吃苦耐劳，乐于奉献！当你现在在全国各地安享晚年，含饴弄孙，幸福生活之际，你仍记得自己在721矿古城医院那一曲动人的青春之歌！

抚州聚会有感

千山红树万山云，
把酒相看日又曛。
一曲离歌两行泪，
不知何时再逢君。
相见时难别亦难，
相聚抚州终须还。
愿君阖家日日好，
多少相思待来年。

■ 原文刊载于《721矿游子》第176期。

721的母亲们，伟大！

佚名

我很小的时候，母亲就带着我和大弟弟，坐了两天的绿皮火车和长途客车，千里迢迢到了一个陌生的地方——721矿。那年我才6岁，不会讲普通话的母亲带着我们和父亲团聚了。

我们住的房子不是老家的砖墙房子，是一间牛毛毡盖顶和竹子附泥巴作墙的房子，我们一家四口人挤在一张大床上。那时候的冬天好冷啊，我惊讶的是我家附近有好多这样的房子，只有不多的人家住着砖墙的平房。

我母亲在医院做会计，每天早上上班，中午还跑回来做饭，吃过饭后再去上班，天黑才回来。而我的任务就是看住弟弟，后来又有了小弟，任务变得更艰巨了。我那时已经没有了爷爷、奶奶，现在我怎么也想不起来我妈妈是怎么给小弟喂奶，腾出空闲把他带大的。只是记得后来我七岁上学了，每天要先背小弟去托儿所，放学再接他回来。那时的托儿所在莲塘商店后面，真是好远。

我七岁上学时，和两个发小金军、建洪学会了讲普通话。第一天上学，发现好多同学穿着打补丁的衣服，感觉自己不一样。怎么不一样？感觉他们很酷，回家硬是哭着让母亲在裤子上缝了几块补丁。再后来学校一直搞忆苦思甜教育，我们更是觉得穿旧衣服光荣。记得当时毕同学穿了双白球鞋，我们都嘲笑她是地主婆。而我们自己穿的是布鞋，721的母亲们都会做，是用汽车轮胎皮做的底。

我当时不明白的是，为什么家家户户都需要像农民一样种菜、养猪；我当时不明白的是，为什么有很多721的母亲每天去捡矿石、挑沙子、背水泥，她们的身材也并不高大；我当时不明白的是，为什么我家的粮本是塑料红皮的而很多同学的粮本是纸质的；我当时还不明白的是，为什么721的母亲们不爱穿好的、不爱吃好的，即使有好吃的也要留给小孩或者客人吃。

我当时对于721的母亲们不明白的事情还有很多很多，那时岁数太小了。我只是觉得每一个721的母亲都有好体力，上班干活，下班做饭、洗衣服，还给我们烧水、洗澡。我感觉她们从来不会累，感觉她们从来没有说过累……

后来我渐渐长大，才明白她们不是不会累，她们是不能因为怕累就轻易放手不管。所有721的母亲都勤劳朴实、任劳任怨，她们一辈子的责任就是把我们养大。721的母亲们不是不想穿好的，她们是要让我们吃好穿好，让我们有书读，长大不要像她们那样吃苦。她们省吃俭用，到处借钱，是为了让自己的孩子有个工作，结婚成家。

我的母亲后来因为医疗事故去世了。记得小时候母亲告诉我，我生下来的时候是大哭的，哭声很大。而当我的母亲在没有来得及说什么就咽气的那一刻，我和我的弟弟们哭得也很大声，那是肝肠寸断、撕心裂肺的痛哭。我不知道母亲带我来到这个世界的时候，我是不是因为见到母亲而大哭，但是她离去的时候，我才发现，没有了母亲就像忽然一下子没有了根……

渐渐地，我们也年近半百，我羡慕那些还有母亲的同学们，你们有空，要多

莲塘小吃店阿姨们的合影

陪她们说说话。当她们提出想回矿里看看的时候，一定不要拒绝。她们不是要坐你们的奔驰宝马，而是希望你们能带她们回去矿里，就如那年她们牵着你们的小手，抱着弟弟妹妹到矿里一样。

我们的721母亲们，在那个时代、那个环境下含辛茹苦地把我们养大，我在今天想替所有的同学，用两个字来概括我们的721母亲：伟大！

■ 原文刊载于《721矿游子》第120期。

曾经的721矿文坛“一哥”

——怀念好友袁兆平先生

艾俊民

2014年8月28日，晚上8点钟，我从公园跳排舞回来，打开721矿老朋友微信群，看到一则讣告：袁兆平因心肌梗死去世，享年65岁。讣告是他儿子袁征发布的，袁征还专门发给我一条微信。我当时傻了，万万没想到他突然就去世了，我屡次催促他能在《721矿游子》报上撰写几篇文章呢，现在深感绝望。

年轻时的袁兆平

我跟袁兆平认识得比较早，大约是在1980年，他拿着他写的小说来与我探讨。那时我也是个文学青年，迷恋于写小说，但都是孤军奋战，没有导师指导，也不认识杂志编辑，完全就是根据自己的兴趣瞎写。自然也没有地方发表，经常是绞尽脑汁写出几千字，然后变成废纸一堆。我和他生活经历不一样，他写的我提不出什么意见，我写的他也不大欣赏，总之就是大眼瞪小眼，对着发愁。

后来，不知他怎么认识了《抚河》杂志的编辑王冰泉老师，并且在江西省省级刊物《鹃花》上发表了一篇科幻小说，奠定了他在721矿文坛上的“一哥”地位。他好像还是抚州地区作家协会的会员，是乐安县文联的副主席。1983年，乐安县文联召开了一次会员大会，就是由他主持的，我们721矿有十几个人参加了，其中就有现在的成名作家邓静宜女士。出席这次会议的还有我和熊继祖、李谦、吴孟轲、陈喜宝、陈俊华、周学辉等人。我现在回头想一想当年出席乐安县文联会议的这些人，虽然正式成为作家的好像只有邓静宜一人，但是都混得不错，官位最高的是熊继祖，已经是司局级领导了。其他人或进入新闻文化单位、政府部门，或上升到企业管理层。这说明奋斗总是有成果的，热爱写文章并不能保证你成为作家，但是可以提高你的综合素质，进而在别的领域回报你。

我知道，在 721 矿同事中，至少有 2 个人对他怀有感恩之心。一个是熊继祖。当年袁兆平出名以后，被核工业部借调，为《神剑》杂志写稿，主要是写"两弹一艇"的报告文学，还出了书。写作期间，袁兆平觉得人手不够，力荐熊继祖进入核工业部的写作队伍。熊继祖后来对我说过，此番经历拓宽了他的视野，让他结交了许多朋友。当然，直接把他从二厂调到矿宣传部的，是时任矿党委书记的熊履端；提拔他为宣传部部长的，是时任矿党委书记的张其傥，当然还有李华建副书记的推荐。但是追根溯源，袁兆平是他遇到的第一个贵人。另一个对他怀有感恩之心的是刘乐平。刘乐平去年对我说过，是袁兆平把他从工地调到邹家山宣教科的，让他脱掉了工人的衣服。袁兆平虽然对我没有直接的提携之恩，但我是被熊继祖调到矿宣传部的，从此我才进入了新闻宣传队伍。因此追根溯源，我也应该感谢袁兆平。

袁兆平是 1988 年被调离 721 矿到南京的，在江苏省委统战部下辖的黄埔军校同学会工作。他调走以后，我们只有书信来往。大约是 1995 年，我和李谦在南昌见过他一面，当时他到南昌矿冶局机关宿舍为他父亲（袁荣生，曾任 721 矿副总工程师）搬家。后来我调到浙江，大约是 1998 年，单位组织到南京旅游，袁兆平的工作单位当时还在总统府，而总统府正是我们的参观景点。我以为可以见上他一面，但是我们参观总统府时，正好是双休日，袁兆平没有上班，我只是趴在那个挂有"黄埔军校同学会"牌子的窗台上往房间里看了几眼。后来到 2003 年，熊继祖到苏州阀门厂开会，约我和袁兆平一起去见面。但是等我到达时，袁兆平头天晚上已经来过而当天已回南京了，我与他再次错开了。

虽然我与袁兆平从 1995 年以后再也没有见过面，但是电话联系还是有的，尤其是 2012 年 8 月 1 日我创办了《721 矿游子》电子报以后，多次打去电话约

年老时的袁兆平

他写稿。但是他毕竟年纪大了，同时也因为在省委机关待久了，习惯用笔写字，然后叫单位的小姑娘打字。他不大懂电脑知识，老伴也不愿意他学习电脑知识，认为电脑屏幕会损害眼睛。倒是他的儿子袁征（一个新闻界的青年才俊），热情地为《721 矿游子》报撰写了好几篇文章。我也曾多次邀请袁兆平来我这里玩，他说正学习开车，他觉得学习开车比学习电脑更实用。

2014 年 8 月 18 日，我正在上班，突然接到袁兆平的电话。我很奇怪，因为一直是我打电话给他的，他很少打电话给我，怎么这次他主动打电话给我？在电话里，他很忧虑地说，他的身体不大好，腰直不起来，躺在床上。我以为这是老年病，便宽慰了他几句。想不到 10 天后他就去世了，也许他那时已经有了预感，在一一跟老朋友告别。如果知道是这么回事，我一定会赶去见他最后一面。

兆平友，安息吧！你是靠文章起家的，我们一定要在文章中让你永生。

■ 原文刊载于《721 矿游子》第 70 期。

再会抚州“柴进”

艾俊民

2015 年 10 月 2 日，我应约去抚州，与 721 社区的领导会面。上午 8 点钟，还未出发，康宁兄就打来电话，问我出发了没有，并给出了详细的路线：“从迎宾大道往东乡方向走，南昌大学对面就是金安小区。”到了 10 点钟，他又打来电话，问我到了哪里。殷切之情，让我心里很是热乎。我在金安小区社区管理站门前下车，一群人簇拥过来，原来是李康宁、黄初晨、刘经龙、李永，还有雷雪安。

“30 多年没见面了。”雷雪安说。“没有 30 年吧，1993 年，我调到宣传部以后，到抚州印矿报，还到你家吃过一次饭哪。”我说。“那也有 20 多年没有见面了。”雷雪安说。“是的是的。”我连声说。李永是新朋友，黄初晨也是初次见面，只有李康宁、刘经龙和雷雪安是老相识。我观察三人，李康宁、刘经龙二人变化不大，只有雷雪安老相多了，首先是皮肤变得粗糙了，泛红色，好像晒干的红辣椒；其次是头发也掉了许多，隐隐看得见头皮；最后还有鼻子，兴许是常年在酒桌上打拼的缘故，竟然有些酒糟鼻。在合影时，他一定要紧靠着我，在饭桌上，他也一定要紧挨着我。本来我想吃完午饭就回去，他坚决不让，非要在晚上请我吃饭（午饭是 721 社区请我），说：“你今晚就在我这里住，要住哪个宾馆，你随便挑。如果要住我家里也行。本来我家里从来不留客，对你我破例了。你明天回去，如果要坐飞机，我马上给你买张去上海的飞机票。”黄初晨笑着说：“雷雪安是亿万富翁，又是抚州有名的‘柴进’，他是不会放你走的。”

柴进是水浒梁山上的人物，以好客、喜欢结交朋友著称。其实，30 年前我就知道雷雪安的这个特点。大约是 1980 年，我与矿宣传部的吴逢玉交好，那时他住在古城北区二栋，我住在四栋，都是单身汉，无所事事，基本上每天都会见次面。而雷雪安与吴逢玉相识，因此，也就认识了我。记得有一次我和吴逢玉应雷雪安之约，到他工作的地方——湖港分矿去玩。下了公交车，一路上都有人跟雷雪安打招呼，而雷雪安见人就掏出一支“大前门”香烟，满脸客气。再闲聊几句，弄得我们短短的一段路走了很长时间。我不无怨言地对他说：“你的朋友真多呀！”雷雪安笑着说：“没办法，都是熟人。”在雷雪安住的宿舍，雷雪安买菜做饭，本来说好的是请我和吴逢玉吃饭，可是最后吃饭的人坐满了一桌，可见他的好客程度。

1982年，吴逢玉调回湖北恩施老家去了，由此，我与雷雪安见面的机会也少了。1993年，我从莲塘学校调到矿党委宣传部，有一次到抚州印矿报，不知道什么缘由，去找他叙旧。我不知道他家住哪里，雷雪安电话告诉我，你只要打听“雷公馆”就行了。果然，我问路人：“雷公馆在哪里？”路人极为爽快地告诉我。雷公馆是一栋翻修过的3层楼的老房子，楼下就像酒店，招待客人吃喝。其中有一帮客人，大约是接工程的，要承修一条公路，与雷雪安在谈价格。这时我才知道，雷雪安下海了。至于他什么时候调到抚州，在什么单位工作，又是什么时候下海的，我一概不知。当时雷雪安大约在谈业务，与我交流不多，只有他的老婆陪我聊了几句，大意是，做这种事情很烦，还是像我好，在机关工作，省心。回矿后，我写了一篇文章，刊登在矿报上。据说吴三毛（时任邹家山分矿矿长）当即打电话给雷雪安，说我写的那篇文章，很像是写他。当然，这都是雷雪安后来才告诉我的。

吃过午饭后，雷雪安便要我到他家去，中途拐到他的公司驻地看了一下，里面都是他的大型机械设备——好几台大型挖掘机停在那里，其中的一台，雷雪安介绍说：“全国只有一台，是我从日本进口的。”至此我大致明白了，他是搞工程的，有时自己承接大型筑路工程，有时别人承接到工程以后，因为缺乏大型设备，他就以设备入股分成。看过他公司的设备之后，我到了他家，就是当年的雷公馆，已不复当年的热闹。这里成了老城区，雷公馆的名字也无人知晓。雷雪安说：“我在鹰潭有房子，抚州也买了2套房子，这里平时也不怎么来住，就锁在这里，晚上你就在这里住。”

雷雪安带我一层层地观看昔日的雷公馆，这里已经成了储藏室，一楼靠街面的一间，储藏的全部是五粮液之类的陈年老酒，雷雪安说：“这些酒都有20多年了。世界上只有两样东西可以保值，那就是黄金和名酒。名酒存放的时间越长越值钱。”主客厅以及楼上的房间，都是成套的红木家具以及成摞的玉器和成堆的书籍。我

晚餐时合影（左起依次为：黄初晨、艾俊民、杨贵云、雷雪安、李华建、李华建夫人、李康宁）

越看越惊心，难怪他说平时家里从不留客，难保会有一些不良之人见财起意，即使偷他个把玉碗或者古版书，恐怕他都不知道。我说：“我不住你家，我要去住宾馆。”雷雪安说：“我对你还不放心嘛，你就住这里！”“不住，坚决不住。我要住宾馆！”我说。“行，行。吃过晚饭后，我就带你去住宾馆。临河街面的，晚上可以看抚河。”雷雪安说。

在下午的闲聊中，雷雪安详细地讲述了自己的经历。他 1971 年被招工到 721 矿湖港分矿当井下掘进工，因为踏实肯干，被评为劳动模范。1976 年，他被推荐上了 721 大学（核工业系统自己办的职工大学，该届学员大部分是劳动模范，后来都成为 721 矿的各级领导干部），但因为与某老师有矛盾，一门课不及格，1979 年毕业后又回到井下当了掘进工。1988 年，他被调到抚州市政府，当了一名机关干部。1992 年底，他决定停薪留职，下海办企业。经过一番打拼，终于闯出了自己的一片天地。

“这几十年，我遇到过挫折，也被人家骗过钱（有二三十万）。最困难的时期，我把家里祖传的乌龟壳拿去卖钱请客。但是幸运的是，我遇到了很多好领导、好同事，总归使我事业有成。”雷雪安感慨地说。他认为，给他帮助最大的是孙永久。孙永久以前是余江县的县委书记，“文革”时受到了冲击。

“九一三”事件后，老干部恢复工作，孙永久被派到721矿当党委副书记。后来又调到抚州地区当地委书记。鹰潭市成立后，他又成为鹰潭首届市委书记。

雷雪安说：“我是在成为矿劳模后才认识孙书记的，之后我与他建立了很好的私人关系，他对我帮助很大，无论是思想上还是生活上。1993年1月，通过王火茂的介绍，我到鹰潭市去办公司，这时孙永久正是鹰潭市的市委书记。孙书记人很好，为鹰潭市的筹建和发展做了很多实事。孙书记病重逝世前，还专门打电话要我去见了他一面。他逝世的时候，有20多个省级干部来给他送花圈。”

讲到故人逝去，雷雪安不由讲起了老朋友吴逢玉的事情，他说：“那一年，我到湖北恩施去找过他，他正好在县委宣传部副部长的任上，要筹办一份报纸，我赞助了他一万元钱。吴逢玉说要给我做一个广告，我说不要，我的广告在全国范围到处都有。后来过了几年，我又去找他，他已经因为一氧化碳中毒不在人世了。我很难过，让司机开车带我去他坟前祭奠一下，为此还出了一次车祸。”雷雪安昂起额头，要我看他眼角上的伤疤。

说着说着，不知不觉到了吃晚饭时间，雷雪安早早地安排人在抚州市一家高档酒店订了一个包间，并约了曾经是721矿党委副书记的李华建（后调去湖南矿冶局当书记，现已退休，为正厅级干部）作陪。晚饭后，又为我在一家商务宾馆开了一个单人间。如他所说，单人间正对抚河，凉风习习。临窗眺望，夜景很美。睡梦里，我恍惚又回到了我的青年时代……

■ 原文刊载于《721矿游子》第98期。

父爱穿山越水

王峰

日月如梭，光阴似箭，一转眼中秋节又快到了。看到超市里摆满各式各样的月饼，一股思亲之情从心底涌出，我不由得想起了千里之外 88 岁的父亲，想起已有多年没有同他老人家一起过中秋节了。

父亲是位离休干部，16 岁参军并加入中国共产党。在那战火纷飞的岁月里，父亲跟随部队南征北战，在连队里、在解放军司令部里担任文书。父亲从部队转业后在北京工作，后来在 20 世纪 60 年代初调到江西 721 矿工作直至离休。

父亲相貌堂堂，性情温和，很少生气，从来不曾打骂孩子。我们小时候，父亲也许是工作忙，还经常出差，对我和弟妹五个孩子是“放养”，绝不是那种对孩子管束很紧的虎爸。但父亲的“放养”，并不是对我们放任自流、不管不问，他有空就会问我们的学习情况和在学校的表现，缺什么工具书和文具他也会去买回来，还叮嘱我们在家里要帮母亲做家务活。

父亲具有刚柔相济的性格。当你做错事，他找你谈话时，那不怒而威的神情，让我们对父亲敬而生畏。记得有一次，父亲看见我做作业时桌子上多了几本比较高级的练习本，便问我：“这本子哪来的，是不是你向人家要的？”我回答道：“刘军妹妹参加工作上班了，不读书了，这几本作业本用不上了，就给我了。”父亲板着脸严肃地说：“记住！不许向人家要东西，人家送的也不能要，不能占人便宜。”

父亲是孝子，经常给在河北老家的奶奶寄钱。父亲生活节俭，衣着简朴，但给家里人花钱他一点也不吝啬。有几次他到上海、北京等大城市出差，会给我和母亲买回来漂亮的衣服和鞋子。我刚参加工作没多久，父亲到广州出差时还给我买回一块精致漂亮贵重的女式手表。

像所有的中国父母一样，我的父母也帮子女带孩子。1984 年，我儿子出生后，父亲每次从机关下班回来，经过幼儿园就把我儿子接回家来。尽管父亲的腰受过伤，抱着一个胖胖的小孩很吃力，但他还是不辞劳苦、乐此不疲地在空闲时帮我带孩子。

20世纪90年代中期，我调动工作到了上海后，细心的父亲又开始关注上海市的天气预报，然后及时地打来电话提醒我，给我诸如“出门别忘了带伞，今天下午有暴雨”“下了班早点回去，傍晚有台风”之类的嘱咐。

父亲经常写信告诉我他和母亲的身体状况以及弟弟一家的情况，叫我不要担心他们。接下来父亲又是语重心长地叮嘱我“工作一定要认真细致，决不能有丝毫马虎！要多读书学习，要与时俱进。”父亲还常常写信交代我“要谦虚谨慎，戒骄戒躁，与同事相处要宽容、友好、和睦。对待每一个学生一视同仁，关心爱护每一个学生。”

2011年6月，我不慎滑倒，左腿髌骨骨折。父亲知道后，很着急，要寄钱给我，我叫他不要寄钱，我有医保，单位里还可以报销医药费。父亲还是不放心，寄来了2000元。

每年的春节前夕，父亲都会给我寄来母亲做的香肠及腌制的腊肉，父亲在包裹上写的是漂亮的正楷毛笔字。每逢寒暑假，我去江西探望父母，回上海时父亲总是帮我拎着沉重的包裹，送我到车站，嘱咐我到家了打个电话回来，下了火车打个的士回家，别舍不得花钱。

转眼到了2015年，我儿子在江西姥姥、姥爷家住了一段时间。这期间我儿子做了一件大好事：送了我父亲一台平板电脑，并给我父母家里装了宽带，教我父亲上网、看新闻、查资料、拍照、看影视剧、玩微信。父亲虽然80多岁了，但精神矍铄、思维敏捷、头脑清晰、记忆力好。有了平板电脑，父亲如鱼得水：增长了知识，开阔了视野，丰富了晚年生活。我亲爱的父亲昂首走进了网络新时代。

近几年父亲耳背，听力差，就不给我们打电话，也不写信了，平时就靠微信与子女联系，我妹妹还建了一个微信群，有开心的事全家人一起分享，有不快的事全家人一起分担。父亲微信玩得很熟练，有事就发微信，我写的文章发给父亲看，他会给我提出中肯的意见。当年父亲文采好、口才好也是出了名的。后来侄子又送了一个平板电脑给我父亲，这样一来母亲也能天天用平板电脑看影视剧了，不亦乐乎！

父亲热爱读书，喜欢看人物传记。平时还订阅了《党史天地》《老友》和《老年报》《健康报》等书刊报纸。去年夏天我回到江西父母家，看见父亲坐在沙发上认真地看《习近平总书记重要讲话读本》，边看边在重要的句子下面画上波浪线或点上着重号。

因为母亲经常腿痛，不便出门，父亲就每天买菜做饭，我还看见父亲无师自通地修好了电风扇和电饭煲。

人总是这样，记忆的闸门一旦打开便如滔滔江水，一发不可收。古人“父母在，不远游”的说法固然不能与现代人的追求并论，但比起“乌鸦反哺，羊羔跪乳”，作为他的孩子，我又给了父亲什么呢？望着窗外的明月，我想说：千里漂泊，是女儿的人生旅程；日日夜夜，不变的是思念父亲的游子心。

作者父亲王甫卿近照

■ 原文刊载于《721矿游子》第207期。

女儿的祝福

华文梅

作者的父亲母亲

再过几天，就是母亲的生日了，而下个月是父亲的77周岁寿辰。草书的“喜”字看起来就像竖排的“七十七”，故而人们常将77岁称为“喜寿”。原来想好好庆祝一番，但父母勤俭一生，一向不好于此，故而我想还是写点文字，以表女儿对二老的一片情意。本想好好写写，可他们这一辈子经历了太多的苦难，写着写着，泪已满面，故而还是放弃了。还是从几个片段，侧面记录下父母的为人处事吧。

我父亲华洪元1964年退伍到721矿，先是在二厂喷漆车间工作，后来被抽调去食堂轮岗，由于工作认真负责，就被留下了。他从一般工作人员做到食堂管理员，退休前是矿生活科副科长。大半辈子管后勤，跟咱老百姓的头等大事“吃”打交道。

记得当初食堂蒸馒头是用南边开水房的蒸汽，每天天还没亮，他就去跟上早班的人一道抬笼屉，卸馒头。那笼屉很重，一般人抬不动（食堂的馒头又大又暄软，恐怕没几个矿子弟不怀念的）。而晚上则要等上晚班的发好面，整理干净炊具后他才走。可能有人觉得在食堂上班肯定可以近水楼台先得月，但父亲说，管食堂的自己也在里面吃饭怕说不清，故而坚持不跟炊事员一起在食堂吃，一直坚持回家吃饭。也许别人以为我们家的伙食一定很好，其实我们家平时最常见的就是青菜一碗，一碗青菜。母亲教导我们从小养成勤俭持家的品德，尤其我们家孩子比别人家大，父母工资都不高，母亲恨不得一分钱掰两半花。即便如此，在那艰苦的岁月里，父母亲还是特别热情好客，自己再艰苦，来了客人都一定把最好的给客人。平时家里不舍得吃的，只有等客人来了才拿出来。无论是老乡、朋友，哪怕是来找父亲办事的，只要赶上饭点，父亲一定会留客，请人坐下先吃了饭再说。所以有时父亲说母亲总是舍不得给我们做好吃的，母亲就说，家里不留一点东西，来了客人你让我怎么办……再后来改革开放，食堂有了小炒，这时如果来了客人而桌上实在没啥菜，父亲就大手一挥，叫弟弟赶快去食堂买个炒菜回来。这当然是弟弟最乐意的差事，他一般会买个炒肉片。饭桌上父母会拼命往客人碗里夹菜，小弟总能吃上一两筷子，但我和姐姐毕竟大点，不太好意思伸手。我们家客人最多这件事，在我们那栋房都特有名。哪个星期没一两个客人，邻居都会开玩笑说，你家老乡怎么都没来啊？

那时我还不懂事，总是嗔怪父母，别人家怎么没见有那么多客人，我们家咋会老是有这么多客人啊！另外，做点好吃的，比如家里杀了鸡或包个饺子，母亲都会叫我们给邻居们送上一碗。

后来渐渐长大了才懂得，这一方面是源于父母保持着我们中国老百姓善良、好客的传统；另一方面是因为父母总是说，咱们刚来矿里的时候，也挺困难，总是缺吃少用的，也是靠朋友、同事的帮助度过的（的确，小时候家里冬天连多余的被子都没有，每次有客人来要住宿，父亲就到后面8栋房的葛叔叔家借）。所以，在721矿，像我们从小没回过老家的孩子们，对亲戚本没什么概念，只有和老乡之间常走动，跟好邻居有感情。记得姐姐结婚时在家里宴客，那些老乡、朋友都自告奋勇来帮忙，楼上楼下的邻居家全成了婚宴的餐厅。从某种程度上说，我们小时候虽然没有体会到除父母、姐弟之外的亲情，但老乡、朋友、邻里间的友情却让我们感受到人间的真爱。直到现在，老乡、老邻居虽分隔千里，却也如同亲人一样，每到年节都会记挂着，道一声平安，送一声祝福。

俗话说，一个家的家风好坏，关键看女主人。说到我母亲肖善兰，她是家中的长姐，有11个弟妹，一出生就赶上日军侵略。母亲是苦难中出生，苦水里泡大的。而婚后第三年，父亲去当兵，一走就是8年，她伺候着太爷爷，哺育着姐姐，度过了三年困难时期。到矿后，她装过车、挖过砂，省吃俭用，操持着一家人的吃穿用度。父亲整日忙于工作，尤其节假日和每天做饭的时间都在单位忙着，只有母亲独自操劳，十几年毫无怨言。而做好饭一定要等父亲回来后才开饭，爸爸没动筷子全家人都不能动，餐桌上的规矩都是妈妈盯着。还有一件事到现在我们都特别自豪：“文革”期间，人与人之间的交往都受到影响，邻里之间可能因一些小事吵架、闹矛盾，矛盾激化的则演变成了打架，甚至到了有一户必须搬家才能解决问题的地步。可我渐渐发现，只有我父母从没跟任何邻居争吵过。父亲说，哪怕是“文革”期间咱也不去整人、不跟人结怨；而母亲一贯谨言慎行，从不与人争长短、论是非，哪怕是孩子间争吵，她也总是教育自己的孩子，从不护犊，故而自我们搬到9栋房到离矿前的近20年里，我们跟许多户邻居建立了不是亲人却胜似亲人的真挚情感。

时光飞逝，父母退休后迁来嘉兴，一晃离开古城也20多年了，嘉兴成了我们的第二个故乡。而二老一直自食其力，尽量不给孩子添麻烦。父亲更是继续发挥余热，成了街道城管办的好管事，多次被评为省、市、区级城市美容师。现在二老虽年过古稀，仍开荒种地，总想着让我们吃点健康的蔬菜。前年母亲享受了当地社保，看病、配药都有社会保障。去年房子拆迁也住进了新房，就等二老今年正式“退休”，回家颐养天年了。

在我们三个子女心中，父母一直是勤劳、质朴、善良的典范。他们虽没有高深的学问，也不会讲什么至理名言，却用自己的一言一行影响、教育着我们。

这里，女儿祝二老生日快乐，身体健康！也祝咱所有721矿的老人们，健康长寿、平安喜乐！

■ 原文刊载于《721矿游子》第80期。

南京朋友

王瑞霞：不向命运低头的女强人

她很爱笑，身残志坚，乐观向上；她很坚强，为了上学，克服困难拄起拐杖；她不屈服，工作困难却仍坚持奋斗。她是王瑞霞（原721矿子弟），高级会计师、注册税务师，南京霞瑞税务师事务所所长，南京大学商学院EDP企业家联合会理事。她用不懈的奋斗把日子慢慢变甜，用自己的经历诠释了什么叫自强不息。

一、起点低，不向命运低头！

在大地上奔跑、舞蹈，追逐翩飞的蝴蝶，采撷美丽的山花……大部分女孩们的童年日常，却是小瑞霞遥不可及的梦想，因为还不到一岁，小瑞霞就患上了脊髓灰质炎，她的左腿丧失了行走的能力。但是，这个女孩并没有向命运低头，小小年纪就毅然开始了与常人不同的极为艰难的追求。在721矿莲塘学校读小学时，她父亲每天背着她，早早地来到学校。小瑞霞便在教室里，早早地开始了学习。她努力学习，天天进步，品德良好，成绩优秀，令人喜爱和赞叹。

然而，命运并没有因为小瑞霞的努力而对她有所眷顾。读中学的时候，每天背着她上学的父亲不幸英年早逝，那座疼爱她的大山倒下了，她只能自己拄拐去上学。她没有被巨大的悲痛击倒，她没有被更大的困难吓倒，每天仍穿得整整齐齐，精神饱满，保持蓬勃的朝气，不向命运低头。在学校里，她更加努力地读书学习，希望通过学习，提高自己，改变命运。在老师的呵护和同学的帮助下，她以优异的成绩完成了高中学业。

但是，生活并没有为她开出一条平坦的大道。当时考大学体检很严格，因为身体条件不合要求，她只能在大学门外望洋兴叹。

王瑞霞近照

二、没工作，幸得贵人相助

后来，721矿办起了开放性大学——电大分校。王瑞霞又看到了希望，立即报考并被录取。于是，人们又看到她拄起拐杖，昂起头，不顾风雨，往来于家和学校之间，勤奋学习。原本她修读中文，后来根据就业形势，改学了财经，并且以优异的成绩顺利毕业。

即使毕业了，对于她，找到合适的工作仍是可望而不可即的。当时的721矿领导获悉了这一情况，亲自找王瑞霞谈心，询问她的意向，通过行政部门帮助她找到了工作。

王瑞霞没有辜负领导的关怀和希望，在单位（财务科）虚心学习，忘我工作，获得了单位同事一致好评。这时候的她，对生活又充满了希望。现在当她谈起这件往事的时候，还深深地感激当时的那位领导，感激所有帮助过她的老师和同学，感谢财务科的同事们。

三、不甘心，辞掉工作来南京

20 世纪 90 年代，人们开始把目光转向外界，逐渐有人去广东、江浙等地谋求新的出路。1992 年，王瑞霞放弃了来之不易的工作和稳定的生活，独身闯到了南京，到茫茫的紫金山下玄武湖畔寻求新的发展、新的人生。

一个行动不便的女子，举目无亲，到南京只能一切从零开始、一切从艰辛开始。然而，因为身体的原因，她无法找到合适的工作，她只得到边远的社会福利小厂做手工。

风里雨里，酷暑严寒，小马路上多了一辆手摇轮椅车，天不亮就出发，天黑了才返回，其间还要上桥下桥。日复一日，王瑞霞满身风尘一身疲惫，却默默地咬牙坚持着。

当时，开汽车可是个稀缺技能，王瑞霞居然“异想天开”要去学开车，驾校派了最好的师傅教她，她反反复复学习苦练，结果比身体健全的学员还要学得精、考得好。去上海、去南昌、她就是凭着一条腿，开车往来的。

四、“不满足”，凡事要做到最好

王瑞霞在福利厂埋头苦干、兢兢业业，团结同事，关心集体，是受大家称赞的好职工。领导也发现了她财务工作上的才干，把她调到了机关工作。她终于在南京立足，开始了新生活。

这下该满足了吧？不！王瑞霞把这次成功看成了新的起点。她一边努力工作，一边发奋学习，在南京大学商学院学习工商管理，还到国外学习，成了财税方面的专业人才，成了高级会计师、注册税务师。她的技能和业绩都取得了超出常人的大进步。

这下该满意了吧？不！她要闯出一片自己的天地。于是，她开办了自己的公司——南京霞瑞税务师事务所，立志要把事务所做成精品，自己为自己代言。她的公司凭借精湛的专业知识和优良的诚信服务，积累了人脉资源，取得了较好的经济效益。

五、了不起！大伙眼里的王瑞霞

前段日子，王瑞霞的老师们去南京旅游，王瑞霞开车接送，还陪同参观了博物馆，游览了各大旅游景点，安排宴请，聚会非常愉快。

聚谈中听王瑞霞谈及她的曲折经历，老师们真是又感动又感慨。回到上海之后，老师们在同学群里谈起王瑞霞，同学们无不交口称赞。大家的评价很中肯也很简短：王瑞霞，了不起！

提起现在的成就，王瑞霞的话语里饱含满满的谦虚："回想我走过的路，更多的是感恩！我每走一步都有他人的帮助，能有今天的成绩，是无数人帮助的结果，我只有更加努力工作，来回报社会。"

■ 原文刊载于《721矿游子》第206期。

周作池

古城好学子 他国成画家

——721 矿古城学校 1983 届文科班徐晶油画受关注

徐晶照片

2000 年，我退休之后，随子女旅居深圳，近年又随子女漂泊到加拿大。在这文字不识、语言不通、亲朋甚少的异国他乡，更加思念往昔的亲朋好友。俗话说，士别三日当刮目相看。作为老师，我们一年又一年地送走许多学生，他们离开 721 矿后，或读书、或工作、或经商，人在他乡，其成长经历时时引起我们的关注和牵挂。

这里我想为古城学校的师生和 721 矿职工介绍一位由 721 矿走出去的久违了的学子——徐晶。

娇小玲珑的徐晶，自幼勤奋好学，幼时随开展地质工作的父母辗转穷山恶水，到上学的年龄时连找个学校上学都很难，无奈委屈于一所师资条件极差的农村学校混了几年。后随父母到 721 矿，转入古城学校就读。在老师的悉心教育下，她如饥似渴地学习文化知识，奋起直追，于 1983 年顺利考入上海外贸学院，毕业之后被分配到北京工作，与同在古城学校考入镇江某校的孙岭同学相识，结为伉俪，之后移民到新加坡，开创自己的事业，三年前又从新加坡迁到加拿大。如今事业、家庭顺风顺水，一派繁荣景象。

2018 年元旦，徐晶从加拿大给她的班主任周焕奇送新年贺卡，周老师告诉她我也在多伦多。于是她和丈夫孙岭在一个雪后初晴、阳光明媚的上午，开车接我和老伴到一家中式餐馆用餐叙旧。721矿的子弟和家长一向尊师重教，在国内常有昔日的学生登门拜访。在国外这还是我第一次与学生相聚，在异国他乡能见到我们教过的学生真是难得，大家都很高兴很激动，席间交谈甚欢，有说不完的今夕事。餐后她俩带我们到她家里喝茶。来加拿大后他们购置了一栋西式洋房，房子坐落在环境幽雅的绿茵丛，前有草地后有花园，上下三层，宽敞明亮，室内装修豪华，摆设别致，书香气浓厚。

徐晶是学外贸的，但她室内几个房间都摆满了她画的油画，墙上挂着，地上、桌子上放着，琳琅满目，俨然是个专业的画家。这引起了我的好奇，交谈中知道她妈妈喜欢绘画，从小熏陶，潜移默化，闲暇之余不经意间就拿起了画笔，或浓墨重彩，或轻描淡写，边画边学，收藏观摩，会友切磋。几年下来，已小有成就，有观画者愿出高价买她的画作。

参观完她的油画后，我们赞不绝口，我又称赞了孙岭的博客。她顺便告诉我，她也喜欢写诗，还会做小木工。在欢声笑语中我们匆匆告别，他们开车送我们回家。

印象中徐晶在读高一时，化学学得不错，好像她的母亲还找过我一次，问及徐晶的学习情况。我如实地与她的母亲交谈，肯定了她的勤奋好学，给予她较大的鼓励。后来不知什么原因，她就转到文科班去了，我还为她不学理科感到惋惜。从此，一晃三十多年未与她谋面，这次相见，她还清晰地记得我对她的鼓励，记得我讲课的情景。她说她多次向其他同学打听过我的联络地址，师生之情真是历久弥深啊！这番话使我感到非常欣慰。

最近在浏览网页时，看见国际艺术新闻网于2018年8月19日发表了一篇署名文章，题目是《在艺术的世界里绽放飘香——加拿大女画家徐晶》。一看照片，果真是我所熟悉的721矿子弟徐晶，文章是这样描写的：

“徐晶女士是一位新加坡籍画家，同时也是一位商人，三年前移居加拿大多伦多。成长于中国，在新加坡经营海运业务多年，难能可贵的是，商场的摸爬滚打并没有改变她的淡泊与从容。观赏她的画，你可以感受到她是以敏感丰富的情感在用心作画，她在自己的作品里揉进了其为人处事的真诚和磊落大方。她用亮丽的色彩画出了云卷云舒；也画出了暮雨发芽、秋风开花；更画出了山也含笑、树也欢喜的人间深情。她笔下的白鹭、云烟、海棠红、一树绿叶和一秋繁花就像她的诗，美且散发出淡淡的幽香。”

上海大学知名教授吴建刚博士到多伦多出差，看了徐晶的画后，在他的网页上发表了题为《欣赏徐晶画作》的文章，作了如此评价：

“徐晶女士的画作有一种独有的风格，是那种朴实、纯粹、美好的风格。记得有一句话是讲风格的，说当一位艺术家有风格时，她的艺术就走向了某种成熟。徐女士的画不做作、不夸张、不卖弄，率性而为，酣畅淋漓，看来好不过瘾。”

2018 年 7 月 29 日，新加坡宝龙贸易公司艺术家作品展全球巡展第八站在加拿大第一大城市多伦多开展。这次展览首次介绍了徐晶和她的画，次日的国际艺术新闻网加拿大新闻栏头条新闻这样写道：

“这位新画家就是徐晶，曾在新加坡经商二十多年，现任加拿大福池财富

徐晶作品

公司副总裁、新中经济文化交流协会副会长，画家、诗人兼收藏家。徐晶自幼受书法家母亲和画家大姐的影响，酷爱绘画，在经商之余，灯下笔耕不辍，家中画布常湿；无论花鸟鱼虫还是飞禽走兽，她都画得活灵活现，而且风格自成一体；无论是从构图到用色，还是从意境到笔触，她总是与众不同；喜欢她画作的人都对她的绘画天赋赞不绝口。丹青意造本无法，画中有诗。嫣红的芦苇，湛蓝的天空，似锦的繁花，五色的湖水，她的作品似诗似画，反映出加拿大这片土地的广袤和美丽，也反映出她内心的纯净。”

也许是加拿大美丽的自然风光陶冶了她的性情，也许是在异国他乡的思乡情怀点燃了她创作的灵感，在这么短的时间里能取得这么好的成绩确实令人钦佩。人生总是有许多不期之遇，谁也不知道今后的日子还会有什么样的收获。从徐晶身上我们可以看到的是721矿子弟敢于创新、敢于拼搏的人生态度。无论在国内还是在国外，前进的脚步永不停止。看到或听到我们教过的学生取得的成就和骄人的进步，我感到无比欣慰。

■ 原文刊载于《721矿游子》第210期。

721的高考故事

刘继鹏

一、憋出一个“南开”

有个学生名叫蔡中华，平时学习不错，可到了总复习时，就出了怪毛病：一到重要考试，中途就要上厕所。我知道他不是想乘机玩花样，而是精神太紧张。于是，我把他找来，对他说：“只要你沉住气，一定能考得好。男子汉大丈夫，一考试就往厕所里跑，岂不让人笑话？你给我憋住，憋住了第一次，以后就好办了！”

又一次考试来了。语文总是先考，监考当然是我。开考之后40多分钟，他开始坐立不安起来，不时抬头看看我。我没理他，板着脸瞪了他一眼。他无可奈何，只好继续做题。一个小时过去了，他又动了起来，望着我似乎想举手。我转过身，拿起粉笔，在黑板上写了个大大的“忍”字，还加了个感叹号。他绝望了，不得不坚持下去。我不担心，高三的学生绝不会像小学生那样出洋相。

终考铃一响，他立即快步上来交卷，转过身一溜小跑而去，咚咚的脚步声一直响到楼道那头。

后面的几场考试，只要到了40分钟，我就到教室门口站着，把他堵在里面，不给他任何出来的机会。最后一门（那时考七门）考完时，他已经能够悠然地走出教室了。两个月下来，他的怪毛病完全被克服了。

高考的时候，他沉着应战，发挥良好，考上了南开大学。

（说明：蔡中华是1983届的考生，如今他已经是生物学教授，是鱼类方面的专家了）

二、吓来一个“化工”

她一到我班里，不少老师就议论说，李敏这个女孩读书特用功，却连考两年都落榜，而且每次只差五六分，运气实在差极了。她自己也走不出这个阴影，整天愁眉不展，精神不振。

从学校到家里，我找她谈了许多次，总算疏通了她的心理障碍。她的精神逐步复原，复习效率不断提高，考试的状态也渐渐好转。她走上了新的希望之路。

决定命运的高考又来临了。开考第二天上午，考完数学后大家就回旅社休息、就餐。忙完了杂事，我就开始吃饭。这时，女生寝室里忽然乱了起来。一个学生匆匆赶来，说："老师，不好了！李敏在号啕大哭，不肯吃饭。" 一问，原来是年轻的数学老师关心过头，和她对了答案，她错了几道题。

我大步赶去，拨开人群，对着李敏大吼一声："不准哭！再哭就请你回去，不要再考了！"大家都惊呆了，想不到平时蛮和气的刘老师居然这么凶。我一挥手，声色俱厉地喊道："李敏，你是来考试的，不是来哭的。你想再失败，就一直哭下去。不然，你就赶快吃好饭，给我看书去！"

她只好强忍住眼泪，吃完饭复习功课去了。学生散去后，我毫不留情地把那位教师狠狠训了一顿。

下午考完生物，我在考场外等她。看到她脸上云开日出，就知道她考得不错，我转身便走了。第三天考完，她已经有了笑容，说明她发挥了正常水平。

现在，她已经是中科院硅酸盐研究所的一名研究人员了。

（说明：当时我对这位青年教师极为不满，但因为他是出于好心，而且李敏最终也考上了，所以没有找他"算账"）

三、碰上一个"清华"

高考成绩公布，张广汉的成绩在全县名列前茅，他的父母自然欢天喜地，他的老师们也兴高采烈。但是他填报志愿时却犯了愁，高了怕落选，低了怕吃亏，便来找我商量。

我问张广汉喜欢什么，他说喜欢建筑，而且他有一定的绘画基础。我说："第一志愿要搏，报清华！"别的老师都吓了一跳，但都不敢当面提出异议。那时矿里的家长特别尊重老师，所以他就大胆报了清华。

可材料送上去很久，录取工作已经开始，我们才发现了一个大错误：县招办居然没把张广汉的画稿放进档案里！

怎么办？事到如今，只有直接赶往省里的招生地点，设法把画稿送进去。我急急坐车，颠簸了近五个小时赶到了那里。可是那里已经全面封锁，根本无法进入，电话也打不进去，一点办法也没有。急忙问警卫，警卫说"清华"还没来。于是我决定拦截"清华"。

第二天一大早就赶到招生地点，在远处守候，可是直到中午也没等到，火辣辣的太阳烤得我汗流浃背，浑身冒火，肚子饿得咕咕直叫。下午又去守候，3点左右还没见到清华的招生老师，心里不觉凉了大半截。

突然，身后有人用普通话问我："同志，去水文站怎么走？"一回头，嚯，一个红色的清华大学校徽在我眼前出现，像太阳一样光芒四射！我连忙问："老师，您是来招生的吗？""是的。我要先去看看老同学，他住在水文站那里。"哈哈，真是"踏破铁鞋无觅处，得来全不费工夫！"我忙替他指路画图，看他还是不太明了，就干脆送他前往。那画和有关资料自然就交给了他，还乘机把我的学生美美地介绍了一番。

后来，张广汉同学如愿以偿，等来了清华大学建筑系的录取通知书，成了我们学校的骄傲、我们矿山的骄傲。

（说明：这件事已经过去34年了，张广汉现在已是建筑学教授，在北京的中国城市规划设计研究院任职，为主任工程师、高级城市规划师）

■ 原文刊载于《721矿游子》第172期。

声名远播的矿子弟

——符明江医生

陈宇

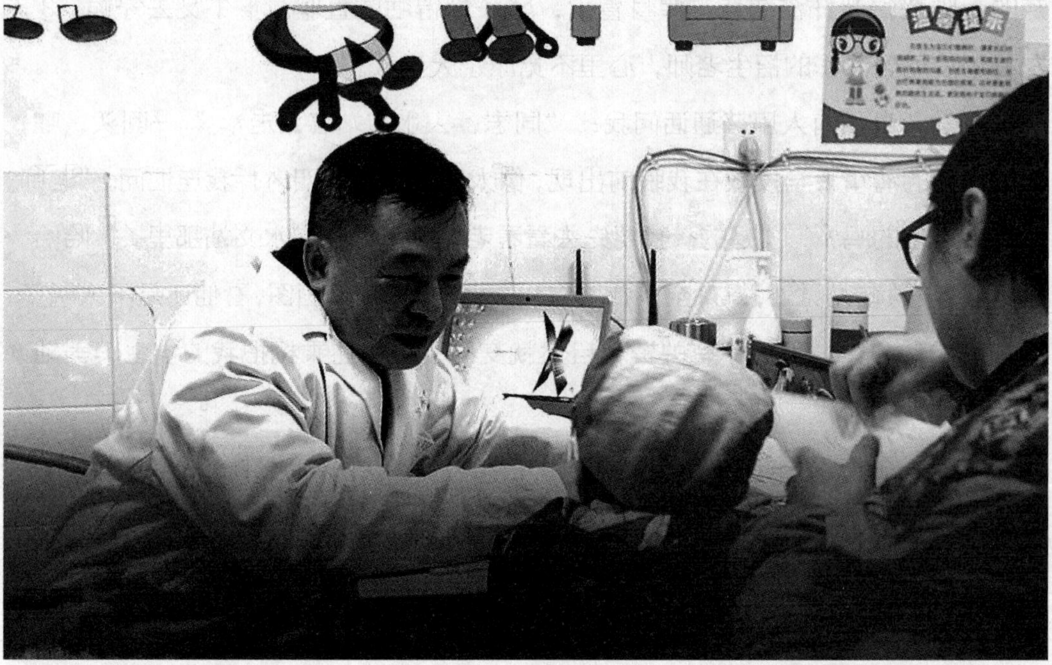
符明江医生为幼儿看病

在宜宾老百姓口里，传颂着一些名医，几十年来，宜宾人相信他们，也愿意把他们推荐给更多人。

今天，我们就去寻访一位儿科医生，也是来自宜宾人的推荐，名叫符明江，是原核工业总公司721矿子弟。他大学毕业后来到宜宾做了25年儿科医生，看好了不少宜宾孩子的病，还有好些区县的人慕名找来。

之前我们做“宜宾城里名老中医”的推送时，有微友给我们留言，说要推荐符医生。这让我们误以为符医生是老中医。后来，有人找到符医生后，才发现他既不老，也不是中医。经了解，符医生是西医，但也结合了中医治疗，是专看儿科的。

符医生 1992 年大学毕业，在宜宾市一医院当了 15 年医生，后自己出来开诊所、医院，一直都是看儿科，到现在已经有 25 年了。

符医生说，在一医院工作过，有临床、急救的经验；出来之后，经过不断的学习和研究，还跟中医老师学习，开展中药、中成药的综合治疗。这样一来，自己看儿科，就是中西医结合，比单纯的西医治疗要更好些。

符医生从一医院出来后，先是在珠玉街开诊所，看病的人爆满，排队都排到马路上去了。珠玉街的诊所面积比较小，只有 180 平方米，不够用了，符医生就在人民广场开了家医院，这里有 1000 平方米。

有些人，之前是爸爸妈妈带他们来找符医生；现在这些人长大了，当父母了，他们又带着自己的小孩子来找符医生。

符医生说，从开始做儿科医生起，他就从不做宣传，因为口碑才是最重要的。口碑好，大家就找过来了。医生为病人解决了问题，病人们自然就会信任医生。

他说，除了对病人要有仔细的诊治外，还要与家长有很好的沟通。

孩子生病了，家长是最着急的，符医生愿意花时间，慢慢回答家长的问题，与家长充分沟通。

符医生看儿科有特色，平价收费，对病人来说很实惠。在符医生这里看病，一个大原则就是“多快好省”，花钱不多，又能解决大问题。

在他这里看病的，以一岁以内的孩子居多，医生会根据孩子的实际情况，仔细地诊治，能够不输液就不输液，能够不打针就不打针。

一岁以内的幼儿，尤其是半岁内的幼儿最容易生病，因为刚从母体分离，抗体比较少，抵抗力弱。

符医生还会指导妈妈们多学习一些保健、科学喂养的知识，其实只要喂养好了，小孩也就不容易生病了。

符医生他们还专门建了多个微信群，有医生值班，在群里 24 小时回答患者问题。微信群主要就是解决医患沟通的问题。针对季节性疾病，医生们会在群里提醒大家，需要注意哪些事情；大家有什么疑问，也可以随时咨询医生们。这对于远在宜宾之外及云南等地的家长，作用就更大了。

在孩子出现轻微症状的时候，可以发图、发文字等咨询医生，由医生初步判断，是不是必须要来医院，以及当前家长应该做什么……这实际上是为了缓解家长朋友们的焦虑，也可以实质性地帮到家长。

符医生说，做儿科医生，首先要考虑的是医生的人品，医生自身要有爱心。其实小孩子对来自他人的关爱反应最敏感和直接，你好不好，你对他好不好，小孩子是有感知的。

■ 原文刊载于《721矿游子》第170期。

自强不息人生路

——记黄斌的创业路

刘继鹏

我去鹰潭的目的有三个，一是参加 75 届毕业生 40 周年聚会，二是拜访老领导、老同事，三是看望 83 届的两位同学黄斌和林勇彬。

鹰潭北站和南昌西站一样，设施还没完全配套好，就开张运营了，（上海可不会有这样的事情）要我们自己找车去目的地是比较困难的。（后来听林勇彬说，那里不但的士少，而且不开计价器）

黄斌知道我要去鹰潭的消息后，立即联络林勇彬，一起到鹰潭北站来接我。他们以为来的人比较多，开了两辆车来，结果只有我和周子，我那背包其实并不重，林勇彬却硬要夺过去。于是，我和周子就一人一辆车，舒舒服服地到了酒店。

5 月 24 日，黄斌和林勇彬陪我拜访了老领导、老同事，又到余江县锦江镇探访老建筑，晚上还送我到火车站，直到 10 点半之后才回家，辛劳了一整天。对此我深为感动，也深表感谢。

早在 83 届厦门聚会时，就听说黄斌在鹰潭创建了幼儿园，情况挺不错，所以这次就想去看看。林勇彬也兴趣十足，说几年来大家各自忙着，都没时间去看黄斌的幼儿园，于是，我们就一起出发了。

路上，黄斌告诉我们，她原先的幼儿园已经停办了，现在兴办的是“天鹰托教中心”。

黄斌说，她从 261 队学校出来，落脚鹰潭开始创业，想来想去还是舍不得离开教育事业，于是就决意自办幼儿园。

白手起家，又无后援，谈何容易！但是，黄斌硬是从第一间教室、第一个学生开始，迈开了她的创业之路。办幼儿园可不是开个小作坊、小商店，那可关系着儿童的学习、健康、安全，责任重大。能不能立脚、站稳、前进，需要靠全身心的投入，需要靠良好的教学质量。黄斌为此殚精竭虑、辛勤操劳，无微不至地关爱儿童，耐心细致地教导孩子，使得第一批入园的儿童快乐健康地成长起来，升入小学之后大多成为品学兼优的学生。

黄斌的幼儿园终于在鹰潭站稳脚跟，取得了良好的社会声誉；家长们口口相传，名声不胫而走。这个原本寂寂无闻的民办幼儿园，终于发展起来了。黄斌说，高峰的时候学生居然有300余人，她还开了几个分园。

一个幼儿园有300来个学生，规模还是很大的。我曾经任教的建青实验学校（九年一贯制）的幼儿园也只有200来个学生。教师的聘用、教育的规划、学校的管理、儿童的伙食、孩子的安全、资金的运转等，其难度可想而知，黄斌的辛劳也可想而知（要我干可能就干不了）。不必用其他东西，只要看规模，就可以看到黄斌的能力和成功。

幼儿园正办得风生水起、红红火火，黄斌为什么退出了呢？她说那是因为鹰潭交通管理不尽如人意，几辆车子接送孩子怕出交通事故。万一出了问题，那可担待不起。尽管非常非常舍不得，也只能忍痛割爱了——那种难舍难分是完全可以理解的，因为那里凝聚着她的心血。

于是，她又重新创业重新起步。她还是选择了教育，这和她的妈妈有关，也和她的原本职业有关，更和她投身教育的志向有关。

有了第一次创业的经验，有了办幼儿园时的口碑和人脉，她的“天鹰托教中心”从学前辅导开始，逐步扩展到了小学、初中。现在的教学场所，看起来还很简陋，但已经有五六个教室，可见参与辅导学习的学生人数不少。

但是，学校的立身之本是教育教学质量，所以黄斌的师资配备比较到位，教师们认真负责，教学效果比较良好。而且他们不仅进行文化学习辅导，还适时进行思想引导。黄斌不仅抓管理，还以身作则，亲自进行教学，以帮助学生获得切实提高为范例，优化托教中心的整体教学水平。

我和林勇彬听了她的讲述，看了她新创办的学校，真的很感动，对她深表钦佩。

黄斌很像她妈妈王惠芳老师，爱教育爱学生，办事兢兢业业、精益求精。相信她的第二次创业，也会获得成功。

她的母亲王惠芳老师，是721矿莲塘学校的老一辈教师，为矿山的教育事业奋斗了一辈子，是我们矿山教育界的功臣。王惠芳老师为人正派，工作勤恳，热爱学生，培养了许许多多矿山子弟，获得了广大师生的赞誉。不仅如此，王老师还待人热情，乐于助人，给了青年一代教师许多无私的帮助。我的妻子就得到过她的指教，我的孩子也受过她的教育和关爱。王惠芳老师，是我为数不多敬佩的教师之一。可惜她走得太早，我们不能再次相遇，一起为黄斌自豪。

王老师曾经来看过黄斌办的学校，说黄斌办事很像我。其实，黄斌的大胆创业是我们这些老一辈所不能及的。要叫我丢弃铁饭碗，白手起家、独立创业，我还真没这个勇气，即使跳出来也不知道怎么办。我们以前只能自己努力工作，尽心教育，最多也就是教两个班。而黄斌却能办起一所学校，带起一支队伍来进行更大规模的教学，从而实现自己的教育理念，这是很了不起的。

让我们一起衷心希望她一如既往，为教育为社会做出更大的贡献吧！

黄斌在自己创办的幼儿园教室

■ 原文刊载于《721矿游子》第89期。

高考改变了我们全家的命运

张新生

一、大儿子张勇灵

我是“老三届”的初中生，1965 年 9 月开始上的初中，第二年就开始了“文化大革命”，所以我们那一届同学在初中只读了一年书，后来学校就停课了。生长在那个特殊的年代，没有读书的机会是我终身最大的遗憾。1977 年恢复高考时，我是多么羡慕那些考上大学的“天之骄子”们。

我妻子从小学习成绩优异，13 岁那年，由于她母亲重病需要她长期照顾而放弃了学业。妻子没有工作，全家四口人，老家还有年迈的老母亲，全靠我微薄的工资养家糊口，生活的艰辛只有自己知道。

粉碎“四人帮”以后，“知识就是力量，知识改变命运”的口号逐渐变成现实，我们开始认识到，小家庭要想改变命运一定要把孩子培养成才，当年我们两口子自己没有机会实现的大学梦，只能够寄托在两个孩子身上了。

二十世纪七八十年代，我们偏远矿山非常落后，交通十分不便，儿童书籍都很难买得到，对于孩子的教育我们更没有什么经验，只能依靠矿里的广播和家里的收音机获取外面的信息。我们每天按时给年幼的大儿子收听中央人民广播电台的少年儿童广播节目，让孩子从少儿广播节目里增长知识。那时候矿里也没有学前班，为了省钱，我家两个儿子从小就在自己家里玩，他们两兄弟连幼儿园都没有上过。平时我们在家会教儿子几道简单的数学题、几个汉字。

1981 年秋天开学的时候，我大儿子 6 周岁了，山南小学要招收一年级新生。记得他们那一批 6 岁左右的小孩子非常多，学校学位不够。有人想出办法：开卷考试，择优录取。当年考场就在山南老学校教室里，山南老学校在一个叫“威虎山”的地方。考试那天，很多家长围在教室窗户的外面告诉自己孩子试题的答案。

我们两口子没有去凑那个热闹，大儿子轻松自如地通过了一年级入学考试这一关。

当年山南小学的教学质量在全矿名列前茅，学校老师虽然大部分都没有学历，很多都是工人出身的老师，还有的是从家属里面选拔出来的代课老师，可是他们一个个都热爱本职工作，一心一意教书育人。朱坚老师教我儿子数学，胡小萍老师教我儿子语文，她们两位老师工作认真负责，深受同学们喜欢。每当遇上山南播放露天电影时，学校老师就会宣布当天晚上没有家庭作业，让小学生们高高兴兴地去看电影。

我大儿子小时候学习成绩一直不错，我一般很少去过问他写作业的事情，更没有给他另外增加作业，每天只要写完作业就让他放心去玩。有一天晚上我开完会回家，无意中翻开大儿子的作业本，怎么错了几个地方呢？我马上把已经熟睡的儿子叫起来检查作业。当时正是寒冬腊月，天气异常寒冷，我们家住的草棚四面透风，家里凉飕飕的，儿子很不情愿地哭着起床把作业订正好了才去睡觉。错题大部分都是由于儿子粗心大意才写错的，经常监督检查他就不敢出错了。

记得 1976—1982 年间，我家住在山南食堂后面的草棚，家门口只有一条羊肠小道，用水要到 100 多米远的地方去挑，洗衣服也不方便。有一天晚上 12 点钟，我起床去上零点班，准备去推自行车时发现一条竹叶青蛇就在我脚下，把我吓了一跳。

当年有机会给我家安排到山南小学后面的平房里去住，但听说以后要在山南“黑风口”盖楼房，那里去莲塘上学近很多，考虑到以后孩子上学方便，我们两口子商量后决定在草棚里面多住一两年，耐心等待“黑风口”的新房子。

1983 年元旦，我们一家四口终于搬进了“黑风口”的新家。那时候我们楼房有 34 户，每家都有几个差不多大的孩子，他们每天都会聚在一起玩溜溜球、打纸叠成的包包，输者必须给赢家一张小卡片，那卡片上面有一些小动物或者卡通人物，大儿子每天总会赢。孩子们玩得可开心了，他们小孩之间还会买连环画互相借着看。那年头小孩没有什么玩具，他们一伙人经常跑到楼房对面准备盖车库的一块空地上去玩沙子。小朋友们相处得非常融洽，每天都玩得很开心，从来没有人吵架。

当年好多商品是凭票供应的，一个月难得吃一两次猪肉，我们一家人每年难得添一件新衣服，每年发的布票用不完就拿去卖，把卖来的钱换成大米。我家孩子基本上就是吃馒头和咸菜长大的。前几年春节大儿子回家过年时还跟我们说，当年他的人生梦想就是吃到肉包子。为了能够吃到肉包子，他多年来一直在努力奋斗，如今终于梦想成真。当年自己养的鸡会下蛋，每天早上给孩子煮一个鸡蛋。难得单位发一次保健奶粉，早上两个馒头一杯牛奶就是孩子最好的早餐，没有奶粉时就泡糖水代替牛奶。我们家里从来都不买什么零食，最好的零食就是食堂里每周一次的油条。家里大部分时候都会提前把饭做好，虽然没有什么荤菜，但是他们饭量很大，每天都吃得饱饱的再去上学。但可能是营养不够，每天放学后孩子都围着锅台等饭吃。

有一次楼上邻居张顺华老师告诉我，我家大儿子用纸包了白糖，一边走一边吃着去上学。听到她这句话我感觉很愧疚，我们做父母的能力有限，没有把孩子照顾好，平时吃点零食都成了一种奢望。

妻子把全部的时间和精力都用在小家庭的穿衣吃饭方面，把大人的旧衣服改小来给孩子们穿，旧毛线、开司米（山羊绒）衣服不断地翻新编织成合体的新衣给小孩穿，鞋子、短裤和比较简单的衣服都是妻子自己做的，大儿子上大学时还带去一双解放鞋和一套经过他妈修改的工作服。我们自己动手种些青菜，节衣缩食存点钱准备给孩子上大学用，那时候儿子考上大学就是我们全家的奋斗目标。

20世纪80年代是721矿最兴旺的时期，莲塘学校教学质量在全矿有名，每年高考升学率都非常高，每年都有学生考上名牌大学，当年最出名的有井宁（中国科技大学）、张广汉（清华大学）、刘盛宏（北京大学）……他们是莲塘学校的骄傲，是721矿中学生的楷模。那时候高校招生指标很少，有“高考好比千军万马过独木桥”的说法。我大儿子是1992届高中毕业生，他们那一届高中有四个班，每个班都有40个人，竞争非常激烈。

我儿子认为1班好，想换到那个班去。我们夫妻俩认为：学校老师教书都是一样的，老师都是父母心，都希望他的学生有出息，关键在于学生自己，于是打消了他想换班的念头。有一段时间，荣清莲班主任发现我儿子成绩有点退步，马上来家访，当时我们还不太清楚儿子学习退步的原因，那天晚上，学生、家长、老师坐到一起来找原因，收效明显。由于班主任老师及时正确的引导，效果立竿见影，儿子考出了好成绩。

高中三年，莲塘学校规定不上晚自习，这样省去了学生来回走路的时间。为了学好政治和语文，我看见儿子每天都要背诵课文，他一边背书一边用粉笔在家里的水泥地板上不停地写字，写不下了就用拖把擦干净以后再写。刘继鹏老师语文教得非常好，儿子高中时期作文进步了很多，我经常看见儿子的作文本上布满了密密麻麻的红色批语，其中很多都是鼓励的字句，可见刘继鹏老师为了我儿子付出的艰辛。

当年教过我儿子的好老师还有政治老师艾俊民、语文老师冯萍、物理老师阎登科、数学老师吴永忠，还有忘记了名字的老师，他们都兢兢业业，辛勤工作在教书育人第一线，今天有机会向他们说一声"谢谢你们，老师们辛苦了！"

1992 年 7 月 6 日早上 7 点半，721 矿莲塘学校大门前人声鼎沸、热闹非凡，两辆乐安—江边村的旅游大巴车停在学校门口，当年参加高考的学生们在校门口等候上车，其中还有不少前来送行的学生家长们。

我们矿山离乐安县城几十公里，交通非常不方便，当年参加高考的学生必须要提前一天去乐安县城，因为要提前一天去看考场。山南分矿工会的工作人员刘子凡告诉我，莲塘学校参加高考的学生总共 126 人，本来联系好了 3 辆大巴车，结果有一辆车在路上抛锚。两辆大巴车徐徐开动，载着莲塘学校的 126 名矿子弟去乐安县参加一年一次的高考。

大巴车带走了我和全体考生家长们一颗颗不安的心，十年寒窗苦读，那一次的考试举足轻重。后来听说班主任把学习好的同学安排在比较安静的房间里住宿，他们在私人餐馆里面订了饭菜，尽量让学生们吃饱吃好。儿子喜欢运动，他利用高考的间隙还到足球场上跟乐安的学生踢了几次足球。那几天老天爷保佑，每天都下一点小雨，考生们几乎没有受到炎热高温的影响，考生们都说感觉舒服很多。

高考结束后的第三天就开始填志愿，当时还未公布成绩。当年高考七门功课总分是 710 分，其中语文 120 分，数学 120 分，物理 100 分，化学 100 分，英语 100 分，政治 100 分，生物 70 分。高考结束后学生自己估计一下自己的分数情况，然后就参照往年各大高校录取分数线填报志愿。我看见儿子有一本书，里面是前一两年各高校录取分数线的统计表，高考后学生们都是参照那本书填报志愿的。

儿子估分还比较准确，为了保险起见，他放弃了第一志愿里面的名牌大学，填报志愿时稍微有点保守。为了考上自己喜欢的专业，他舍近求远选择到重庆去读书。记得儿子当年填报的第一志愿是重庆建筑工程学院建筑系。学建筑还要有美术基础，儿子有点美术方面的天赋，他随便画了一张水彩画，在7月15日把填好的志愿表和水彩画一起上交给班主任老师去投档。

1992年7月28日中午，我还在山南球场下班路上就听见有人说，儿子张勇灵考出了564分的好成绩，听说是全矿应届最高分，还有人说是全县应届最高分，高出全国重点大学录取分数线19分。我儿子终于考上大学了，那天中午我们一家四口兴奋得都没有睡午觉。1992年8月17日，儿子的同班同学曾涛给我儿子送来了大学录取通知书，张勇灵被全国重点大学重庆建筑工程学院建筑系录取为五年制的本科生，每年学杂费、住宿费、水电费一共400元。1992年江西省理科重点分数线为545分，文科重点分数线为483分；一般本科理科为531分，文科为477分；全省600分以上77人，全省高校招生总数为21850人，其中包括部分自费生和定向招生指标。

二、小儿子张勇平

我家小儿子张勇平从小就是乖巧懂事的孩子。我们楼房邻居多，我家搬进楼房时他还不到三岁，他每天跟在一伙小朋友后面玩。

1984年，我家买了一台12寸黑白电视机，小儿子每天都要看电视，虽然只有四岁，但很多节目都能看懂，每天晚上中央台天气预报他可以一口气背下来。一年级的时候，他们班是我们邻居段晓霞老师的女儿当班长，张勇平认为，老师的孩子当班长不公平，要同学自己选班长，第二年大家竟一致把他选举为班长。他这个班长一直当到高中毕业，同学们都称他为老班长，因为他个子小，还有人称他为小班长。

小学五年一直是吴春娥老师教语文，杨秀丽老师教数学，两个老师工作认真负责，给小儿子打下了扎实的基础。有一次他放学没有按时回家，我就跑到他们教室去看，原来他和另一个同学正在写黑板报，那个同学画画，他负责写字。我看见他一丝不苟，有一个字没有写好马上擦掉，多次反复地擦了又写，写了又擦，直到满意为止。

在莲塘学校读初中期间，张勇平成绩特别优秀，多次拿到学校、全矿、区县各种奖励。1991 年 11 月 17 日，莲塘学校里面贴出大红光荣榜——张勇平名列光荣榜之首，成绩是：语文 88.5 分，数学 100 分，政治 90 分，英语 98 分。在单科评比中，语文、数学、政治获初一全年级第一。在全班评比中，英语因差 0.5 分而获第二名，七门功课有六门全班第一，总分比全年级第二名高 15.5 分。

1992 年 4 月 24 日，莲塘学校初一年级期中考试结束，张勇平上述四门主课平均得分 95 分，包揽了全年级各单科第一名。其中，语文 89.5 分，数学 100 分，英语 98 分，政治 91 分，生物 100 分，历史 83 分，地理 93 分，又一次一鸣惊人。

1992 年 12 月 23 日，他获得全矿作文比赛第一名。1993 年 4 月 23 日，莲塘学校初二年级期中考试，他的语文 94.5 分，数学 98.5 分，英语 93.5 分，物理 92 分。总分 500 分他拿到 472.5 分，名列初中二年级第一名。4 月底，荣获全矿初二英语比赛第一名；1994 年 4 月 16 日，他在江西省第四届初中化学竞赛中荣获三等奖；1994 年 5 月 15 日，他参加抚州地区英语竞赛决赛获得三等奖。

1994 年 6 月，张勇平参加乐安县中考，七门功课平均成绩为 96.25 分，名列全矿第一。1994 年下半年，他的初中班主任李泽华调离学校以后还跟他通信，鼓励他继续努力，永远当上游。

为了学习好英语，张勇平自己动手用纸壳剪了一大把小方块，在小方块上面写上中文名称和相应的英语单词，比如桌子、衣服、课本、吃饭、上学等，他把这些小纸壳放在口袋里，有时间就拿出来念几遍，在不知不觉中加强了对英语单词的记忆。

他每天手不离书，抓紧一切时间看各种课外书籍。他小时候课外书籍很少，经常向他哥哥要书看。他上初中第二年暑假，开始看《红楼梦》，按照自己的计划每天看多少页，多长时间看完。有一次同学在莲塘买好游戏币请他打游戏，事后他告诉我，以后再也不去玩游戏了，因为自己是班长，班长就要以身作则。

张勇平上高中的时候，721 矿越来越不景气，大批学生跟随家长迁移外地，很多高中一线的骨干教师纷纷调离矿山，高中学生多靠自学。721 矿的高中马上就要办不下去了。1996 年 8 月，莲塘学校召开高中学生家长会，会上宋鸿放校长传达了 721 矿教育处领导指示：莲塘和古城两校高中合并。

儿子马上要上高三，距离高考还有一年时间，学校合并是否会影响到他的学业？新的学习环境是否能够适应？这一切我们都很担心，但也没有选择的余地。宋鸿放校长说："把莲塘和古城两个学校高中老师和学生合并到一起，更有利于高中的教学和学生的学习，希望广大学生和家长能够理解。你们的孩子早晚都要出去独立生存，这是必然的选择。希望家长们放心，我们学校会安排好学生住宿和吃饭问题。"

这时候，古城老乡邓炳华跟我说，他家邻居有一套空房子，热情邀请张勇平跟他儿子邓军住到一起。邓军也是他们那一届的，到古城学校以后，他们俩在一个班上课，每天晚上一起复习功课到深夜，他们家每天晚上都会给两个孩子做夜宵。天亮以后，儿子就去学校买早点，两个馒头、一碗稀饭泡一小包豆奶粉就是他的早餐。他把买好的早点放到学校的花坛边上，围着学校里面跑两大圈后才吃早饭，高中学习实在太紧张，每天只能够挤出那么一点点时间锻炼身体。

古城高三年级有两个班，每个班不到 40 人，学习成绩好点的只有一个班。每天早上，宋鸿放校长都出现在学校门口，帮忙打扫卫生，吃饭时间他总是在食堂里面看着同学们吃饭。

那一年，阎登科老师也被调到古城学校任教，当时他住在莲塘还没有搬家。高三下学期，为了便于张勇平的学习和休息，阎登科老师就把古城学校分给他的一套刚粉刷好的在校园里面的房子让给张勇平住了半年。空荡荡的房子里，摆了一张从学校借来的课桌和一张单人床，那就是张勇平苦读和睡觉的地方。

我和妻子隔三岔五会到古城学校去看他，每次都会给他买点蛋糕和水果。为了防止老鼠偷吃，儿子把蛋糕用塑料袋装好挂在墙上，听说有一次他的蛋糕被人从窗户外面勾出去偷吃了。平时小儿子每天烧一瓶开水喝，晚上烧点热水擦擦身子，冬天里每逢星期天回家洗澡换衣服，实在太累了就在家里睡半天懒觉。

1997 年高考，小儿子以 581 分的好成绩荣获全矿第一名、乐安县第五名，考上了同济大学交通土建工程专业，实现了他自己的梦想。大学毕业之后他考上了本校的研究生，读完研究生后马上去美国留学。

我家两个儿子都是721矿子弟学校走出去的大学生。如今张勇灵是重庆鲁能开发集团设计总监，张勇平是美国加州州立大学教授，他们两兄弟都事业有成、家庭幸福，我们老两口也过上了幸福的晚年生活。

今年是全国恢复高考制度四十周年，高考给全国亿万家庭带来了希望，也改变了我们全家的命运！在此，我要向力挽狂澜、恢复高考制度的邓小平同志致以崇高的敬意！也要向所有关心和爱护我两个儿子的学校领导、老师们表示衷心的感谢！

张新生夫妇与两个儿子

■ 原文刊载于《721矿游子》第173期。

孝子杨军

吴春娥

杨军是721矿山南分矿老工人杨衍榛的儿子。

杨军兄弟姐妹五个，杨军排行老二，上有一个大姐，下有两个弟弟和一个妹妹，加上爸妈共有七口人，就靠他爸一个人微薄的工资养活一家人，生活拮据。为此，他爸下班后，就在山南山坡上开荒种菜。他妈除了做家务也跟他爸去种菜、养猪。一家七口艰苦度日。那时杨军小小年纪，看在眼里，记在心上，体谅爸妈的辛劳，放学后总是主动协助父母拔猪草、养猪、种地、砍柴。一家人虽然累一些，但也过得和睦快乐。

杨军个头很高（现在有1.8米），富有男子汉的气魄，他办事沉着、稳重，说起话来总是不慌不忙。他从小就与同辈玩得来，尊老爱幼，重情重义，待人彬彬有礼，深受老师和长辈们的喜爱。

1980年，杨军从山南小学以优异的成绩考上莲塘中学，中学毕业后，由于矿里不招工，待业三年。在这三年里，他为了减轻家里负担，干过维修工，做过泥瓦工，自学木工，帮妈妈喂过猪，种过菜，上山砍过柴，他在父母面前从没叫过苦和累，是父母眼中的好孩子。

1986年秋季招兵，他响应国家号召报名参军，体检项项过关，家里也符合条件，成为一名光荣的军人。到了部队，杨军处处走在同志们的前面，刻苦练兵，表现出色。他第一年就入了团，第二年光荣地加入了党组织，成了一名名副其实的好党员，部队领导都夸他是名好战士。

1990年，杨军从部队退伍，回到山南分矿，1991年，在山南三工区实习，后调维修队当队长。他不怕脏，不怕累，积极工作，决心要为矿山发光发热。不幸的是，杨军进矿工作刚满一年，就碰上矿山不景气，军转民，企业下马，工人下岗，调走的调走，退休的退休。许多年轻人自谋出路，杨军就是其中一员，他自费去鹰潭学开车。他干一行爱一行，努力苦练开车技术，几个月后以优异成绩结业，拿到了驾照。后来他被调到浙江省水电局工作，虽然待遇比矿山强了好几倍，但想到家庭的困境，杨军最终还是没有安心在该单位工作，于 1995 年去福建厦门发展。

在厦门，杨军干的是自己喜欢的事业：开出租车。他在厦门辛劳几年，生意越做越红火，做出了成绩，收入也越来越高。他很有经济头脑，用辛苦挣来的钱首先购买了一套三室一厅的房子。有了幸福的家，他更加努力挣钱，慢慢地用积蓄买了一辆旅游大巴和一辆私家轿车。大巴用来接送旅客，小车家人自用。

他每天起早摸黑地接送旅客团队，练出了各方面的才能，他开车技术过硬，从没出过事故。有时候边开车边做导游，每到一个景区，他都会用扩音器，有声有色地介绍景区美景。他解说时口齿清晰、娓娓动听，乘过他车的顾客都会异口同声地夸他是位服务周到、办事热心的好司机，所以他的生意越做越红火……

正当杨军工作繁忙之时，家里突然传来了不好的消息，说他父亲摔伤了。那是 2011 年 11 月 24 日，他父亲被一位老乡请去拆房顶石棉瓦，由于瓦片不结实，从三米多高的房顶摔了下来，当时就不能动，也起不来。送进医院检查后，诊断结果为腰椎暴烈性骨折，压迫到神经，造成下肢瘫痪。

杨军得知情况立刻放下工作，赶回抚州看望父亲，他在医院尽心竭力，忙来忙去，昼夜守护在父亲身边。可父亲已经难以站立了，只能坐轮椅度日。杨军为了生活，为了女儿上大学，得去挣钱，他的大巴车不能久停，要返回厦门上班，照顾父亲的问题，只好先请他大姐和姐夫负责。杨军是个有孝心的孩子，人虽然返回厦门上班，但心里时刻惦记着父亲的伤情，经常打电话问候爸爸，老乡虽然出了一些医药费，但远远不够，杨军努力赚钱，尽量满足他父亲的需求。

杨军家 5 年多来为他父亲的伤情费尽了心血。他母亲也是累苦了，本来身体就不好，不幸的事又发生了，杨军的母亲于 2016 年 12 月 1 日突发脑梗，当时不省人事，立刻被送进抚州医院，经过医生 24 小时的抢救，终于转危为安。杨军得知情况后，心似火燎，他又把大巴车停开了，和妻子陈珍华一同赶回抚州，看见他心爱的母亲躺在病床上，病情严重，人好像没有知觉似的，整个身子不能动弹，杨军非常难过。

杨军与母亲合影

杨军心想，妈妈年岁已大，平时过于劳累，为了儿女们，操碎了心，所以才会这样，现在是自己尽孝道的时候了。杨军与妻子陈珍华商量，自己留在抚州照顾妈妈，暂时把车停下来。陈珍华是个通情达理的人，非常理解杨军，她也是个孝敬婆婆的好儿媳，二话没说，同意杨军在家照顾妈妈，并说："杨军，你就安心在家照顾妈妈，我回去上班，女儿我养得起。"就这样，陈珍华陪护了婆婆几天，先返回厦门上班。

杨军沉思，自己得安心在家尽孝，孝敬父母是天经地义的事，孝道是中华民族的传统美德，百善孝为先，所有的美德要从孝敬父母做起。杨军是这样想的，也是这样做的。他说："大姐和姐夫已照顾父亲五年之久，我已过意不去。现在妈妈病了，该由我来照顾了。人活一年是一年，如果不能尽孝，我心里会永远不安的。哪怕有千难万阻，那都不是问题，只要我用心了，努力去做了，一切都会过去的。我有决心，有信心，一定要把老妈的病治好。"

杨军想的、说的、做的，都体现了深深的孝道和浓浓的骨肉之情！他母亲住院的整整两个多月里，每天 24 个小时，杨军都是寸步不离，一日三餐喂饭，还有端屎、接尿、擦身，全包在杨军身上。为了照顾好妈妈，杨军废寝忘食，两个多月每天晚上都要先把妈妈照顾好，自己总是到深夜再休息。两个多月时间，杨军瘦了十几斤。一天，杨军的小学同学杨小红和孙勇军去看望他母亲，一见到杨军，当时杨小红给我打来电话说："吴老师，我们的老同学杨军瘦了许多，头发也白了不少，好像老了好几岁似的。"

杨军不仅细心地服侍妈妈，还协助医生为妈妈做医务护理，珍分惜秒地为妈妈做康复推拿、针灸理疗。杨军希望母亲能够有朝一日身体康复。皇天不负有心人，在杨军两个多月的悉心照顾下，他那饱经风霜、白发苍苍的妈妈一天天好起来了，终于可以慢慢地站起来移步了，杨军露出了喜悦的笑容。

2017 年，年前两天他母亲出院了，回到家里过年，一家团圆了，年后该怎么办？又是杨军要考虑的问题，自己不可能一直留在家里陪护双亲，要去上班赚钱，要生活，他女儿杨慧真还在上大学，需要用钱。于是杨军又与妻子陈珍华商量，是否把父母接到厦门去，在厦门租一套房子，让父母在厦门安度晚年，也方便照顾。陈珍华深知他父母生活都不能自理，总需要人管，便满口答应。

夫妻二人统一了思想，杨军速回厦门租房，在杨军的努力下，他们很快租到了一套一楼的 25 平方米的房子，800 元的价格，有走廊、卫生间、厨房等，生活方便，杨军的妈妈还可以在阳台的扶栏上活动。2017 年 2 月 4 日，杨军开着大巴车载上父母，经过一天的风雨兼程，终于把父母接到了厦门，在距杨军房子不远的地方住下了。杨军父母也感到无比高兴，杨军每天早晚都要去与父母亲打招呼，做一些父母不能做的事，做完了再去上班。他妻子陈珍华和女儿杨慧真空闲时都会去照顾双亲。

目前，杨军父母亲在厦门过得很习惯，听到杨军的事情，我很感动：杨军一家三口对双亲无微不至的照顾，这是任何东西都不可代替的，像杨军夫妻这样的孝子是年轻人的好榜样！

■ 原文刊载于《721 矿游子》第 155 期。

北京朋友

宦柔伊

——全国太极拳锦标赛冠军

宦柔伊，原名宦珠梅，江苏镇江人，是721矿的核二代。1995年开始练习太极拳，经过25年的勤学苦练，拜师学艺加上极高的悟性成就了她在太极上的优异成绩！她曾先后在国际、全国及省市比赛中获集体和个人奖牌近100枚，是全国太极拳锦标赛冠军，国际太极拳和太极剑比赛的冠军，国家一级运动员，国家二级武术裁判员，获国家武术七段位，是国家优秀武术教练员。多年来，她在弘扬中国传统优秀文化，推广群众太极健身活动中做了大量工作，获社会广泛好评。2005年，《人民日报》《中国核工业报》都做过相关报道。

2002年，宦柔伊获全国八式、十六式太极拳（剑）推广大赛冠军

2006 年，宜柔伊获七彩花都杯全国太极拳锦标赛 42 式太极拳冠军

在 2018 年第四届北京国际武术文化节上，宜柔伊等获太极拳集体第一名

■ 原文刊载于《721 矿游子》第 23 期。

公溪河上的一叶小舟

——我的下海创业之路

陶志勇

我父亲是721矿水文气象观测服务站的一名水文工作者，我1979年高中毕业于古城中学。可以说，我们父子两代都对铀都721矿有着难以割舍的感情。

说起弃官下海经商，就得从1984年我在721矿公溪镇的第一次创业说起。1983年，我被分配在乐安县税务局工作，当时市场经济尚处在起步阶段，我与我姐在公溪镇古城市场旁，合伙租房开办了个体炒货厂，批发零售葵花籽和西瓜子等，产品销往各乡镇供销社和个体户。短短两三年时间，我们经过努力，基本上垄断了乐安县的炒货市场，获得了创业的第一桶金，这催生了我经商下海的决心。

在二十世纪八九十年代，我满怀勤奋工作的热情，希望在公务员的岗位上干出一番事业，殊不知，在体制内积极进步，勤奋工作，并不一定能得到职位上的提升。经历了几年的犹豫观望，1994年，我毅然决然地放弃了工作了12年的税务岗位，辞职前往广东一家日德合资手袋厂任总经理，这算是下海创业的开始……

下海创业之初，像许多南下创业的人一样，我对自己的创业之路做了一个规划：先是寻找一个打工平台，适应广东市场经济相对活跃的环境，积累资金和经验，提高经商和管理能力。我在中山市浪网镇八代手袋厂担任九年厂长的过程中，一方面，管理500多人的工厂，确保加工产品的质量和交货期；另一方面，利用各种商业信息和人脉关系，业余做一些进出口贸易业务，为自己将来独立创业积累必要的资金和人脉。

不想当将军的士兵不是好士兵！我不满足于长期做职业经理人和业余做贸易挣钱。我有了两三百万的原始积累后，从2001年开始，我便开始为自己的创业筹备选择行业。当时选择的方向，还是偏重于自己熟悉的皮具手袋行业。一是做国内市场的皮具加工和贸易，那时我几乎每个星期天都会去全国最大的皮具批发

南昌经开区电力公司和电力工程公司主要创始人，董事、总经理陶志勇的办公照

中心——广州三元里皮具批发市场，进行市场调研，了解店铺租赁和客源分布等相关信息。二是加工世界知名皮具仿冒品。那些年，仿冒的各种奢侈品皮具充斥着广州三元里皮具批发市场，根据仿制的质量等级，分A货、一比一高仿货。我的一位朋友，专门仿制奢侈品钱包，她很想扩产到仿制工艺复杂的奢侈手袋，但苦于无生产加工经验，便多次邀请我投资入股她在东莞的工厂，生产仿冒系列奢侈品销往俄罗斯和中东。考虑再三，我最终否决了从皮具行业开始创业的选择，一是做皮具加工势必与原打工的工厂形成师徒业务竞争关系；二是仿冒奢侈品皮具虽可暴富，但法律风险颇大，也深感良心不安。

2002年9月，南昌经济技术开发区组团在珠三角招商引资，我应邀参加推荐会，听说经济技术开发区正计划自建工业园区的变电站和供电配套网络，并将此项目作为招商引资项目。我在详细咨询后，邀请同是江西老乡的中山天富电气公司的老板郭先生前往南昌实地考察。在查阅相关规定和批文，对经开区发展规划及企业用电量等方面进行调查论证后，我决定投资经济技术开发区电力供电网络。

2013年元月，我辞去手袋厂总经理职务，与经济技术开发区和郭先生组建合资公司——经济技术开发区电力公司。由我主导，我们和电力工程公司开启了我辞职下海近10年后的第一次自主创业。从2013年初起，我一边开始筹备经济技术开发区白水湖工业园220kV变电站和麦园工业园110kV变电站两个工业园的配送电网建设，一边组建电力工程施工队伍和购置施工设备，立章建制，全面开始经济技术开发区的电网建设。至2004年7月，我们自筹货款8000多万元，全面建成了经济技术开发区两个工业园区内的两座变电站和30平方公里的供电网络。我们的企业是全国第一家私营电网供电公司，拥有晨鸣纸业、洪都钢厂等用电大户，发展前景广阔。

此时，国家电力政策收紧，在江西省经委领导协调下，我们不得不将经济技术开发区电力公司的由经济技术开发区所持的40%股份转让给省电力公司。此后，省电力公司开始分化内部股东。2006年，省电力公司又收购了我司另一位私人股东30%的股权，原本三方股东，被收购了两家。省电力公司取得70%的绝对控股权，我方仅持有30%的股权，形成了一对一犹如大象与蚂蚁般的对决。国家电网强势取得绝对控股权后，并未放弃对我方30%股权的收购计划，我方经营成本不断攀升，经济效益每况愈下。

迫于形势，我决定公开出售30%股权，先是与有收购意向的香港中华电力公司洽谈，形成对省电力公司的压力。省电力公司也积极表示收购意向，多次委派相关领导与我进行洽谈。在国家电监会华中电监局的协调下，最终于2012年10月，省电力公司与我方签署了收购协议。两年后，南昌经济技术开发区收购了我主导的另一家公司——经开区电力工程公司，历时10年的第二次创业之路因此而终结。

2013年，我举家移民澳大利亚，开始从事澳大利亚的房地产开发业务，开始了人生的第三次创业。我从最初每年开发3~5栋别墅，到现在开发的房地产品种从单一的别墅到公寓、联排别墅、学生公寓，以及土地分割出售，近两年平均年开发销售房屋50余套。随着对澳洲房地产行业的深入研究，我们将从细分市场上挖掘开发最大的市场要求和开发利润，从养老及度假地产产业中寻求更大的发展，将目标客户引向中国市场，确保公司持续长远发展。

我从税务局的公务员到商海的一叶小舟，顺中国改革开放的大潮，历经体制内外，在两个不同国家的经商环境中三次创业，历经锻炼与磨难，产生了深刻的体会：

一是良好的成长环境培养了自己开阔的视野和胸怀。我的中学时代是在南昌和721矿度过的，721矿的同学父母来自全国20几个省市，很多来自全国名牌大学，五湖四海的人才汇集于中国铀都，同学与老师潜移默化的影响，使我形成了开阔的视野与立志干一番事业的胸怀。二是勇于闯荡，敢于折腾，不满足现状，破釜沉舟的决心是成就事业的内存源泉。三是不断学习，丰富知识和经验，勇于吸取经验和教训，是成功的必要条件。四是善于利用天时、地利、人和的外部机遇条件，也是成就事业的关键。

我是公溪河上的一叶小舟，在飘向商海的征程中，历经了狂风暴雨，至今依然在南太平洋碧波荡漾！

■ 原文刊载于《721矿游子》第240期。

第四篇

聚会

重回故里情谊浓

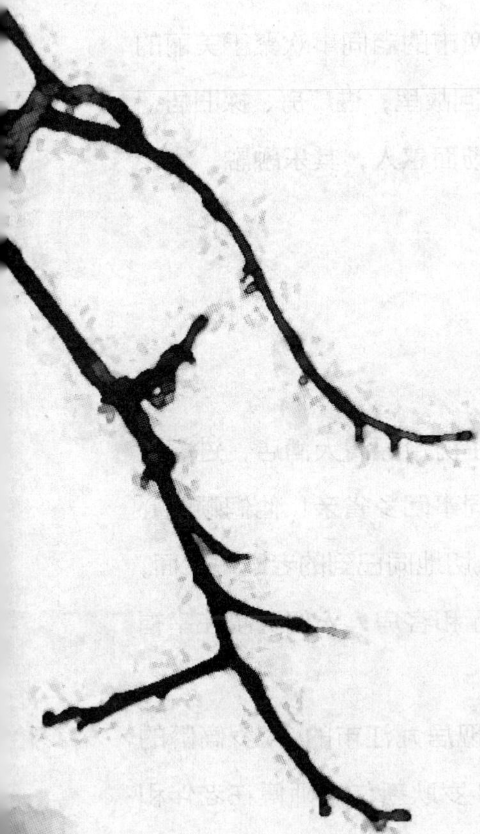

重回故里情谊浓

——原核工业721矿二厂同事聚会纪实

张人年

金秋十月，丹桂飘香，是天高气爽的美好季节。2016年10月15日至16日，原核工业721矿二厂（机械厂）118名来自全国八省两市的老同事欢聚于美丽的“才子之乡”抚州市，济济一堂，忆往事、话衷肠，重回故里；进厂房、探旧居，游览名人园和汤显祖纪念馆；畅叙友情，互道珍重，场面感人，其乐融融，聚会取得圆满成功。

一、会面

远道而来的部分老同事于2016年10月14日入住抚州源清大酒店，进门便可见大屏幕上醒目显示：热烈欢迎核工业721矿二厂同事回乡省亲！他们顿时心情激动，回家的感觉油然而生。他们一放下行李，便急切地同已到的老同事会面，大家握手拥抱，兴奋言欢，爽朗的笑声回荡在前台大厅和客房，人们沉浸在幸福的氛围之中。

这次聚会，身在异乡的老同事的积极性非常高：现居九江市的86岁高龄的施志高老师傅在儿子的陪伴下来了，现居南京市的82岁耿新仁老师傅在老伴和女儿的陪伴下提前到达抚州，年近八旬的张道胜、秦文发、陈祥英等先后从外地赶来了。家住金安小区的86岁的付学民和年高八旬的陈志亮、洪宗林、陈周国、孙家喜、万根深等老同事也兴趣盎然地参加了聚会。这些老同志大多身体健康、精神矍铄，灵活的动作和清晰的思路，极大地感染了相对年轻的同事。

10月15日上午8时，一批来自安徽和上海的毕业于西安机器制造学校、蚌埠化学工业学校的老同事（当年两校的数十名毕业生被分配在721矿二厂工作，成为该厂的中坚力量）急匆匆地赶往金安社区，探望多年未见的老同事，在社区管理站的门前广场上，早已簇拥着一群居住在该小区的二厂老同事，见面时有些人一眼便认出并亲切呼唤对方姓名，而有些人则面面相觑，或似曾相识，或一时道不出名和姓。十年甚至数十年未曾谋面，岁月的风霜无情地改变了彼此的容颜，然而长期共事所凝聚的深厚友谊却难以改变，老同事们微笑相拥，互报姓名，不少鬓发染霜的老者泪光闪烁。他们互相倾诉别离后的生活，询问共同熟悉的同事的近况……手机摄下了一幕幕美好动人的场景。

在楼房林立的金安小区，前来聚会的外地老员工利用夜晚或机动时间，走访探望老同事、老朋友、老邻居、老领导，他们走家串户，进入装修简约的新居，看望老者和孩子，慰问体弱多病或近期家庭遭遇变故的亲朋故旧，大家互致问候，送去温暖，表达关爱，敞开心扉，释放久别的思念之情。

二、座谈

10 月 15 日下午 1 时，前来聚会的员工合影留念，整齐列队排成六行，前排女员工手持鲜红的横幅，“铀都寻根访故里 二厂同事聚抚州”十四个醒目大字点明了此次活动的主题。随着照相机快门的按动，留下了聚会者们的美好瞬间。

下午 2 时整，二厂同事相聚座谈会在金安社区会议室隆重举行。是时，室外鞭炮齐鸣，响声震天，一派喜庆景象。参加座谈会的员工约有 120 人，在主席台上就座的有原 721 矿党委书记李华建，二厂历任厂长和副厂长中的杨杰、马存田、李文厚、王兴武、张兴浩，721 社区管委会原主任熊光亮和现任主任尧德祥。会议由聚会筹备组成员徐顺观主持。首先，聚会筹备组组长熊光亮致欢迎辞：“今天的抚州聚会，让我们一起回味过去，重温那段美好的青春岁月，来看看熟悉的面孔，听听久违的声音，重叙往日的友情，让那渐行渐远的日子再次走进彼此的记忆。”接着，与会的矿、厂两级老领导分别做了简短的即兴发言，深情地回顾了二厂为核工业矿山、水冶建设及核燃料生产做出的突出贡献，祝愿二厂退休员工身体健康、家庭幸福。继而，不少年逾古稀的老工人、老技术人员以自己的亲身经历，讲述如何响应党和国家号召，从大城市、部队和学校来到 721 矿二厂，艰苦奋斗，创业创新，凭着精良的技艺，制造出大批的矿冶设备，高质量地完成矿山机械设备的安装和维修任务，为我国核工业的发展书写了浓墨重彩的一笔。大家追忆二厂最红火的年代，那时员工总数达到600余人，涌现了一大批技术精英、先进集体和先进人物，全国劳动模范李振华就是其中的突出代表。

座谈会上，华南理工大学教授、曾荣获“全国优秀教师”的孙萍，动情地回顾了自己在被推荐上大学前于二厂工作期间所得到的领导的关心和老师傅的言传身教，她不仅学到了技能，而且工人阶级的高尚品质和优良作风使她终身受用。她感谢二厂，不忘二厂，并努力以实际行动不负二厂，为二厂增光。她还现场朗诵了会前写作的词《临江仙·相聚》，抒发了对自己人生起点的感怀和对昔日同事的情思。

与会者踊跃发言，似乎有说不完的话、道不尽的情，离矿近30年的老同事王显斌难掩内心激动，接过话筒引吭高歌一首《驼铃》：“送战友，踏征程……”，深受感染的年轻同事傅桂林以清脆的嗓音高唱《甜蜜蜜》，歌声、笑声、掌声浑然一体，把同事间的亲密之情彰显得淋漓尽致，将座谈会的热烈氛围推向了高潮。

三、回到故里

10月16日上午8时30分，两辆大巴车载着70余名老同事从抚州市出发驶向原721矿。汽车疾驰，坐在车上的人内心却不平静，望着窗外熟悉的景物，心底涌动着游子归家的情愫。这时，有人下意识地哼起了家乡小调，赢来了掌声一片，有人提议来个全员大合唱，在顾荣官的指挥下，《革命人永远是年轻》《歌唱祖国》《夕阳红》等一首首脍炙人口的老歌在车厢内唱响，欢快的歌声洒落在721矿人第二故乡的土地上。

上午10时许，他们到达了日思夜想的二厂，这是众多聚会者曾经长期工作过的地方，是难以忘怀的一方热土，多少情、多少爱，既往的喜乐悲愁不禁涌上心头。数十年过去了，岁月沧桑不仅使我们逐渐变老，而且极大地改变了二厂及其所属的721矿。在经历了1990年之后的矿山停产限产和转民的调整、2005年企业第一次关闭破产及重组，以及2015年矿冶的全面停产，二厂也随之关门歇业。

如今的二厂已经完全衰老破败了，与当年红红火火、生机勃发的景象，实属天壤之别。然而，这群远方的游子对老厂却是情有独钟，有着难以割舍的情怀。

大家一下车，便各自奔向昔日工作过的车间、办公室。马文虎、吴仉平、宋国华、崔建红等同事走进一车间的铸铁件和铸钢件厂房，只见原有的高大熔化炉只剩下半截，粗大的烟囱横卧在地上，砂箱杂乱堆放，炼钢炉已改作他用，烘箱已损坏，这一切意味着金属铸造已停产多年。观者一时心情沉重，他们走出厂房，以车间为背景合影留念。二车间老员工钟世瑶、张芝生、赵坤友等走进空荡荡的铆焊厂房，剪板机、滚板机、摇臂钻、电焊机虽然都在，但却布满灰尘，显然是许久没有使用了，未见一件在制产品，心里不免有所怅惘；邱林云特地在曾经工作过的锻工房空气锤前留影纪念。参加聚会的原三车间同事有 27 人，看到现存机床设备仍有 50 余台，使用年限大多 40 多年了，陈旧落后，锈迹斑斑，而这些年过花甲或古稀的老同事面对自己曾操作过的机床，像见到久别的老伙计一样，倍感亲切，纷纷在机床前留影，龙门刨、大立车、铣床、插床、车床旁分别留下了郜宜、王显斌、徐晖、刘金玉、武春兰等人的合影。他们感慨曾经的主人如同设备一样年迈了。人生易老、岁月如歌，时间在改变一切，不变的唯有同事之间的情谊，且日久弥坚。四车间、五车间大门紧锁，透过铁栅栏看到的是堆积无序的杂物和从矿山拆除下来的旧设备，让这两个车间的同事颇感失落，大家无奈地在杂草丛生的厂房外合影留念。靠近这两座厂房中间的木模车间则大门洞开，工作台所剩无几，木模制品散落一地，曾在这工作过的马宝善用摄像机将这一景象纪录，并深情地表示：在这里所学的技艺为我调动到上海工作搭建了桥梁，这里是我终生难忘的地方！在厂机关工作过的同事章新龙、何斌、徐礼江、尚淑梅、杨彩娣等回到自己原来的办公室，回味当年工作时的情景，心中别有一番滋味。回厂探望的原厂领导在办公楼会议室，坐在当年的沙发上合影留念，感叹“物是人非、吾已老也！”在约一个半小时的厂区活动中，大家追忆过去，寻觅既往的故事，拍下了很多合影照片，有同一个车间的、有同一个班组的、有同一个科室的，还有师徒照、姐妹照、同学照、忘年交照等，这一幅幅照片记录下了动情的瞬间，更有炽热情感的交融。

随后，大家乘车来到古城生活区，参观 721 矿总部机关办公地。让离矿多年的老同事眼前一亮的是几年前装修后的办公大楼和宽阔的门前广场，颇有几分现代企业的气派，在惊喜的同时联想到当前矿冶全面停产，一丝莫名的悲哀不禁袭上心头。人们在广场上漫步，纷纷摄影留念。有几位曾经在矿机关工作的同事，走进大楼寻到自己昔日的办公室，不巧适逢星期天，楼内空无一人，只能在门外默默地看上一眼便悻悻离去。不少曾在古城居住的同事，前往原来的居住地看了一看，老邻居们绝大多数已迁移至抚州、南昌或鹰潭的集资房居住，昔日的楼房，或人去楼空，或为当地村民居住。早年调离二厂的老同事马存田、李文厚、王显斌、蒋洪林、赵坤友等几对夫妇，来矿后一直住在单身四栋楼，直至调离矿山。他们对这栋原为单身宿舍后改造为适于家居的楼房有着特殊的情结，一行人急匆匆地赶往楼前拍照留念。在紧张的午餐间隙，一群老同事就近看望居住在五号楼的二厂老工人王炳然和刘仲祥、韩素珍夫妇，大家亲切握手问候，如久别的亲人，看到年近八旬的他们身体仍然健康，内心深感慰藉。

午餐毕，同事们依依不舍地告别721矿，大家动情地呼喊：

“再见了二厂，再见了古城——我们曾经工作、生活和成长进步的地方，终生难忘的第二故乡！”

四、游览

下午2时许，大巴车直接开进抚州名人雕塑园，这座综合性开放式的城市主题公园，占地面积1000亩，为国家AAAA级景区，内有人物雕塑、园林绿化、水面喷泉、广场游步，最具特色的是将抚州的历史名人塑成雕塑，供游人娱游镜鉴。66位名人雕塑分列园区中央和四周。那些略通历史的老同事饶有兴致地游览了其中的才子园、宰相园、英烈园和院士园，瞻仰了我国11世纪的改革家王安石和被誉为“东方莎士比亚”的戏剧巨匠汤显祖的塑像。许多同事或在园内轻松地漫步，或欣赏园区的自然美景，或相邀照相留念。

游览的第二站是汤显祖纪念馆，改扩建后的汤翁纪念馆规模扩大、品味大为提升，借着日前在此隆重纪念汤显祖、莎士比亚逝世400周年活动的余温，参观新落成的纪念馆，不失为接受一次中西文化交流的熏陶。不少感兴趣的同事仔细地观看汤翁生平事迹及艺术成就展览，其代表作《临川四梦》的不同历史时期作

“铀都寻根访故里　二厂同事聚抚州”聚会合影

品版本的展示、戏剧人物蜡像造型，以及各剧种演出的视频，给大家留下了深刻印象。一些热衷于照相的女同事，在纪念馆入口的广场、牡丹亭等处尽情地拍照留影。

悠闲的两地游览，使同事们放飞心情、交流感情、增进了友谊，加深了对抚州这一历史文化名城的认识。抚州自唐宋以来文人辈出、灿若星辰，至今则院士成群，教育成就蜚声海内外，人才荟萃，文化积淀极为深厚，不愧为“才子之乡”。同事们交口称赞抚州的巨变，这座城市变得越来越美丽。如今或曾经在抚州这块土地上生活数十年的老同事，无不为家乡或第二故乡辉煌的过去和灿烂的现在感到自豪与骄傲！

五、惜别

两天的相聚是那样的短暂，到了要说再见的时候，大家是多么的不情愿呀！真可谓“相见时难别亦难”。10 月 17 日清晨，同事们打点行装，准备踏上归途。这时，忽然有人提出要补拍一张原“三校”同学夫人们的合影照，于是紧急召集，在源清大酒店门口留下十几位女士的珍贵合影。在酒店的大厅、客房，同事们握手拥抱，相互叮咛嘱咐“多保重、常联系”，亲切的道别之声不绝于耳。这时聚会筹备组安排的送行汽车到了，大家怀着浓浓深情、带着诚挚的友谊挥手告别，分批离去。这些曾经为中国核工业的发展做出过重大贡献的人们，对721矿及其二厂始终满怀深情和厚爱，尽管他们中的绝大多数人在矿退休后拿着较低的退休金，可是他们无怨无悔，豁达乐观，节俭地生活在祖国各地，这是多么可贵的精神境界呀！

这次二厂的同事聚会，人数之多在矿内实属罕见，聚会筹备组辛苦地做了大量细致的工作：人员的召集、会前的准备、住宿用餐，以及往返人员的接送，筹备组成员亲力亲为，有时要工作到夜晚11点；721社区管委会及金安小区管理站为本次聚会提供了大力支持。与会人员十分感激，对筹备组的出色工作给予了高度评价。原有二厂历任领导中的朱全、赵建富和现任领导于元勋、王瞒福也参加了部分活动，与大家共同分享过去难忘岁月的快乐和对未来的期待。

二厂的同事聚会留给了与会者美好的回忆，亲历这次活动的同事通过网络与未能到场的同事连线，分享现场的快乐。时光易逝，人生短暂，人与人总是聚少离多，相识是缘，相聚是福，相惜是情。祝愿分布在祖国各地的二厂同事们身体健康、家庭幸福、平安快乐！

■ 原文刊载于《721矿游子》第138期。

难忘的聚会

艾丽民

2016 年 5 月 13 日，原 721 矿古城医院 118 位医务工作者带着分别了二十多年的时光印痕，从全国各地风尘仆仆地来到了江苏太仓沙溪古镇相聚。

离开 721 矿二十多年，老同事们见面时热泪盈眶，激动万分，大家相互拥抱，互致问候，亲切的笑容绽放在每个人的脸上。见面说的第一句问候语便是“你还是老样子，你的容貌依旧，还是那么年轻、靓丽”“这些年，你在哪里居住？”“生活得好吗？”……现场充满浓浓的友情。

原医院药剂科的董老现已 86 岁高龄，是一名抗战时期的医务老兵，也是本次聚会中年龄最大的一位。如今的他依然红光满面，精神抖擞，回想起当年在职工医院的往事时，董老更是滔滔不绝。和董老一样，所有的同事在回忆职工医院那些人和事以及现在的生活状况时，个个激情满怀，喜悦之情难以言表。

内科医生鲍首琛见到我的第一句话就是：“你是当年与我一起参加抢救一名食物中毒的解放军战士，捏了一夜皮球（人工呼吸机）的护士，小艾？当时，就我们两人，守在解放军身边一夜。”我说：“是的，时隔 35 年了，您还记得？”鲍医生说，这段经历他终生难忘。

此次聚会是由姜兰云、张浩两位老同事策划并组织的。参加聚会的有原古城医院的领导、医生、护士和其他员工。老院长王永华夫妇、毕朝忠夫妇分别从苏州、重庆赶来，原妇产科主任、现年 80 岁的郑桂荣主任也特地从无锡来到沙溪与大家相聚。但吴月英副院长、游水金主任因身体等原因没能参加这次聚会，大家对此感到遗憾。为此，姜兰云、浦红妹两位组织人特意组织大家做视频集锦，把问候的语言、集体照通过手机视频发给两位护理前辈，祝她们身体健康、生活幸福，同时与两位老前辈分享我们这次聚会的欢乐。

短短三天里，我们白天一起游览农庄风貌、留影和下棋，玩得不亦乐乎。其

721矿古城医院职工欢聚合影

其间，大家游览了农庄的果树林，只见桃树上结满了果实，竹林里的鸡和羊悠闲自在地啄食、吃草，鱼塘里鱼儿乐悠悠地水中游，池塘中盛开的荷花散发出阵阵幽香，正如诗人所描绘“接天莲叶无穷碧，映日荷花别样红”。还有一大片芦苇迎风摇曳，好一派生机盎然的农村景象。

我们还游览了沙溪古镇。明清建筑、小桥流水、白墙黛瓦，浓郁的古镇风貌吸引着大家，如此美好的景色引得大家各自拿出手机或相机合影留念。

资料记载，太仓沙溪古镇占地面积41.3平方公里，是一座省级历史文化名镇。古镇历史悠久，早在宋、元时已经集市成镇，到明清时，大批商人临水建筑，沙溪由此成为太仓第一大镇。故有“东南十八乡、沙溪第一乡”之称。沙溪古镇的明清建筑错落有致、鳞次栉比。安静的老街、老房子独有韵味，虽然游人很少，但感觉很悠闲，有点古代的味道。除了清闲的老街，还有深邃的屋檐和民间艺人。

晚上，大家聚集在农庄活动中心举行茶话会，大家开怀畅谈，嗑着瓜子、吃着水果、喝着茶水，充分享受着聚会带来的欢乐。不少老同事还现场献艺，先后表演了吹萨克斯管、葫芦丝等节目。号称“李谷一之二”的祝鸣春为大家演唱了多首歌曲，把歌声和祝福送给每一位同事。精彩的表演赢得了大家的一片掌声。鲍医生还特地为聚会作诗一首（此诗另发）。晚会结束回到住处后，大家意犹未尽，继续敞开心扉追忆往事。有的同事第二天发现自己嗓子都哑了，原来是昨夜说话说得太多的缘故。

二十多年的岁月，每个人由青年、中年，步入了老年，虽然岁月改变了每个人的容颜，但721矿淳朴的矿风依然存在。这次聚会实属不易，每个人虽然不再有年轻时的蓬勃朝气，但二十多年的岁月沉淀使职工医院同事之间的友情显得更浓、更纯。5月15日下午，到了分别的时候，大家依依不舍，互嘱保重。忆往昔，在721矿古城医院工作时，每个人都曾为之流下了奋斗的汗水，献出了青春年华。虽然大家无法阻拦岁月的流逝，但是我们可以保持快乐的心情，让自己的生活更加美好。大家约定，明年10月，我们一起去江西抚州聚会，回到魂牵梦绕的721矿，看看那里的旧貌和山山水水，一起带着祝福和期盼，让同事间的友谊地久天长。

■ 原文刊载于《721矿游子》第119期。

友谊地久天长

熊继祖

——毕业40周年感言

2019年7月21日，在这个721矿友公认的特殊日子里，我们怀着无比激动和期盼的心情来到这里相聚，共忆逝去的岁月，再叙当年的友情。十七八岁青年梦，五十七八岁梦青年。四十年前我们惜惜相别，正是青春年少时；四十年后我们从祖国的四面八方汇聚到这里，已是两鬓斑白。真是思绪万千，感慨无限！我相信，这次相聚定能给大家带来快乐，带来友情，带来信息，带来永久的回味！

岁月如歌，光阴似箭。转眼间我们毕业已四十个春秋，望着身后四十年走过的足迹，相信每个人尽管所走的路不相同，或如意、或平淡、或艰辛，但有一点大家是一样的，那就是我们已不再是花样年华，而是年近花甲。在我们中间，有的人成了人民教师，有的人做了人民的公仆，有的人成为护士和医生，有的人搏击商海创业有成……总之，不管从事什么行业，做什么工作，大家都在各自的岗位上辛勤耕耘，用自己的热情和双手打拼事业，创造生活，奉献社会。

四十年的期盼，四十年的渴望，四十年的风雨，四十年的成长！回首往事，我们首先要感谢母校各位老师的辛勤培育。让我们全体向到场和没到场的每一位老师表示最崇高的敬意！是他们教授我们知识，让我们懂得如何做人，是他们为我们不同时期的成长指明了前进的方向，他们无私的敬业精神、高尚的道德品质、闪耀着的人格魅力，已深深地印在我们的记忆中，融入了我们的血液里，让我们终身受用无穷！千言万语归为一句话：祝母校每一位教师家庭幸福、健康长寿！也请每一位同学记住：老师的长寿是学生最大的幸福！

在经历了岁月的沧桑和生活的变迁，体味了人生的酸甜苦辣，经历了世事的沉浮之后，我们终于发现，无论人生沉浮与贫贱富贵，唯有那一份难以忘怀、难以割舍的同学情谊，才是我们一生中弥足珍贵的财富和生命意义的一个重要支点。在此，我谈几点感想与大家共勉：

其一，人生是分阶段的，每个阶段有每个阶段不同的目标和任务。哲人认为，30 岁以前求生存，30~50 岁求发展，50 岁以后求善终。十年前，老百姓就说，20 岁是“奔腾”，30 岁是“日立”，40 岁是“正大”，50 岁是“微软”，60 岁是“松下”，70 岁是“联想”，80 岁是“长虹”。所以，敬畏历史、敬畏人生，应是我们经常思考的首要问题！

其二，按 100 岁计算，人的寿命不过三万多天！况且大部分人活不到 100 岁，这让我们感到人生的短暂，让我们懂得生命的宝贵。四十年后的今天，我们都到了或接近耳顺之年，已经走过了 3/5 的人生旅途。在今后的日子里，我们应当关注些什么？毫无疑问是健康！如果用数字表示的话，健康是“1”，其他是“1”后面的“0”。俗话说，50 岁以前拿命换钱，50 岁以后拿钱买命。什么是幸福？活着就是幸福，健康就是幸福，平安就是幸福！记住：在没有你的日子里，我会更加珍惜自己；在没有我的岁月里，你也要保重你自己！

其三，人们总是苦苦追求事业的成功，可又总是不尽如人意。决定一个人是否成功的因素有很多，但归结起来主要有三大方面：一是能力，二是关系，三是机遇。三者必有其一，你才能成功。现实生活中，有思想的没位子、有位子的没思想的现象无处不在。要认识自己，也要认清他人，更要认清社会。只要努力过，只要拼搏过，只要奋斗过，就问心无愧，知足者常乐！只要心态自然，生活也能过得很精致！

欧阳修说：“聚散苦匆匆，此恨无穷。”苏东坡说：“人有悲欢离合，月有阴晴圆缺，此事古难全。”四十年来，我们基本做到十年一聚会，为此，请允许我代表到场的同学，对历次聚会的组织者致以深深的谢意！对所有为聚会出力、出钱的同学表示深深的感谢！对因故不能到场的同学道一声珍重！对已离开我们的老师和同学表示深深的哀悼和怀念！

老师们、同学们，今天刚相聚，两天以后又要分手，天下没有不散的筵席，让我们多联系吧！在交流中增加我们的幸福，在电话中延长我们的寿命，在信函中找到我们的亲切，在互联网中见到我们彼此的面容，让惦记生长在我们无尽的思念中。祝幸福快乐永远伴随我们！祝我们的友谊地久天长！祝老师和同学们身心健康！

下一个十年我们再相聚！

721矿古城学校1979届毕业生毕业40周年座谈会留念

721矿古城学校1979届毕业生毕业40周年聚会合影

■ 原文刊载于《721矿游子》第242期。

友谊长存图录

2012 年 10 月 3 日，1982 年至 2012 年间被分配到 721 矿工作的各院校部分学友在古城聚会合影

2018 年 5 月 26 日，在 721 矿工作过的部分大中专院校毕业学友在古城聚会座谈并合影

2017 年 6 月，原 721 矿山南分矿部分退休职工在上海聚会合影

2016 年 10 月 9 日，分别了数十年的原 721 矿运输处老同事在抚州聚会

2012 年 3 月 24—26 日，原 721 矿水冶厂老同事欢聚上海崇明岛

2017 年 5 月 14 日，原 721 矿水冶厂老同事相聚上海尚知园

2014年11月15日，原721矿邹家山分矿的部分挚友在抚州聚会

2016年6月，原721矿古城中学1983届高中1班同学在当年教学楼前合影

2018 年 10 月 27 日，原 721 矿红卫矿区职工在抚州金安小区聚会

2019 年 1 月 13 日，原 721 矿云际分矿 48 位上海籍退休职工在上海聚会

2017年4月14—17日，原721矿沙洲分矿的部分职工和矿子弟在抚州聚会

2017年10月18日，原721矿建井队48位上海籍职工在上海聚会

2017 年 10 月 21 日，原 721 矿供销处部分人员相聚在抚州金安小区

2019 年 7 月 21 日，原 721 矿湖港分矿退休人员相聚留影

2018 年 8 月 3—5 日，原 721 矿莲塘学校 1983 届师生在无锡举行毕业 35 周年聚会

2017 年 7 月 21 日，原 721 矿莲塘学校 1987 届高中毕业生在鹰潭龙虎山聚会合影

2016 年 10 月 3 日，原 721 矿 1986 届电大经管班的 33 名同学相聚抚州

2018 年 7 月 21 日，原 721 矿子弟到九江毛纺厂工作 30 周年聚会留影

2016 年 5 月，原 721 矿子弟学校 1976 届师生举行毕业 40 年大聚会

2015 年初夏，原 721 矿山南学校部分师生相聚长沙

2018 年重阳节，第三届 721 矿战友在江苏泗洪举行 60 周年聚会并合影

2015 年 10 月 24 日，曾排演当年风靡一时的《红灯记》的 721 矿子弟学校剧组人员在深圳举行 45 周年聚会

原721矿古城中学1975届同学高中毕业40周年聚会合影

原721矿古城中学1981届同学28周年聚会合影

2017 年 10 月，曾经在原 721 矿子弟学校同窗读书的 32 位同学相聚抚州合影

2019 年 6 月下旬，《铀都记忆》主编熊继祖（左三），副主编艾俊民（左一）、杨新英（左二）等到广州出版社参加核文化丛书出版座谈会

核工业创建55周年

第五篇

乡愁

抹不去的铀都记忆

艾俊民

留下精彩 献给历史

——《721矿游子》发刊词

2012年8月1日，《721矿游子》创刊了。

创办这个刊物，来自内心的冲动。作为从721矿走出来的人，我在721矿待了26年时间（1969年至1995年），可以说，自己最宝贵的青春年华就在矿里度过。在721矿成长，在721矿参加工作，在721矿娶妻生子，对其的情感深厚不言而喻。虽然我现在调离721矿已经18年，但是我一直会在梦中回到721矿，为自己调离721矿懊悔不已。并不是因为自己在外地混得不好，并不是因为自己在外地拿的钱少，可以说，我从721矿这个企业单位调进了国家事业单位从事记者职业，令多少人羡慕不已，我目前拿到的工资更是矿里人想都不敢想的。但我就是怀念721矿，如果有二次选择的话，我肯定会选择留在721矿。这是一份情感，一份用青春年华铸就的情感。

虽然我到外地整整18年了，但我的思维方式还是721矿式，常为721矿而骄傲，你知道第一颗原子弹是怎么爆炸的吗？你知道国家为了721矿而专门修建了一条铁路专线吗？你知道国务院为了救一个矿工的生命而专门派出直升机吗？这都是721矿曾经的荣耀。

难怪有那么多调离721矿的人怀念721矿，不是因为他们混得不好，不是因为他们拿的钱少，而是因为在721矿有一股主人翁的自豪感，有一种自家人的洒脱。也就是因为这些，类似721家园的网站冒出不少，多少人写稿，多少人浏览，多少人为之情绪激动，多少人为之彻夜难眠。可惜呀，一些网站因为浏览的人多、发稿的人多而崩溃了，随之是那么多的好文章、好照片不见了。应该把这些好文章、好照片都收录起来，留给历史，这就是我决定创办《721矿游子》的初衷。把刊物做成JPG和PDF格式，既可以打印出来自己阅读，也可以发给友人一起欣赏，更有利于放在U盘里永久保存，再也不怕网站崩溃了。

《721矿游子》毫无疑问是为已经调离721矿的人创办的，要把那些怀念721矿的好文章、好照片选登出来，到适当的时候，还可以结集成书。像任何一种刊物那样，《721矿游子》也有自己的宗旨，有自己的标准，乃至条条框框。第一，选登出来的必须是好的文章、好的照片。一些算不了文章的拉呱闲聊是不用的。第二，文章不得涉及政治敏感问题，不得有违背四项基本原则的话语。第三，文章以怀念亲人、赞美友人为主，不得诽谤、污蔑他人。只要符合这三条原则，《721矿游子》就兼收并蓄。

艾俊民，原721矿职工，曾任二厂一车间炼钢工、莲塘学校高中部政治老师、矿党委宣传部外宣干事。1995年底被调入浙江嘉善报社，历任要闻版编辑、编辑部主任、记者部主任。2015年底退休，获返聘三年，主编《善商》杂志。2012年8月1日创办了自媒体电子报刊物《721矿游子》，专门收集721矿的历史史料，刊登矿友的怀旧文章，至2019年7月，已出刊240期

■ 原载于《721矿游子》第4期。

以报为仓，盛满游子的思念

——写在《721矿游子》创刊五周年之际

黄乐程

2017年8月1日是建军节，也是《721矿游子》创刊五周年的日子。俊民兄发来微信，嘱我写篇文章，谈点感想与希望。我烹文煮字多年，但近年眼力不济，已很少提笔为文了。然而情怀虽少了，但情结还在。于是，欣然命笔，以示感念。

岁月倏忽，一转眼，我离开721矿都快30年了。“三十功名尘与土”，重重叠叠的日子，早已将心磨出了老茧，感动越来越少，而感慨却越来越多，唯有“721”这份情结始终萦绕于心。

因为那里有我青春的底片，那里曾是我的诗和远方。这些年，我的朋友圈里过从甚密的仍是“矿里人”。家里的固定电话号码、女儿小车的车牌号都与“721”有关。有时，在小区或在大街上，看到车牌为“721”的，便顿感亲切，心里猜想：一定是矿里人吧？前几天，家里请了个师傅来修纱窗，见那小伙子说着一口流利的普通话，便忍不住问了一句：“你是矿里人吧！”小伙子一脸愕然：“你说什么？我是湖北人。”我顿时尴尬。

这些年，回矿里多少次，已记不真切了。去年秋天，又专程和几个朋友去了一趟矿里，先去了沙洲，一眼望去，到处是断壁残垣，蓑草蓬蓬，偌大个地方，只有两个养蜜蜂的人，还留守在这个“孤岛”上。我不禁想起了二十多年前第一次去沙洲时的情景。那是一个大雪初霁的日子，到处银装素裹，天地茫茫，煞是好看。我和莲塘学校的两个同事去沙洲踏雪访友，老友热情有加，盛情款待，弄了一大盘狗肉。几个饕餮之徒围着电炉，一顿海吃，真是痛快淋漓。

“红泥小火炉”“能饮一杯无”，那样的场景、那样的心境，再也找不到了……

从沙洲出来，又去了一趟莲塘学校。1984年，我被分到这所学校并在此度过了5年的教书生涯。记得我们那一拨新分来的青年教师，都住在学校教学楼后面的一栋三层小楼（现楼号为莲塘中区九栋）里。一伙年轻人血气方刚，意气风发。我们经常“打平伙”聚餐，也时常在冬日里围着电炉彻夜神侃。楼里还有几个“花腔男高音”，夏夜里，不时能听到他们的“夜半歌声”。我就是在那里学会弹吉他的。每天晚饭后，便抱着那把“红棉”吉他弹唱，在罗大佑、齐秦、李宗盛等的陪伴下，尽情地释放着过剩的荷尔蒙。

当我重新回到当年那栋承载着我青春记忆的小楼时，眼前的景象让我黯然神伤：斑驳的墙壁，昏暗的楼道，我住过的那间曾充满书香的屋子里，堆放着乱七八糟的杂物。整栋楼里，只见到一个光着膀子，穿着大裤衩的中年汉子……与我同去的朋友小良是位诗人，他听着我的讲述，若有所思，回来后便写了一首诗《莲塘九栋》：

一栋八十年代的楼房从荒草中
伸出褶皱的手
和我还有两个熟人相握
走进窄窄的过道
就像走进光阴深处
岁月的歌声踩着吉他的弦悠悠飘来
……
光阴的故事，箩筐装不完
盛满思念的人和莲塘九栋
一起慢慢变老
……

这首诗先后在《江西工人报》《诗中国》和贵州作家网刊发，让我感慨不已。

是啊，丰沛的情感需要抒发，绵延的思绪需要寄托。许许多多像我一样的“矿里人”，早已将生命的船划向了远方，大家都渴望能有一个心灵之仓来安放自己的思念与情怀。于是，5 年前，《721 矿游子》悄然而生。起初，它的名气并不大，大都是“矿里人”口口相传，我也是近两年才知道有这电子报的。我第一次看到它时，倍感亲切。熟悉的人，熟悉的地方，熟悉的作者，故园人事，朝花夕拾，让我一下子找到了文化的认同感和心灵的皈依。

游子报的创办人艾俊民和我在莲塘学校共事过。俊民兄有才，许多年前，我便读过他的不少文章；俊民兄更有情怀，为了构筑“矿里人”的精神家园，多年来，他一直默默奉献着，为人作嫁，不计报酬。办报是辛苦的，写稿、约稿、编辑、排版、校对……案牍辛劳，可想而知。但俊民兄却从这份报纸中找到了慰藉，找到了快乐。易中天先生说：“书生都有一点意气，也有一点傻气。而要做成一件事，还非得有一点傻气不可！”在急功近利的年代，像俊民兄这样能有如此情怀的人越发显得难能可贵。

时下，资讯泛滥，纸媒艰难。许多有影响力的媒体和媒体人都选择了告别，而游子报却逆势生长，且枝繁叶茂。在此，我要向俊民兄致敬！向许许多多心系游子报的人致敬！

以报为仓，里面盛满了游子的思念。祝愿这座心灵之仓日益丰盈，硕果满仓。

■ 原文刊载于《721矿游子》第177期。

让我们继续一路前行

——写在《721矿游子》电子报出刊200期之际

吴福生

2018年4月初,《721矿游子》电子报创始人艾俊民同志就在微信里向我约稿,请我写一篇纪念《721矿游子》电子报出刊200期的文章,我欣然答应。

我结识《721矿游子》电子报的时间并不长,记得那是2017年10月中旬,矿友刘经龙告诉我:艾俊民同志创办了一份《721矿游子》电子报,叫我写点稿子去。当时,我没有艾俊民同志的联系方式,几经辗转终于联系上了他。我们聊了一会,他就热情地主动发了几篇文章给我。过了两天,又连发100多期《721矿游子》电子报给我。我认真地拜读了这份游子报,认为办得不错,有一定的水平。纵观这份游子报,自创刊以来,在艾俊民同志的精心浇灌下,广大作者和读者大力支持,他们以散文、游记、诗歌、摄影等形式展现了721矿人的才华。篇篇文章浸透了作者的浓浓情意,字字句句留下了作者的一段段难忘的回忆。这回忆,是情,是缘,精美的篇章读后令人感慨,令人钦佩!

今天看来,这份电子报不足称奇,但在6年前,萌发创办电子报的动机并不简单。艾俊民同志在721矿工作、生活了26年,对721矿比较了解,也有深厚的感情。他深知721矿的干部工人是值得颂扬的。建矿时期,住茅棚,干打垒,点油灯,无论是身经百战的官兵,还是大中专学校的毕业生,或者是刚进矿的青工,大家同吃、同住、同劳动,风餐露宿,逢山开路,遇水架桥,体现了同甘共苦的革命精神。721矿的发展和我国核工业发展的历史始终保持着同步,从无到有,发扬艰苦创业、开拓创新的精神,率先试验并采用地表堆浸、渗滤浸出等采冶新工艺,为我国的"两弹一艇"提供了核原料,为我国的国防事业做出了不可磨灭的历史性贡献。斗转星移,随着国内外形势的变化和我国政策的开放,721矿面临一次又一次的挑战。军品锐减,人员压缩,广大干部工人为国分忧解难,有的

作者吴福生照片

转民，有的外调，有的提前退休，有的辞职自谋职业，平稳过渡，体现了几代矿工的高尚情操。数千工人奔向大江南北、长城内外！

游子千里行，心魂系故乡。他们在721矿工作、生活了几十年，总爱把721矿看成是第二故乡！他们虽然离开了721矿，但总忘不了那里的人和事，忘不了那里的山和水，更忘不了的是721矿哺育了他们成长！

以艾俊民同志为代表的许多人在网络上撰文，回忆峥嵘岁月，动人的故事，篇篇充满了温馨的亲情、爱情、友情，且文笔流畅，结构严谨。正是在这种大背景下，艾俊民同志萌发了把这些好文章、好照片记录下来，留给历史的想法，于是决定创办《721矿游子》电子报。说干就干，经过周密准备，一份以“留下精彩，献给历史”为宗旨的《721矿游子》电子报于2012年8月1日正式诞生！

《721矿游子》电子报创刊以后，广大网友争相阅读并为它点赞。有人会问，在互联网迅速发展的今天，《721矿游子》电子报为何能受到广大读者的青睐？笔者认为，原因是多方面的。

这是一份很有品位的电子报。这里有一个政治素质高、文学功底深的写作群，他们不为名，不为利，不辞辛劳，用满腔热情、浓浓真情、火热激情，忠实地书写721矿的春秋。每读一篇，回味无穷，已成为网友不可或缺的贴心读本。

这是一份在前进路上不断创新的电子报。细心的读者会发现，从第42期开始由1版扩为2版，又从2016年起由每月出刊2期增加为3期，容量更大，内容更多，更有看头。应广大读者的要求，2016 年至 2017 年，在矿友尹忠的大力资助下，《721 矿游子》电子报前两年发表的文章、照片先后被收录制成两辑纸质书出版，赢得了广大读者的喝彩和称赞！

这是一份高端大气、精心编排的电子报。编辑从选稿到编排，都恪守精益求精的原则，精美的诗文，亮丽的图片，清爽的版面，令读者受益匪浅……

光阴似箭，日月如梭。转眼《721 矿游子》电子报迎来了创刊六周年，到今年 8 月 1 日出刊 200 期，可喜可贺！在这里，笔者以一介读者之身份，向《721 矿游子》电子报编辑艾俊民道一声辛苦了，谢谢你！正因为有了你的执着与坚毅，方有《721 矿游子》走过六年风雨之幸运！

“年年岁岁花相似，岁岁年年人不同。”我退休离矿多年，在省城（南昌）居住，岁月无情霜染两鬓。我这个当年朝气蓬勃的青年人，如今已成了古稀之年的老人，但我的心始终与《721 矿游子》和中国核工业的脉搏一起跳动，我愿与《721 矿游子》电子报继续一路同行，相伴永远！

“路漫漫其修远兮，吾将上下而求索。”愿《721 矿游子》电子报与新时代同步，与新希望结伴，以新作为开路，去开始新的跋涉、新的攀登，去创造新的精彩！

■ 原文刊载于《721 矿游子》第 200 期。

割不断的大山情结

卢惠如

我爱大山。我的故乡721矿就在乐安县与崇仁县交界的大相山。周围有石马山、白云山、邹家山，群峰环绕，壮美如画。那里的杜鹃花红得像血，那里的青松绿荫如伞。每当芦苇花开，漫山遍野，山风吹拂得似波浪翻滚。勤劳俭朴的矿工家属就会上山搞小秋收，采摘芦苇花，割起芦苇秆，扎成扫把卖，挣一笔小收入。芦苇花、芦苇秆，割去一茬又一茬。头年割去，次年再生，犹如割不断的大山情结。

我虽然早已离开721矿，但是依旧思念故乡的大相山。无事时，我就会望着远处的大山，这时我就会心头起伏，思绪难平，那远去的、难以忘怀的记忆又浮现在我的眼前……

20世纪70年代初，我被招工，随大批知青来到大相山，从农村走进工矿。前辈们早已在这片蛮荒的神奇工地上修路开矿，建立起根据地。721矿区已初具规模，并且发展迅速。那时正值“文革”时期，工区改为营，车间改为连，实行准军事化管理。我们新工人看一切都很神奇，同时也很兴奋和自豪……

一名大块头的退伍兵，头戴矿工帽，脚穿长筒水鞋、身穿满是油污泥水的工作服，胸前印着“抓革命、促生产”的标徽，手挎一支加长手电筒，在一、二号坑道来回巡查。他是在监护，在纠偏。三营一下子涌进200余名新工人，他放心不下。他发现我们班坑道打偏了，就叫上一名助手，提起一台风钻，要亲自教我们打一个掌子面。他说：“打坑道很有学问的，要校准中线，选好角度，根据岩石硬度，掌握炮眼深度。”

按照他的指导，我们一炮下来，就炸开了20多立方米的石渣，掘进深度达到2米，且坑道齐整。即使两头对打，接口也不偏不差。他说他是工程兵出身，是打坑道的师傅。他就是我们营长尹仕高前辈。尹营长后来被调去矿总部机关任职，可是他坐不住，又去了巴泉工区，他要去井下打钻。他说采矿是他的事业与归宿……

每次下井前，总有一批资格老的退伍兵站出来，有一道工序必须由他们去完成，行话叫“处理安全”。短暂的班前会，检查装束，分工，点名。点名的意义不是考勤，而是安全警示。大家都知道，井下风险大，塌方、冒顶、哑炮、中毒、机械损伤……但此时不多说，点名意味着大家同进去、同出来，互相监护、互相关照。此时气氛刻骨铭心……

上一班炮烟未消，下一班就接着干，实行四班倒6小时工作制，用人海战术弥补设备不足。这时就会有一位资格老的退伍兵先进坑道，去完成第一道工序：开起通风机，用水枪冲刷岩壁，用钢钎捣下松动的石块。然后，老兵又带着大家去扒矿渣。井下的装岩机、电机车故障率高且容易掉道，为了不耽误工班进度，不影响下一班作业，就用矿山特有的铁耙子人工扒矿渣，然后一筐筐倒入矿车，再一车车人工推出，倒入矿仓或废石场。就这样，矿石运往水冶厂变成半成品，再运到别处变为浓缩铀。浓缩铀最后就产生了核聚能、核裂变，产生了核电能。

国营721矿，曾经是国家的天之骄子，曾经辉煌过一个时代。有一代优秀的退伍官兵把壮志和血汗挥洒在这片热土上，有一代下放知青们把美好的青春晾晒在这里闪光。他们的贡献和荣誉将永远载入史册。

当改革开放的市场经济大潮席卷大地，721矿区的发展却进入了低潮。单位下马，职工下岗，数千矿子女变成待业青年。当母体不堪重负时，矿山儿女只能离开矿区飘散各地。可是无论到了何处，他们都忘不了大相山——那个矿区，那个部落，那个故乡！

■ 原文刊载于《721矿游子》第85期。

我们警卫排的孩子

张萍

记忆中的家辗转搬到了一厂的东角，在一厂的老汽修厂下个坡，坡下安静地竖立着三排平房，它就是传说中的警卫排。一排有六户人家，三排共十八户。每排房头水管有两个矮水龙头，每户轮流淘米、洗菜，有的人拿着小矮四方凳找个合适的地边搓洗衣物，边谈天说地，家长里短很是热闹。警卫排有一部用手划转圈拨号的乳白色电话机，就安装在第一排第一家的姜长岭叔叔家。谁家有急事或公家找人只要站在房头大吼姓名就算通知了，大人们边回应边忙不迭地跑出来。

现在要进入正题了，我们的父亲都是在一厂的一号路、二号路做警卫工作的，一号路、二号路是提炼矿物质的生产重地，外人是万万不能进入的。小时候只听大人们说上面有伽马，吸人血的。那时父亲们上班都是背真枪站岗的。这也是最让我们警卫排孩子感到骄傲的了。那时枪支还没入库，家家有枪，那可是真枪呀！我父亲那时大概位居副排长，我还有幸见过真正的步枪和小钢炮，家里曾经还有超大的弹壳，可惜后来搬家丢失了。小时候打靶场我也是去过的，基本是上海知青偏多，我们管他们叫上海阿拉。还记得他们给我吃过上海大白兔奶糖，可甜可甜了！那时可是全民练兵，印象中最深的三种打靶姿势是站、蹲、趴。那时的父亲很严厉，不苟言笑，我既敬又怕，怎一个牛字了得。

我们警卫排的孩子大约都是20世纪70年代出生的，一家基本都有三个孩子，只有一家上海夫妇是一个孩子，一个老师家是两个孩子。那时的日子很穷，最富裕的当属我家邻居上海人潘友根、周月仙夫妇，他们是双职工，在我们警卫排中最早买了电视，好像是“凯歌牌”。到了晚上，我们就赶快搬了小板凳去他家院子里占位置，那时演的是《霍元甲》和《再向虎山行》，那时的片子真好看！《排球女将》小鹿纯子的发型至今都不落伍。

那时我家很穷，靠父亲一个人工资养我们三姐弟，母亲为了减轻家里的负担，就去公溪河筛沙子贴补家用。家里也没添置收音机，一到十二点半，我就跑到第三排高乐安家墙角听评书，什么《岳飞传》《隋唐演义》，那时袁阔成、刘兰芳、单田芳的名字如雷贯耳，什么“花开两朵，各表一枝”“欲知后事如何，且听下回分解”，让人欲罢不能。一到下午，二排杜红梅家收音机里就传出“小喇叭”稚嫩的声音：“蚕豆皮鞋咔咔响，你要问我是哪一个，我叫小丁当，工作特别忙，小朋友来信我全管，我给小喇叭开信箱，开信箱。”

春季是我们警卫排孩子玩耍最欢的季节。上坡过条马路就是后山，那时的映山红红得似火，放肆地开满了山坡，又像旗帜满山飘扬，漂亮极了。山上还有水塔，我们像猴子一样爬上窜下。玩饿了就找野果子吃，有野草莓、糖罐子、大米饭（野蓝莓）。那大米饭中间有颗五角星，砸得满嘴漆黑。甜得腻人的“鸡爪子”也是我们的最爱，还有那白色的栀子花，抽去黄芯，吮吸里面的甜汁，可甜了。我们警卫排的孩子继承了父辈的优良传统，特别团结友爱，一到夏天就成群结伴去远山摘毛栗，浩浩荡荡提着篮子、拿着袋子就出发了，摘回来就穿着套鞋踩，老的风干，嫩的吃掉。那时家里养鸡养鸭，学校一放暑假我们就结伴去满眼金色的田

石马山远眺

里捡老乡们漏下的谷穗，钓青蛙、捡螺蛳，鸡鸭老远看见我们就摇着那肥硕的屁股扭过来欢迎我们。

秋天是果实丰收的季节，挨着我们警卫排有个老表村叫杜坑，现在想想叫“老表”多少有点贬义。一棵古老的槐树下拴着几头牛，隔着村庄的一条马路有几棵高大的板栗树和枣树。一到秋天，我们就约上几个灵活的小伙伴，趁中午午睡拿竹竿和袋子，到那挂满了红似玛瑙、青似碧玉的枣树下打枣子，一竹竿下去枣子似冰雹扑面而来，吃起来又甜又脆。竹竿够不着板栗我们就用石头砸，那可是需要功力的，也有熟透自动掉地的，伙伴们分工不同，有专砸的，有专捡的，那动作利落得像受过训练一样。

冬天，房檐下的冰柱也是我们的零食，将其放在舌头上舔一舔，冰凉冰凉，麻酥酥的。小时候的我们还是有点小聪明的，将公家发的午餐肉的盒子穿上细铁丝，装上公家发的木炭引上火就是取暖工具了。

我们警卫排孩子的集体娱乐项目就是去第二排汤老师家（他们夫妻也是双职工，云南人）院子拉个网打羽毛球、乒乓球。闲暇之余他们夫妻俩就拉拉二胡，弹弹琵琶，唱唱小曲，羡煞我们。现在想来那时的娱乐可谓高大上了。那时我最擅长的就是跳棋，每每先占领敌方阵地，那得意劲比吃大白兔奶糖都开心。

数不胜数的孩童记忆，艰苦、单纯而快乐无比的童年、少年，是我们警卫排孩子的共同记忆。已步入中年的小伙伴们，你们也像我一样时常忆起，梦里追忆吗？

■ 原文刊载于《721矿游子》第131期。

古城的灯光

艾俊民

到大城市旅游，观看夜景是必不可少的项目，有些城市白天看不怎么样，夜景却是相当的漂亮。而构成夜景，主要靠的就是灯光。每当我在城市观看夜景时，脑子里就不由自主地想起古城的灯光，想起了 721 矿的沧桑变化……

我是 1969 年底去的 721 矿，在我的脑海中有两个画面印象特别深：一个是火车行驶到抚州火车站时，站台上有很多解放军在维持秩序，一个个身穿军大衣，在凛冽的寒风中显得特别英武。我后来得知，在“文革”时，为维护社会秩序，抚州正在实行军管。另一个就是到了江边村火车站，还在车厢里，透过车窗，我看到古城方向灯火辉煌，把半边天都照亮了。可以说，我长那么大，还从来没有见过如此密集的灯火。我旁边的一个人自豪地说：“我们古城是个‘小上海’啊！”

在 40 年前，上海是我听说过的最大最好的城市，我还从来没有到城市里去过，想到自己一辈子将要在“小上海”度过（那时无论如何想不到自己有一天会调离 721 矿），就特别兴奋。

第二天，我就把古城逛了一遍。现在回想，古城确实很小，当时只有北区的 4 栋单身楼，还有中区和南区的十几栋家属楼，古城学校的教师楼还没有建，那里还是一片空地，矿里每个星期都会在那里放露天电影。当时公溪镇还在由古城去莲塘路上拐弯处的河边上，老乡郑伯伯带我去过一次，都是老房子，非常潮湿。过不多久，公溪镇的房子慢慢都拆光了，搬迁到了现在的地方。

古城虽然小，但是非常热闹，人气很旺。每天早晨，矿广播站就会播放《东方红》，把工人们从床上叫醒；中午吃饭时，广播站又会播送矿内新闻，宣传好人好事；到晚上下班后，广播又会响起，一直到 8 点钟转播中央人民广播电台的《新闻联播》节目。那时候没有听说过电视机，就连收音机也少有。职工们天天晚上开会，进行政治学习并收听《新闻联播》。

矿山一切都是军事化管理，车间领导不叫主任而叫连长，还有连指导员；厂领导不叫厂长而叫营长，还配有营教导员。我印象最深的是，运输大队的职工上班像部队战士出早操那样列队前进（以后军代表撤走了就不兴这一套了）。总之，那时的古城虽然地方不大却非常有生气，尤其是每到星期天，周边的村民都到古城来赶集，那个热闹劲至今让我回味无穷。

这样的情景一直持续了好多年，历经了中国政治生活的风风雨雨，比如“九一三”事件、批林批孔运动、“反击右倾翻案风”、打倒“四人帮”和“揭批查”等，真的可以写一部长篇小说。但是不管政治风云如何变幻，古城的热闹劲一直没变，古城的灯光一直灿烂。

到了20世纪80年代末90年代初，古城开始萧条，721矿提倡减员增效，大批职工被调走。而且职工用电也不像以前那样是免费的，而是各家各户都装电表，先是2分钱一度，后来逐步涨价，而工资却没有增加。职工们用电非常节约，晚上开了电视就不开灯，除非小孩子做作业。有一次，我从南昌坐火车回矿，在江边村火车站，看见古城方向漆黑一片，只有零零星星的几点灯光。想起1969年底我初到721矿时那个“小上海”的灿烂灯火，心中唏嘘不已。

又过了十多年，到了2003年，我调离721矿后第一次回乐安过春节。大年初三下午我来到古城，执意要在矿招待所住一个晚上。八九点钟时，我到街上想逛一圈，结果发现一盏路灯都没有，水泥路面坑坑洼洼，踩了我一裤脚的脏水。此后，我再也不到古城去了，只在睡梦里寻找那古城的灯光……

■ 原文刊载于《721矿游子》第1期。

在721矿的日子

李谦

作者当年照片

一直很想写一点这类的记忆文字，《721矿游子》电子报主编艾俊民老弟也催促过几次，怎奈做了爷爷后俗务太繁杂而脑洞日见闭塞，有自暴自弃之嫌。今天读了洪翁的《贺721矿游子报百期合刊》，很有感慨，遂有“情牵故地忆往事”之冲动！我常自问：721矿好吗？它显赫吗？回答这个提问，我自己都很纠结。

1984年，我调回南昌后，曾经回过721矿，最近又在群里看了不少游子们发的721矿近照，用“荒草萋萋，乡关日暮”形容，怕不为过！

那么，为什么，或者说，是什么样的魅力让这么多的游子对它魂牵梦绕，难以割舍？以至群主一声招呼，义旗一举，便纷纷聚于麾下，聊天、倾诉、问候，“天涯若比邻”呢？细想来，还是一种721人特有的情结，那种有如外星人空降到一个陌生之地，然后在创造、生息、繁衍中生出只有他们才能体味的喜怒哀乐，把他们的记忆拧到了一起，成为今世永恒！

我这个人很怪，像我在博客中所说：喜欢让记忆的飘絮率性飞舞，但正因为此，才会将记忆之酒酿得与人不同，今与游子们共饮，是苦，是甜，是好，是孬，但凭分说！

洪翁诗云：“情牵故地忆往事，萦梦岁月思翩跹”——让人不打开记忆的闸门都不行！

第一杯酒：老实说，721矿的日子苦不苦？苦！但当时之中国，哪个厂矿不苦呢？按说，我们干的那个特殊的铀矿行业，本应该比一般行业有更好的待遇，这个待遇是指除工资外的与工作环境等同的721矿人都懂的“保健费”，但我们没有，而且长久没有。直到有一天，不知是谁起的头，我们运输处修理车间举行了一次不大不小的罢工，才争取到了本该与我们的付出等同的“保健费”，每月也就八九元钱吧，皆大欢喜啊。今天想来挺有趣，我不是“负能量”地赞美那次令领导难堪的所谓罢工，而是欣赏一种性格，这是一种可以吃苦耐劳，可以吃亏，但不能吃气的男子汉的犟气，因此可嘉！

第二杯酒：那个年月，在721矿，有很长一段时间，吃肉成为一种奢望。记得有一天，古城二厂食堂公告：今天每个家庭可以凭票领一份红烧肉。喜悦的气氛荡漾整个古城！我怀抱不满一岁的儿子，碗由儿子死死地拿着，到了打菜的窗口，儿子懂事地把碗递进去，嘴里一个劲地叫着：“肉肉！肉肉！”真的，至今我还在惊讶，贫瘠之时，一点意外之获都能把人性展现至如此极致！至今，我们还拿这件事“讥笑”我们如今过得不赖的儿子。

第三杯酒可能你会醉：上班苦不苦？苦！记得“三伏天”要穿厚厚的工作服修车，还得戴口罩——据说要防辐射。如此一来，汗流浃背也就罢了，要命的是“烧裆”得厉害，以至每晚要光身子睡觉，便于散发热量（那会可没有电扇，更没有空调）。不幸的是，有一天半夜，我被外面电闪雷鸣惊醒，赶忙到阳台收衣服。最让我自责至今的是，那时古城的住家房是两家共用一个阳台，睡眼惺忪、窸窸窣窣收衣之时，一个电闪即将熄灭间，方见对面房的人也在收衣服，而这时我们彼此似乎才发现对方，忘不了对方在电闪瞬间看我时的惊悚眼神和比迅雷还要快的转身——砰的一声关门离去。其惊悚、其关门离去之毅然决然，让我这懵懂之人心犯嘀咕：还没看清人呢，平日关系不还好吗？用得着这样吗？有点失态吧……

当然，衣服收进来时，老婆也被吵醒了。告诉她刚才之事，老婆说：“去照照镜子吧！这下丢脸丢大了！”我这才发现我这习惯成自然的“散热之举”竟铸成千古之恨！一夜无眠，最后竟暗自祷告：但愿刚才那阳台上的邻居是男主人，否则，就说不清了……

虽然还没到在冬日的阳光下打盹，仅靠回忆打发日子的岁月，但在721矿度过的日子一定是可以预见的未来冬日里温暖我的阳光！

欢乐的日子自有欢乐的理由，那快乐的工作，那戏谑张狂的文友聚会，那足球场青春洋溢的竞技，还有后来的恋爱、成家、生子，以及为求真知，考试决不苟且的电大学习……这一切，每每在记忆的天空飘过，都会引起心灵的震颤，从而涌出一股试图挽留岁月的温情。

说人生如白驹过隙，说人生如梦，说往事如烟，都在理，这也不难理解为什么721矿人如此热衷倾诉、聚会、帮忙。因为我们老了，而年轻时，我们如此这般地从相识到相知，又从相知到相亲！可以说，人生的最好时光都是在721矿度过的。苦也好，乐也好，哪怕糗也罢，我们都经历过，在我最好的时光经历过，这就够了。

■ 原文刊载于《721矿游子》第120期。

抹不去的记忆

付素英

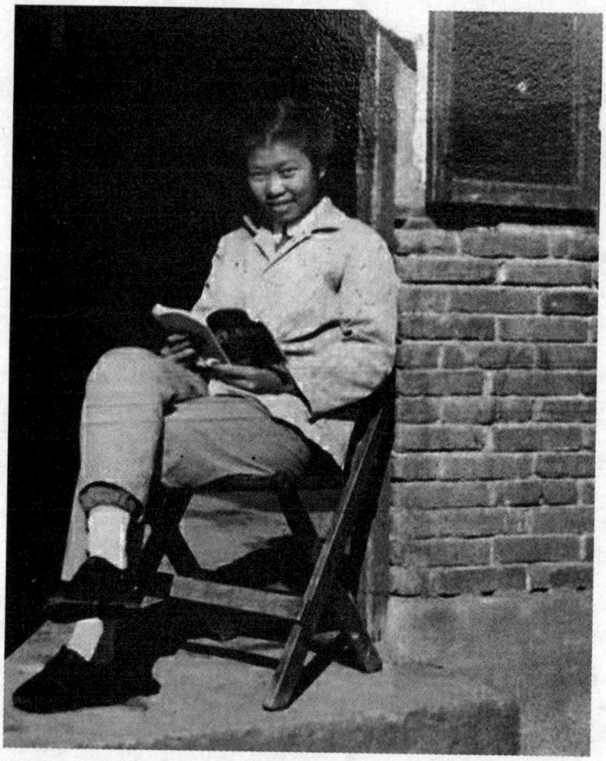
付素英在平房门口读书

从有记忆起，我就住在山南黑风口下的第二排平房，当时的山南生活区二栋。后来听父母说我们家是在我出生后两三个月才搬到这当时还为数不多的平房的，应该是1964年九十月份，自此开始了在此长达43年多的生活。

那时候住房比较紧缺，我们这四栋房子居住了28户人家，一栋有4户，二栋有8户，三栋有12户，四栋有4户。住户有四川人、河南人、上海人、山东人、江西人、安徽人、福建人，还有广东人、北京人，可谓是天南海北了。

父辈们的语言也是南腔北调。我们一排可热闹了，父亲讲着四川话与人交流；王叔总是一口河南话，语气里带着官腔（他后来是工区区长）；李叔是四川人，说话也是官气十足（后来是湖港分矿矿长）；隔壁邻居男主人是矿里的技术人员，是广东人，夫人是北京人；还有一个隔壁邻居老家是山东的。早上起来听着他们用自己的方言互相招呼，感到特别神奇。

我家一排住着3户四川人、2户河南人、1户山东人、1户安徽人、1户广东人。

一排住的有3个20世纪50年代出生的哥哥姐姐，后来晋华哥哥（他的弟弟晋辉后来在矿里当了领导）和李姐姐都被下放了。梁平哥哥家搬到莲塘，再也听不到他妈妈那纯粹的北京腔了。邻居有个在部队是司令员警卫员的杨叔，老家是安徽的，他母亲从老家来投靠儿子，战争时期因房屋倒塌被砸伤，所以脖子一直直不起来，我们都叫她歪脖子奶奶。奶奶很勤快，遇到下雨她把邻居家晒的衣服、被子收到家里，等邻居们下班后到她家取，邻里之间相处得非常和谐。

住在我家后面的有一个老革命，十几岁就是游击队里的红小鬼，听说中华人民共和国成立初期做过上饶公安局局长，后来在省里做过粮食局局长，他的女儿也被下放了，后来做了老师。有年冬天，下了好大的雪，老革命为了让我们开心，也是让他女儿开心，允许我们把雪仗打到他家里甚至床上。邻居们有的叫他疯老头，我那时觉得他就像《红岩》里的疯老头，令人尊敬。

我家后面还有两家姓叶的，一家是江西的，男主人家世代都是做衣服的，小时候每次看他做衣服都感到特别神奇。他的嗜好是给我们几栋房里的男孩起外号："地瓜""土豆""白菜""马头""老公鸡""迷糊"等。他家有个福英姐姐，下放休假回来时就把我们差不多大的女孩召集到一起，教我们唱歌、跳舞。

还有一家是安徽的，对左右邻居都很有礼貌，最经典的是在我家门前的泉水窝前洗东西时，操着一口安徽话说："你先'死'，吾后'死'，你'死'过了，吾再'死'（这里面的死是洗的意思）。"叶叔非常疼爱他的妻子，重活累活都是自己干。因为妻子在干家属工，里里外外都是叶叔在忙，他还烧得一手好菜，种的菜也比邻居的好。

那时候，黑风口下面没有厕所，那里是农民种的水稻，男孩们晚上用柴油灯扎黄鳝，捉泥鳅，钓青蛙，抓蜻蜓。那时候山上还没有盖楼房，我们一放学就在山上玩。春天有满山的杜鹃、野果，秋天有毛栗、苦栗子。男孩子最喜欢的是在山上玩打仗的游戏，女孩子喜欢享受各个季节山里的各种果子。

最怀念的是傍晚，家里妈妈们做好饭，对着山上，用各地的方言，唤着自己的孩子的小名。我们听到自己母亲的呼喊，跑下山来，一边听着妈妈亲昵的骂声，一边享受着妈妈给我们洗手洗脸。那时候，我们几栋邻居，和我一般大的女孩有十四五个，我们一起跳皮筋、踢毽子、跳房、跳绳，一起唱儿歌、唱革命歌曲。

上山都是几个要好的一起去，写暑假作业都是搬着板凳在马路边上写。

住在我家后面的还有一位张叔，夫妻俩好像都姓张，大女儿是我的同学，他俩是那个时候少有的胖子，张叔脑子里总有说不完的故事，那时候家里大多数没有收音机，《孙悟空三打白骨精》《薛仁贵东征》《哪吒闹海》《聊斋》断断续续都是从他那里听来的。特别有意思的是，因为我们居住的地方风水好，有些古坟，漆黑的夜晚有些磷火，他就有声有色地说鬼故事给我们听，我们既想听，又有些害怕。

另外还有一个张叔，他是我们这几栋房里的3个驾驶员中的一个，安徽人，是负责接送邹家山职工上下班的班车司机。那时他的车子停在我家门前的马路边上，也就成了一些男孩子的玩具了。弟弟在玩从车上快速下车的游戏，关门的瞬间没有及时下来，结果头在外面，身子却在里面，现在已经是老邻居说的笑话了。张叔夫妻俩说话很好听，就像电影《天仙配》里的对白。

那时候，为了建泉水窝的蓄水池，几栋房子的男主人晚上开始了设计，大家献计献策，各自分工。父亲领头向维修队要了一翻斗车的半截砖，向分矿申请了些水泥，邻居的叔叔们从公溪河拉回一车沙子。在一个星期天早上，爸爸敲着破脸盆，家家争先恐后地开始了修蓄水池，以后才有了沿用几十年的泉水窝。

父亲是搞供应的，那时好多的物资都比较紧俏，父亲批发来的东西，都是晚上几户比较好的人家分，从不赚邻居一分一毫。为了给我们改善伙食，父亲织了一张网，下班早了就带我到河边，几网下去，四五斤小鱼就到家了，妈妈用面粉裹着用棉籽油炸着吃，那时邻居的孩子都有到我家吃鱼的经历。四川的泡菜比较有名，到现在都有好多邻居回味我家的泡菜：梅干菜、萝卜干、腌荞头、糖大蒜。

1966年，我弟弟比晋辉的弟弟奎奎早几个小时出生，弟弟是6月30日夜里生的，奎奎是1966年7月1日凌晨出生的，弟弟得了上半年的油票、布票和粮食。后来弟弟长得比较高，奎奎比较矮，大家都开玩笑说奎奎少吃了粮食，少用了布票才矮的。

那时候，我们特别期盼过年，各家备的年货都不一样，大年初一都把自己家最好的东西拿出来让大家品尝。平时安徽的邻居摊煎饼，我总是好奇地坐在边上看，当然也有口福吃一个。我特别喜欢跟安徽阿姨学做面食，面在她们手上像变魔术一样，做啥像啥。

那时候，职工家里都养了鸡、鸭、鹅，有的人家还养猪来补贴家用。我们每天剁猪草、挖蚯蚓、摸螺蛳、喂鸭子，知道鸡养大了就有鸡蛋吃，鸭子养大了，中秋有鸭子吃，猪到过年就有好多的肉吃。那时的孩子都很单纯，一心帮父母把日子过好。

那时候，几栋房子的男主人中好多都是党员，每到党员义务劳动的时候，爸爸的破盆子一敲，每家每户都拿着自家的工具出来，有扫地拔草的，有清理水沟的，有清理泉水水池的，最后大家把清理的垃圾放火烧了。这个时候我们是最开心的，家里有红薯的、有土豆的就放在火里烤，围着火边也可以玩上好久……

■ 原文刊载于《721矿游子》第181期。

古城学校之恋

王峰

作者王峰照片

我爱美丽幽静的古城学校，这是我理想中的校园。

我喜欢它的浪漫与宁静，喜欢它的温馨与祥和，喜欢它四季的柔美与典雅，还有它的一切……

我喜欢校园里绿草如茵，繁花似锦、绿树叠翠的园林环境，小径纵横，花木扶疏，树影婆娑。学校的大花坛里各种花儿竞相开放，争奇斗艳，花丛中飞有五彩斑斓的小鸟，还有蜜蜂、蝴蝶在翩翩起舞。阵阵花香扑鼻而来，沁人心脾。

宽阔碧绿的大操场，黝黑标准的跑道，宽敞明亮的教室，宽阔的大礼堂，舒适的宿舍，干净的食堂……踏进生机盎然的古城学校，清新、恬静、朝气是它给人留下的第一印象。

当孩子们在大操场、足球场、篮球场和体操房里上体育课或玩耍时，整个校园就沉浸在充满动感、充满活力的氛围中。

沿着一条笔直的校道向前走，可以看到四座青灰色的教学楼掩映在茂密修长的树丛中。每天早晨，教室里都会传出琅琅的读书声。上课了，又传来老师像滴滴甘露一样抑扬顿挫的声音，渗进同学们的心田；有的老师慷慨激昂，像磁铁一样，把同学们引进美妙的境界；有的老师循循善诱，引领同学们攀登知识的高峰；有的老师语言谐趣，打比方、引典故，博得同学们阵阵欢声笑语。这里是求知的宝地，是培养智慧的摇篮，是同学们的乐园，是心灵的圣殿。这里也为我们教师打开了知识的宝库。这里是我们不断进取的家，让我们也感受着自己的成长。在这里，我读了许多书。图书馆和阅览室是我经常去的地方，我喜欢那里的安静，喜欢那里浩如烟海的图书，喜欢书架上散发的书香味，喜欢那些正享受着读书乐趣的人们。在学校里，我学到了许多教育、教学方面的知识，学到了思考问题的方法，学到了为人、治学、处世的准则和道理。

古城学校是我小学、中学时的母校。在母校的岁月，是我人生中最有意义的一段时光。我喜欢我的老师，喜欢他们慈祥的笑容。当我看到老师亲切和充满希望的目光时，我心里暖暖的；当我听到吴声仁老师真诚的鼓励时，就有了克服困难的勇气和信心。朱静芳老师、王维德老师、吴声仁老师、傅金仁老师等像一棵棵大树那样为我们遮风挡雨。在人生的道路上，我们每渡过一个坎坷，每获得一次成功，无不伴随着老师耐心的教导和悉心的培育。我们尊敬老师，老师爱护我们，学校内充满了温馨和愉快的气氛。辛勤的园丁总希望他们的小树茁壮成长，他们无论严寒、酷暑，披星戴月，鞠躬尽瘁。他们才是最可爱的人。教过我的老师都是“学高为师，身正为范”的好老师。

古城学校是我又一个温暖的家。我感受到了学校领导阳光一般的关怀，感受到了同事们真挚的情谊。当我生病住院时，领导和同事们前往医院看望，留下许多礼品、许多宽慰、许多叮咛。看着那熟悉亲切的面容，听着那关切的话语，我很感动。我享受着亲人般的关怀和家庭般的温暖。在安静、祥和、温馨、舒适的古城学校，我工作了 21 个春秋。

每天，当我迎着晨曦踏进校园，看到学生热情洋溢的笑脸，听到他们甜甜地叫一声“老师好”时，我是快乐的；当我踏上讲台，迎着学生求知的目光，看到他们高举的小手时，我是快乐的；当我看到自己的学生学习进步时，我是快乐的；当我帮学生解决了一个个疑问和困惑时，我是快乐的。

当我设计出一堂具有创意的课；当冥思苦想的教学问题有了结果；当看到学生茁壮成长；当看到学生在舞台上表演大合唱和舞蹈；当看到学生在篮球场上比赛；当节日收到各地学生送来的祝福，读着那温馨的话语……这时候，总有一份成功的喜悦盘在心头，急于向人叙说，跟人们分享我的快乐。

走在充满朝气的校园里，感受着身边学生对我亲近的情谊。我喜欢721矿山里孩子们的淳朴善良、聪明能干，他们的心灵如水晶般透亮，让我感到轻松自在；生病时，学生的慰问和想念，会让我感到快乐温暖。还记得1983届高二（2）班的学生胡昌柱、董绍鑫、王军、粘宏远等几个男孩到马路上拦了一辆卡车，把晕倒在课堂上的我送到了医院；还记得我生病住院时，熊国强等几位同学把他们画得最好的画送给我。从1976年到1996年，我陪着真诚而认真的学生们走过了一个个岁月，在每一个精彩而亲切的日子里，我感受着快乐。

当读大学的学生和参军的学生以及在外地工作的学生回到古城，从学校访到我的家里，师生重聚，无限感慨油然而生。看到他们，我心中无限欣慰，感受到一个教师的幸福。

我喜欢从家里出发走到学校，只有五分钟的路程，省去了我舟车劳顿的辛苦。

星期天风和日丽，不愁没地方去。牵着儿子的小手，迎着蓝天白云，走在乡间的小路上，碧绿的田野、青翠的小山、玉带似的小河、古朴的村庄，让人心旷神怡。小路尽头的农家小院，就是一个学生的家，进去一声呼唤，淳朴的乡亲、热情的家长，递一杯茶，吃着红薯干和花生，坐下来攀谈，我是快乐的，年幼的儿子也是快乐的。卢家湾、马六湾、区坑、古城村、公溪农场都留下了我带儿子春游、秋游的足迹。

美丽的古城学校为孩子们提供了一个舒适的学习与生活的环境。古城学校曾经以较高的教学质量、出色的办学水平赢来了一个又一个的好评，令全校师生骄傲，令家长自豪，令全矿景仰！古城学校是一片智慧的沃土，是一片灿烂的星空。这里记载着学子们求知的历程，绵延着花季少年的期盼；这里留下了跋涉者的足迹，洒下了求知者的汗水。青春在这里闪光，灵感在这里迸发，一颗颗不甘平庸的年轻的心在这里奔腾、激荡。花开花谢，学校在一天天地成长，而我对它的爱也在心中一点点积淀。在这个美丽的校园里，有我成长的足迹。这所学校，把它的美毫无保留地给了每一个人，这所学校默默地倾听着我们每一个人的欢与悲，接受着每一个人的祝福。美丽的学校，给予了我许多，我为它感到深深骄傲；而我，却无法给予它相同的回报。我从内心深处眷恋着古城学校，我从内心深处感谢教过我的老师们。感谢年级组和教研组里与我愉快合作过的同事们。他们是我的良师益友，我衷心地祝福古城学校春华秋实、桃李芬芳，继往开来、焕发生机，再创辉煌！

回忆当老师的岁月，让我忏悔的东西有很多很多，现在想起来，很为自己以前的不成熟感到惭愧。那些琐碎的小事，那些无谓的气恼，至今想起来仍让我十分内疚。我向被我伤害过的孩子们说声“对不起！”

我喜欢在校园里宁静幽雅的林荫路上徜徉，享受花草与泥土的芬芳；我喜欢在大操场的跑道上散步，沐浴温暖舒适的阳光。当我在校园漫步时，我的心充满愉悦，一句简单的问候，一个热情的招呼，一个灿烂的微笑，一个善意的点头，能让学校处处洋溢着和谐与温馨；当我在树下小憩时，我感到心旷神怡；当我驻足于碧绿的草坪旁时，我的心情会变得空灵舒畅。校园里总是涌动着快乐的身影，童真和歌声总是飘扬着美好的旋律，青春的容颜总露出动人的笑靥。

古城学校是 721 矿子弟学校，大约于 1964 年 9 月建校。据说古城学校于 20 世纪 90 年代末与莲塘学校的高中部合并，近几年又与公溪镇地方学校合并，所幸的是不管怎么合并，都以古城学校的校园为主，而其他学校并入。

几年前暑假 8 月上旬的一天，我来到了久别的古城学校。站在校园里，看着那熟悉的一花一草、一砖一瓦，是那样的清新、美丽，给我带来无限的欢乐，好像重逢了久别的母亲那般温馨。一种对母校的眷恋之情油然而生。

在古城学校的日子里，我喜欢那枝繁叶茂的大树；我喜欢路旁那一排排郁郁苍苍、青翠欲滴的冬青树；我喜欢校园里栀子花的明媚芳香；我喜欢木棉花的姹紫嫣红；我喜欢桂花浓郁的馨香；我喜欢葱兰的洁白如玉、含笑花的幽香、红梅花的俏丽；我喜欢大操场上开得五彩缤纷的小野花；我还喜欢插在花瓶里开得绚丽的映山红。我像一棵享受阳光雨露的树，似进入虚幻境界融入古城学校的美。我喜欢这个七彩绚丽的校园，喜欢这个一年四季都美不胜收，充满生机与惊喜的校园。

■ 原文刊载于《721矿游子》第60期。

情注 721：心灵守望的家园

刘经龙

作者刘经龙照片

从万里云天之上，深情地俯瞰赣东的西南角，山势连绵，层峦叠嶂，相山雄峰，拔地而起，摩天遏云，横亘南天。

一架左右重翼载着伽马辐射仪的老式飞机，穿越历史的时空与烟云，以无比优美的姿态，以交响乐般的轰鸣，飞回到公元 1957 年的 7 月 21 日。

那是一个七月流火的时节，机翼下，是阳光如瀑，是绿意盎然，是山峦起伏，是公陂乡横涧村的一方热土。“903 坐标航测异常！”航测员惊喜的大叫声盖过了飞机的轰鸣声，让飞行员也笑逐颜开。赵树新立即空投下作为地面醒目标志的石灰包和纸屑。10 时 47 分，这个历史性的时刻，便从此载入核工业厚重的史册。

从这一天起，人民领袖毛泽东主席深邃的目光就不时地遥望南天，心潮起伏。

60 多年前的石马山下、公溪河畔，曾经人烟稀少，野兽出没，荆棘丛生，古木参天，一派蛮荒的景象，为响应毛泽东主席“我们也要搞原子弹”的伟大号召，原721矿的先驱者披荆斩棘，闯进了这一片蕴藏着宝藏的神奇土地。1958年的冬天，中国铀都便在这近乎蛮荒的土地上吹响了创业的号角！

以筚路蓝缕、艰苦卓绝来形容先驱者的创业一点也不为过。住茅草棚，吃盐水饭，日用品奇缺，没有碗盆便用毛竹筒代替，饮用水困难就喝山泉和田里的水。他们披星戴月，平场地、筑公路，身心交瘁，然而为了早日建成铀矿山，先驱者们不叫一声苦，不喊一声累。艰难困苦没有动摇先驱者们创业的钢铁意志。矿长刘兴涛等矿领导更是身先士卒，吃苦在前。他们风餐露宿，逢山开路、遇水架桥，沐雨栉风。他们自己动手，丰衣足食，垦荒地、挖鱼塘、养鸡鸭，为建设最初的家园奋斗着。

1959年，近千名北京、上海、天津等大中城市的军官、干部、大中专院校毕业生、技术工人满怀一腔报国豪情，操着南腔北调，从祖国的天南地北汇集到421矿（721矿原名）。早年的创业者以复转军人为主。1959年，已有中国人民志愿军第54军的300余人在这里安营扎寨。此后，每年都有数以千计的复转官兵来到这里。到1964年，这里已经聚集了4000余名复转官兵，他们都是经过组织从家庭出身到政治面貌等方面严格挑选出来的：100%是贫农出身，90%是党、团员，80%是班长、副班长。

当时全矿只盖了屈指可数的几栋房子。专家们都住在平房里，一般的职工只能自寻住处，幸运的住进了农民的厅堂里，其他人则住进了农民的牛棚、猪圈里。刚分来的近百名复转官兵则住进一间用毛竹搭建的屋子里，雨天漏雨、四面透风，床铺也是用毛竹搭建的，一字排开几十米。

三年困难时期，他们每个月只有31元的工资，每月30斤大米的定量，远远不够一家人吃，他们只好挖野菜来补充粮食的不足。1961年春天，正是青黄不接时节。为了生存，三工区的一些职工用气味刺鼻的机油拌糠充饥，结果造成了食物中毒，体弱多病的职工还险些送命。当时，有149名干部、103名职工、23名家属因饥饿全身浮肿，不少职工子女由于饥饿发育不良，前后有60多名职工因受不了饥饿而离开了矿区。

1964年，721矿生产大发展，国家要求尽快兴建云际、沙洲、湖港三个矿点。

莲塘矿部通往三个矿点的公路也必须尽快修通。30多万立方土石方的艰巨任务交给了刚进矿的1200多名退转军人，并从矿属各单位抽调出了25名干部，组建了“721矿筑路指挥部”。筑路队伍组建了9个连队，没有住处，就住在老乡家，住不下便住牛栏、毡房。1965年5月，罗湖、新云两线公路开通，形成了721矿公路网。

20世纪70年代初，一批批知识青年也加入矿山工人的队伍，到20世纪70年代中期，721矿职工总数近万人。

20年的光阴弹指一挥间。四通八达的公路网形成了，向乐铁路专线铺进来了，工人新村、中小学校、职工医院、水冶厂房如雨后春笋般在矿区建起来了，一座生机勃勃的、为共和国锻冶“倚天神剑”的万人大矿，在赣东的莽莽山区横空出世。

721矿，是在毛泽东、周恩来等老一辈无产阶级革命家亲切关怀、悉心关注下，矿山人以自身的智慧和辛劳建设起来的。

721矿，这一方热土有老一辈矿山人付出的青春、鲜血、汗水、理想乃至生命。

721矿，有太多可歌可泣的故事在历史的丰碑上铭刻！革命的英雄主义与革命的浪漫主义曾在这里上演！

721矿，曾经不屈不挠地进行过保军转民和第二次创业。在事业的低谷期，矿山人曾经从头再来，踏平坎坷成大道，坚信着风雨过后见彩虹！“昨天所有的荣誉，已变成遥远的回忆。辛辛苦苦已度过半生，今夜重又走进风雨。我不能随波浮沉，为了我挚爱的亲人。再苦再难也要坚强，只为那些期待眼神。心若在梦就在，天地之间还有真爱。看成败人生豪迈，只不过是从头再来……”刘欢的《从头再来》唱出的便是当时“央企民品工人”的心理感受。

721矿的第二代，接过父辈交给的重担，在矿山成家立业，在矿山重铸辉煌，再续先辈的梦想。

为了建设中国的铀都，五湖四海的中国人来到这里扎根，生息繁衍，共建家园。普通话成了这里的通用语言，721矿成了他们的第二故乡！

721矿，将永远在曾经的721人与如今的721人的灵魂深处铭刻上令其自豪与满怀深情的记忆！

■ 原文刊载于《721矿游子》第81期。

721矿，我的乳娘！

王红国

这是什么地方？
群山莽莽，
稻花飘香。
一条丝带般的铁路，
把你的名字传向远方。
721矿，
我的乳娘。
你用你温柔的臂膀，
把我揽入雪白的胸膛。
你用你高耸丰满的乳房，
哺育儿子健康地成长。

我是你的崽崽呀，
我的乳娘。
校园里，
有书声琅琅。
田野边，
有百花芬芳。
看哪，
这边是满山杜鹃的湖港，
那边是荷粉叶绿的莲塘。

有山南的露天采场，
有邹家山矿车的奔忙。
这里是云际的竖井，
那里是巴泉的平巷。
人头攒动的古城商场，
一厂小区的米粉飘香。
群山之间，
白云水库在碧波荡漾，
江边村站，
火车汽笛已经拉响。
望一眼哪，
云雾缭绕的电视塔机房，
听一听呀，
沙洲河船工号子的嘹亮。

是否记起，
分矿放映的露天电影？
能否记得，
灯光球场，
篮球健儿青春的张扬？
忘不了，
相山之顶，
黄花菜闪着金黄。
忘不了，
石马山上，
巨石展现的阳刚。
掌子面上，

工人大哥用辛勤的汗水，
挖出稀有的铀矿。
厚实的肩膀，
拉起小铁路用的木桩。
黝黑的脸庞，
挺立起军工人铁的脊梁。

721矿，
我的乳娘。
经过十年寒窗，
我去了祖国的边疆，
离你而去背上了行囊，
从此你我天各一方。
时光荏苒，
燕儿成双。
思念之心啊，
又把我牵回你的身旁。

721矿，
我的乳娘。
有了你的培养，
崽崽才能成为栋梁。
相隔再远，
又怎能把娘遗忘？
二十年回首，
世道沧桑，
我的乳娘啊，

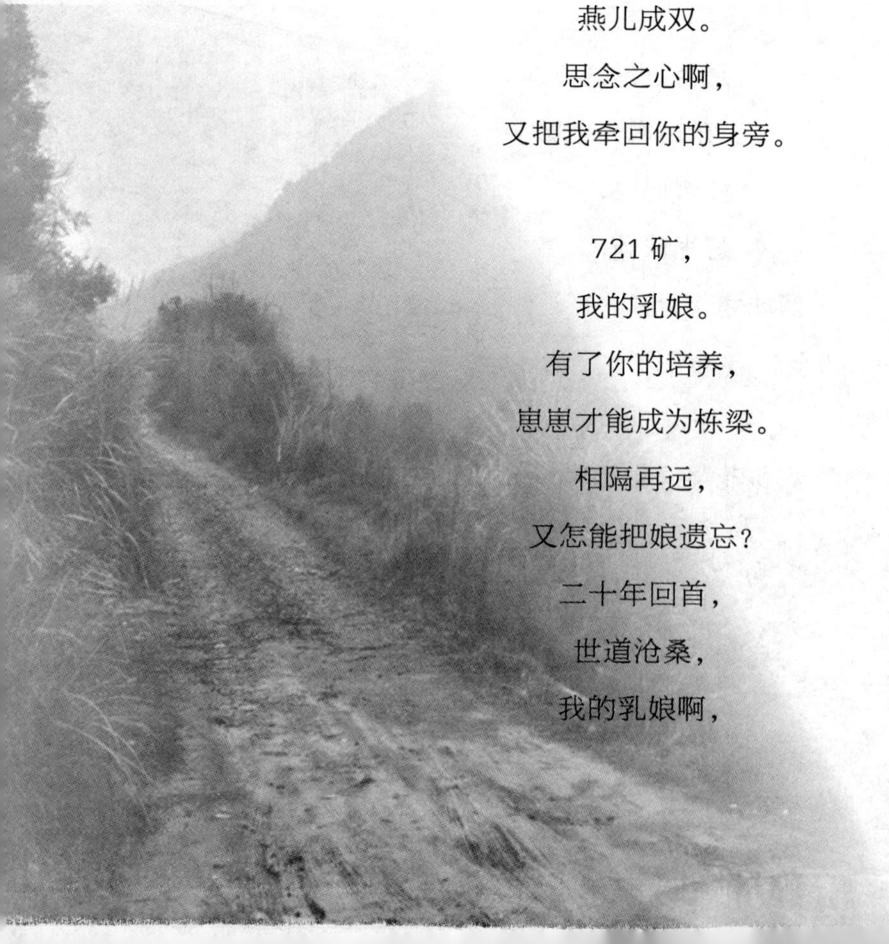

你却已是荒草丛生，
满目凄凉。
昔日的岁月不堪回望，
好似那寒雨冻成秋霜。
看着这第二故乡，
太阳依旧升起在东方，
为何却失去了往昔的模样？
我驻足在公溪桥上，
奔腾的激流依旧高亢，
沉寂的矿区，
再也没有往常的辉煌。
2015 的重阳，
我站在一厂的路旁，
孤独的老树，
早已褪去原来的荣光。

秋风劲，
天难老。
江天万里，
大雁成行。
乳娘呀乳娘，
多么想你圆润的双手，
抚平我心田的波浪。
多么再想，
躺在你的怀里，
进入甜蜜的梦乡。

721矿，

我的乳娘。

我是你的崽崽红果，

一切都已空空荡荡，

面对这破败的地老天荒，

怎不叫我黯然神伤？

乳娘啊，

我来了，

正走在你悠长的街巷。

……

■ 原文刊载于《721矿游子》第100期。

721矿，您是我心中永远的传唱！

佚名

721矿我们的家乡，
公溪河里水清金沙黄，
石马山下微风花飘香。
无论是古城还是莲塘，
无论是沙洲还是湖港，
都有我们的汗水流淌。

721矿梦样的故乡，
相山脚下戏水嬉闹，
知青店旁叫卖冰棒。
无论是教鞭还是手术刀，
无论是方向盘还是安全帽，
都有我们的青春绽放。

721矿永远的传唱，
江边村上绿皮火车长，
矿办楼里灯火到天亮。
无论是破产还是重组，
无论是离开还是坚守，
都是为了彼此更好的成长。

721 矿心中的牵挂，
身在四方仍关注您的变化，
心有所属却恋着您的容光。
无论是游子报还是电话簿，
无论是朋友圈还是 QQ 群，
都是为了筑起对您牵挂的桥梁。

721 矿啊 721 矿，
您是我心中永远的传唱！

■ 原文刊载于《721 矿游子》第 102 期。

721矿，我的家乡！

谢宏

721矿，我的家乡，
那里有我，最初的梦想。
公溪河边的金沙，石马山下的村庄；
我的憧憬，在山外远方。
山南一厂，沙洲湖港，云际江边，古城莲塘。
杜鹃烂漫，栀子飘香，
我的憧憬，在山外远方。
呼啦啦啦啦，山外远方，
呼啦啦啦啦，山外远方。
呼啦啦啦啦，呼啦啦啦啦，呼啦啦啦啦，山外远方。

721矿，我的家乡，
那里有我，年轻的爹娘。
竹编的篱笆墙，木板搭的柴伙房；
家里的饭菜，最甜最香。
山南一厂，沙洲湖港，云际江边，古城莲塘。
灶塘里的红薯，两分钱的冰棒，
家里的饭菜，最甜最香。
呼啦啦啦啦，最甜最香，
呼啦啦啦啦，最甜最香。
呼啦啦啦啦，呼啦啦啦啦，呼啦啦啦啦，最甜最香。

721矿，我的家乡，
那里是我，成长的地方，
桃李芬芳，弦歌一堂，
山高水长，勿失勿忘，
山南一厂，沙洲湖港，云际江边，古城莲塘。
白发的恩师，青涩的同窗，
山高水长，勿失勿忘，
呼啦啦啦啦，勿失勿忘，
呼啦啦啦啦，勿失勿忘。
呼啦啦啦啦，呼啦啦啦啦，呼啦啦啦啦，勿失勿忘。

721矿，我的家乡，
那里有我，青春的迷茫。
山冈上的微风，树梢上的月亮；
迷思狂想，野草般疯长。
山南一厂，沙洲湖港，云际江边，古城莲塘。
有眼前当下，有诗和远方，
迷思狂想，野草般疯长。
呼啦啦啦啦，野草疯长，
呼啦啦啦啦，野草疯长。
呼啦啦啦啦，呼啦啦啦啦，呼啦啦啦啦，野草疯长。

721矿，我的家乡，
那里是我，回不去的地方。
花开了又谢，落叶金黄；
我的家乡，远隔重洋。

山南一厂，沙洲湖港，云际江边，古城莲塘。

昏黄的照片，清冷的夕阳，

我的家乡，远隔重洋。

呼啦啦啦啦，远隔重洋，

呼啦啦啦啦，远隔重洋。

呼啦啦啦啦，呼啦啦啦啦，呼啦啦啦啦，远隔重洋。

注：

1. 词曲作者严明先生曾创作歌曲《721 矿我的家乡》；
2. 这是根据严明先生的上述作品重新填写的歌词；
3. 笔者和严明先生均来自江西乐安的 721 矿；
4. 诗中提及的公溪河、石马山、山南、一厂、沙洲、湖港、云际、江边、古城、莲塘，均是 721 矿的地名；
5. 谨以此，献给 721 矿，献给我们生于兹长于兹，梦魂牵绕的家乡。

■ 原文刊载于《721 矿游子》第 196 期。

远去的矿山

甘华平

——怀念七二一

巍巍群山，弯弯小道；
井架耸立，刺破云霄。
无论是黑夜和白昼，
这里都机器轰鸣，
日夜歌唱……
那一声声炮响在向大自然淘宝，
那一车车矿石在塑造中国人的脊梁！
黝黑的矿带、深邃的巷道，
还有那憨笑的老班长……
这——
就是我曾经工作的地方，
七二一！

静谧的山村，建起了一栋栋平房，
一群来自祖国各地的汉子，
惊醒了古老的山乡，
清晨的广播、夜色的灯光，
都将这儿装扮出时代新装，
方言土语，北调南腔，
汇集成一种特别的语调，
是那样的自然和流畅。
五花八门的板凳和砖头，
那是我们“圈出”的露天电影场；
平房前的篱笆院布满了葡萄，
还有妈妈烧出的饭菜香……
这——
就是我曾经生活的地方，
七二一！

厂房车间、商店菜场，
还有学校里传出的书声琅琅，
更有那集体沐浴的澡堂，
夏季的炎热总被那五颜六色的冰棒，
带来了阵阵的凉爽……
我们和睦地生活、愉快地成长，
无论生活的艰辛，
还是工作的烦恼，
都如那静静的溪流、默默的山岗，
显得那样的平静与安详。

这里，
凝聚了几代人的快乐和忧伤……

静静的水泥路，
印证了多少恋人的脚步，
隆隆的机床旁，
奋发着多少青春的梦想！
如说这是个城市，
却没有宽敞的街道和林立的高楼；
如说这是个乡村，
却处处蕴含着现代文明的时尚！
年轻的小伙儿、俊俏的姑娘，
眼中总洋溢着自信的目光……
这——
就是我难忘的第二故乡，
七二一！

二十年后我再次回到这个地方，
满目疮痍、断壁残墙，
野草丛生、凄寂荒凉；
再也看不到从前的景象，
我努力回忆着……
想找回往日的时光，
可眼前已经模糊，
流下清泪两行……

■ 原文刊载于《721矿游子》第171期。

沙洲恋

吴杰

721 矿，721 矿，
生我养我的故乡，
离开你已二三十年，
梦牵魂系围绕着你纠缠！
父辈们用毕生的精力，
造就了两弹一星的辉煌！
而今时过境迁，
它的四万儿女，如今流落四方……
天上的白云飘向远方，
寄托着矿子弟们的思念与遐想，
那里有我们永不回来的童年，
更有我们牵魂梦系的故乡……
三十年后回访，
工会楼的残墙断壁，电影院的塌陷瓦梁，
曾一度勾起我的迷茫、忧伤，
伤感的情怀，在眼角涌响起，
但野草青藤终究盖不住的古红色，
似在诉说它曾经的辉煌！
沿着既陌生又熟悉的大路，
试图找出小时候走过无数次的、熟悉的，
却已荡然无存的小路，

拨开齐腰的杂草灌木，
找到树叶覆盖、杂草丛生的原住房，
面前显现着一片荒凉，
比人还高的野草灌木正在疯长，
不远处多年前亲手种的小树，居然与天争蓝。
微风吹过，树叶摇摆沙沙作响，
似在告诉我这三十年的风风雨雨，
又似在诉说它岁月的沧桑！
我伫立在自家的土地上，
模糊的视线，含泪的眼眶，
心结一种哽咽的长长惆怅……
昂起头，回过首，
不敢相信眼前杂木丛生、萤飞草长，
这就是我们曾经生活过的故乡！
无限的凄美，无限的惆怅，
因为它曾在我们心中是永不凋落、永远飘香……
这里留下我们永不回来的童年，
植入我们心底的是——永远的家乡。
就像无限凄美的泰坦尼克号，
无数人惋惜着静静的沉睡于远大西洋……
还有那一同我们嬉戏、一同成长的儿伴，
你们此时在异地是否也在怀念家乡？
孩提时代的欢声笑语，总在耳边回荡……
当我们默默转身离开，
站在沙洲大桥上回首凝望：
父辈们的慈祥，远处的青山，
矿工们的身影与工地，

心中的记忆不忘！

沙洲——曾是721矿的小香港，

对面——是那童年时代见到的最高山石马山！

它们——永远活在我们心里！

还有那夏天时常去游泳、抓鱼的小河，

载着清澈的河水——静静流淌……

三十年过去了，

你永远是我们的故乡！

无论我们走到天涯海角，

您总是在佑护我们走向成功的彼岸。

■ 原文刊载于《721矿游子》第127期。

父辈的旗帜

——谨以此献给721矿的开拓者们

张翔

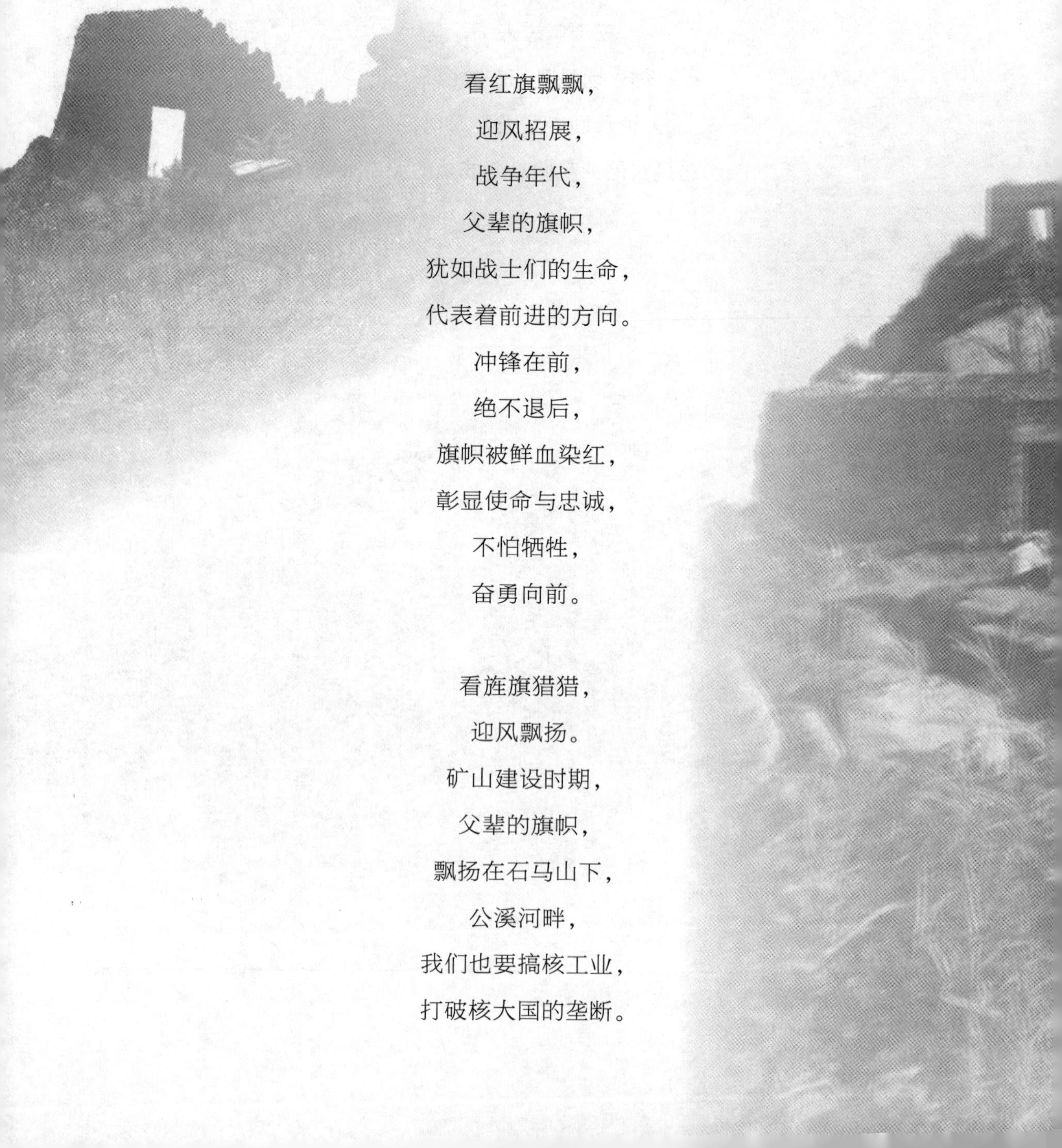

看红旗飘飘，
迎风招展，
战争年代，
父辈的旗帜，
犹如战士们的生命，
代表着前进的方向。
冲锋在前，
绝不退后，
旗帜被鲜血染红，
彰显使命与忠诚，
不怕牺牲，
奋勇向前。

看旌旗猎猎，
迎风飘扬。
矿山建设时期，
父辈的旗帜，
飘扬在石马山下，
公溪河畔，
我们也要搞核工业，
打破核大国的垄断。

旗帜就是命令，
旗帜就是担当。
抛妻别子，
舍小家为国家，
旗帜扎根在哪里，
哪里就迸发出强大的力量。

苍天不老，
岁月有痕。
共和国旗帜上，
记录下父辈们，
光荣与梦想，
奉献与追求，
镌刻着父辈们，
使命与担当，
信念与荣耀。
父辈们把旗帜高高举起，
共和国的强大与繁盛，
在心底永远铸起。

父辈的旗帜，
浸染了鲜血与汗水，
战胜了一个又一个困难，
创造了一个又一个辉煌。
让旗帜，
世代高高飘扬。

■ 原文刊载于《721矿游子》第190期。

砍柴·忆721的岁月

姚光辉

恰逢周末不休息，
早起收拾奔走急；
凉水馒头都带好，
柴刀马锯已装齐。
青山绿水无心赏，
翻岭越沟过浅溪；
斧砍樵薪挥汗水，
搬扛运载满身泥。
疲吟语录再加力，
俚曲轻哼缓肚饥；
青壮二十毛小伙，
工资太少三十七。
辛勤苦干图节省，
积攒平添为娶妻；
劳累一天出硕果，
炊烟两月有盈余。

■ 原文刊载于《721矿游子》174期。

七二一情怀

赖启明

白云悠悠千山岗，
峰翠林密虎豹嚎。
野岭荒漠无人烟，
绝壁悬崖飞瀑连。
当年奉“旨”赴深山，
为核振兴医途忙。
岁月蹉跎人亦老，
往事很难苦泪愁。
青春岁月不曾忘，
同甘共苦同帮扶。
五湖四海皆兄弟，
天涯海角同手足。
长相知，共相处，
久别离，盼相逢。
七二一，故乡情，
挥不去，梦常游。
沙溪二日短相聚，
情深浓傣鲛绡透。
弹指一挥人已老，
笑看红尘无烦恼。
来年他乡重相聚，
遍插茱萸人不少。

■　原文刊载于《721矿游子》第119期。

卜算子·七二一人

何勇

风雨涌神州，
贤俊约江右。
采冶联辉映相山，
玉树临风秀。

甲子指尖弹，
志士情依旧。
成败兴衰感慨稠，
再把春风候。

■ 原文刊载于《721矿游子》第238期。

回一矿

袁兆平

几多次梦里回乐安，双手抱住石马山。
几多次眼前依稀现，一矿的地来一矿的天。
虽然未在此出生，这里仍是我家园。
在此度过十三载，告别青春入中年。
曾经在此把家立，当了父亲得一男。
曾经在此上电大，莘莘学子共一班。
曾经在此搞创作，发表作品一篇篇。
曾经在此长见识，各项能力都锻炼。
一矿就如我前辈，抚我成长把手牵。
艰苦条件莫抱怨，滴水相报当涌泉。
嚼得菜根成大事，岁月无悔苦亦甜。
自从调动离矿去，迄今已近一万天。
未著名牌仍思乡，游子心绪海浪翻。
年岁渐老精力衰，还乡惜惜我亦然。
多谢老友万律师，驱车载我将家还。
沿途变化为欣喜，抚乐公路阔又宽。
老表新居一幢幢，旧貌确实换新颜。
驶进莲塘昔住地，犹闻当年车马唤。
周围环境仍熟悉，只是人去楼已空。
原住东区廿四栋，心中忐忑走向前。
房屋已旧漏风雨，我亦老去鬓毛斑。

屋内房门未上锁，悄然走进心发酸。
水泥地板漆犹在，纱窗铰链尚可旋。
仿佛昨日刚离开，人屋相视亦无言。
蓬草渐影把迹遮，处处难寻故人面。
远望青山依旧绿，近听秋虫声正酣。
逝者如斯俱往矣，历史已将新篇翻。
昔日西北蘑菇云，七二一矿做贡献。
万丈高楼平地起，矿冶学院着先鞭。
“两弹一星”真伟哉，核工业队伍冲向前。
莫道涓流不起眼，汇聚成海浪无边。
若无井下打钻声，何来核爆天地撼！
鸟儿飞过天无痕，狂飙始于青草间。
“时间哪去”无所谓，一矿生涯终无憾。
回望此生心已足，未曾荒度不汗颜。
今日得以偿夙愿，一矿长存我心间。

■ 原文刊载于《721矿游子》第72期。

后　记

2019年是中华人民共和国成立70周年。70年前为了成立新中国，千千万万名革命先烈献出了自己的生命。70年来为祖国的强大，又有千千万万名仁人志士献出了自己的青春乃至一生。在核工业系统，举目皆是为了祖国而甘愿牺牲自己的无名英雄。

国营721矿于1958年建矿，是亚洲第一大铀矿，兴盛时有近万名职工，号称“中国铀都”。这些职工中，既有1958年从抗美援朝战场回国的老兵，也有1968年参加过援越抗美后回家的新兵，还有1971年上山下乡抽调来的知青，更有1978年顶替上岗的矿子弟。他们下竖井，进坑道，挖矿石，为“两弹一星”的研制提供核原料。他们献了青春献终身，献了终身献子孙。共和国的历史上，留下了他们拼搏、奋斗、奉献的血与汗。在祖国70年的前进道路上，留下了他们不可磨灭的光辉足迹。

进入21世纪以来，由于国际形势的变化和国家发展的需要，721矿破产重组，众多铀矿职工投入到市场经济的大潮中。他们不等不靠，不吵不闹，挺起脊梁，挑起了重新创业的重担，负起了养家糊口的责任。现在，五六十年代进矿的建矿

前辈在世的已经不多了，七八十年代参加工作的老职工也已经退休多年了。再过几十年，恐怕721矿这个名字都不会有人知道了，更谈不上传颂那些感人肺腑的先进事迹。为此，抢救历史资料成为当务之急。

2012年8月1日，原中国核工业部国营721矿职工艾俊民先生创办了《721矿游子》电子报。多年来，该报坚持党的四项基本原则，秉承“留下精彩，献给历史”的办报宗旨，着力打造“怀旧的平台、乡愁的港湾”，专门刊登矿友的回忆录以及历史老照片，立志要让那些具有史料价值的文章流传于后世。至2019年7月底，在《721矿游子》创刊七周年前夕，该报已出240期，留下文字300多万字，收集照片1000多张，为已经消失的721矿留下了丰富的人文历史资料。

2019年春节，艾俊民先生的老领导、原721矿宣传部部长熊继祖同志打算在中华人民共和国成立70周年之际牵头组织出版纪念丛书。熊继祖同志亲力亲为，认真阅读了《721矿游子》的所有文章，挑选提炼了其中的近百篇优秀文章，后在艾俊民先生和《中国核工业报》记者杨新英老师的共同努力下，根据出版社的要求，进一步删减，汇编了这本《铀都记忆》。

非常感谢广州出版社各位领导和编校老师的关心与支持，让这本书能在祖国70周年诞辰之际出版，也算是成千上万铀矿儿女为祖国母亲送上的一份小小的生日祝福吧！

感谢尊敬的周秉德会长在百忙之中专门抽空为本书题词！感谢老领导陈肇博常务副部长不仅为本书题词还题写书名！感谢关心、支持和帮助本书出版和发行的每一位朋友！